本书为教育部人文社会科学重点研究基地
东北师范大学中国农村教育发展研究院立项成果

# 编 委 会

主　编：许芊芊
副主编：胡曾莲　高　吕　赵　霞　雷　晴
　　　　罗　珍　戴　静　武兆强
编　委：韩　笑　席　燕　李小蓉　石孟婕　郑　超
　　　　柯　杨　韩　喆　毛晚霞　安　静　徐　丹
　　　　曹　捷　周　勇

# 自然教育课程的
追寻与实践（下）

主　编　许芊芊
副主编　胡曾莲　高　吕　赵　霞　雷　晴
　　　　罗　珍　戴　静　武兆强

海峡出版发行集团 | 福建教育出版社

## 图书在版编目（CIP）数据

自然教育课程的追寻与实践. 下/许芊芊主编；胡曾莲等副主编. —福州：福建教育出版社，2023.1（2025.2 重印）
ISBN 978-7-5334-9501-5

Ⅰ.①自… Ⅱ.①许… ②胡… Ⅲ.①学前教育－自然教育－教学研究 Ⅳ.①G61

中国版本图书馆 CIP 数据核字（2022）第 161351 号

Ziran Jiaoyu Kecheng De Zhuixun Yu Shijian（Xia）
**自然教育课程的追寻与实践（下）**
主　编　许芊芊
副主编　胡曾莲　高　吕　赵　霞　雷　晴
　　　　罗　珍　戴　静　武兆强

| | |
|---|---|
| 出版发行 | 福建教育出版社 |
| | （福州市梦山路 27 号　邮编：350025　网址：www.fep.com.cn） |
| | 编辑部电话：0591-83726908 |
| | 发行部电话：0591-83721876　87115073　010-62024258） |
| 出 版 人 | 江金辉 |
| 印　　刷 | 福建新华联合印务集团有限公司 |
| | （福州市晋安区福兴大道 42 号　邮编：350014） |
| 开　　本 | 710 毫米×1000 毫米　1/16 |
| 印　　张 | 16.5 |
| 字　　数 | 253 千字 |
| 版　　次 | 2023 年 1 月第 1 版　2025 年 2 月第 4 次印刷 |
| 书　　号 | ISBN 978-7-5334-9501-5 |
| 定　　价 | 55.00 元 |

如发现本书印装质量问题，请向本社出版科（电话：0591-83726019）调换。

# 目 录

## 第五章　自然教育游戏课程

### 第一节　自然教育游戏课程概述 ………………………………… 3
一、自然教育游戏课程的内涵 ………………………………… 3
二、自然教育游戏课程的主张 ………………………………… 4

### 第二节　自然教育游戏课程的目标和内容 …………………… 6
一、自然教育游戏课程目标的构建 …………………………… 6
二、自然教育游戏课程的内容体系 …………………………… 11
三、基于目标和内容的案例剖析 ……………………………… 19

### 第三节　自然教育游戏课程的实施 …………………………… 27
一、在环境的创设和材料的提供中践行游戏精神 …………… 27
二、在观察和解读中提升游戏质量 …………………………… 46
三、在家、园、社的联动中丰满游戏经验 …………………… 54

### 第四节　自然教育游戏课程的评价 …………………………… 64
一、游戏评价的原则 …………………………………………… 64
二、游戏观察指标 ……………………………………………… 68
三、各类游戏评价的策略和方法 ……………………………… 75
四、游戏评价的建议 …………………………………………… 79

## 第六章　自然教育节日节气课程

### 第一节　自然教育节日节气课程概述 ………………………… 85
一、自然教育节日节气课程的主要内涵 ……………………… 85

1

二、自然教育节日节气课程的核心价值 ………………………… 85
　　三、自然教育节日节气课程的误区与思考 ……………………… 86

第二节　自然教育节日节气课程的目标与内容 ………………………… 89
　　一、自然教育节日节气课程的目标构建 ………………………… 89
　　二、自然教育节日节气课程的具体内容 ………………………… 92

第三节　自然教育节日节气课程的实施 ………………………………… 97
　　一、自然教育节日节气课程实施的基本原则 …………………… 97
　　二、自然教育节日节气课程的实施案例与解析 ………………… 98
　　三、自然教育节日节气课程的实施要点与建议 ………………… 103

第四节　自然教育节日节气课程的评价 ………………………………… 118
　　一、自然教育节日节气课程评价的原则 ………………………… 118
　　二、自然教育节日节气课程评价的指标 ………………………… 120
　　三、自然教育节日节气课程评价的方法 ………………………… 121
　　四、自然教育节日节气课程评价的建议 ………………………… 126

## 第七章　自然教育课程的日常管理

第一节　当前幼儿园课程日常管理现状与思考 ………………………… 131
　　一、当前幼儿园课程日常管理现状 ……………………………… 131
　　二、对改进幼儿园课程日常管理工作的思考 …………………… 133

第二节　自然教育课程日常管理工作的实施策略 ……………………… 135
　　一、厘清实际情况，明晰课程日常管理初衷 …………………… 135
　　二、调整评价方式，完善课程日常管理制度 …………………… 138
　　三、立足课程质量，改革园本研培管理方式 …………………… 142
　　四、围绕课程推进，提供有力的支持保障 ……………………… 153

第三节　自然教育课程日常管理工作的成效与感悟 …………………… 155
　　一、为幼儿奠定终身学习发展基础 ……………………………… 155

二、各层次教师专业素养得到提高 …………………………… 156

　　三、全体教职工课程观得到提升 …………………………… 156

## 第八章　自然教育课程的后勤管理与支持保障

　　一、幼儿园后勤管理工作存在的问题与对策 ………………… 163

　　二、自然教育园本课程后勤管理工作的实施与成效 ………… 166

## 附　　录

　　附　　录 ……………………………………………………… 181

　　　附录一：自然教育课程五大版块活动内容与实施指南 …… 181

　　　附录二：自然教育课程园内外资源利用指南 ……………… 201

　　　附录三：自然教育各类活动幼儿行为观察指标 …………… 209

　　　附录四：自然教育节日节气课程实施指南 ………………… 219

　　　附录五：生活课程环境创设细则 …………………………… 234

　　参考文献 ……………………………………………………… 247

　　后　　记 ……………………………………………………… 250

# 第五章 自然教育游戏课程

# 第一节　自然教育游戏课程概述

## 一、自然教育游戏课程的内涵

幼儿园游戏课程是指将游戏纳入幼儿园课程中，将游戏的本体性价值作为幼儿园课程目标的应然追求，将游戏本身作为幼儿园课程内容，尊重幼儿在游戏实施与评价过程中的主体地位，以此促进幼儿健康快乐发展的课程模式。《规程》明确指出"游戏是幼儿园的基本活动"，幼儿心理学研究也表明，游戏是促进学龄前儿童心理发展的最好活动形式。刘焱教授在《儿童游戏通论》指出："我们不能简单地把幼儿园的游戏看作是发生在或移植到幼儿园的儿童自然游戏。""自然性和教育性的双重性质决定了幼儿园游戏是幼儿游戏的一种特殊的存在形式。"游戏对幼儿的积极性、合作能力、思维能力等具有重要作用，能满足幼儿的各种需求，促进幼儿在快乐的玩耍中认知、能力、情感等多方面发展。

我园户外环境生态自然，丰富多样，富有教育价值。多年来，我园依托自然资源、幼儿发展所需，深刻领会游戏精神，坚持"回归幼儿、回归自然"的真游戏理念，坚守"自由、自主、愉悦、创造"的游戏精神，积极构建适宜本园的自然教育游戏课程。课程中，我们将游戏活动融入到自然环境中，让幼儿在与环境互动中自然而然地生发相应的游戏活动，实现环境的自然和教育的自然；在彰显游戏的自然性、自发性的同时，重视挖掘与发挥游戏在促进幼儿身心发展的教育价值，着力培养遇事有责任有主见、善于合作交往、想象创造等全面发展的幼儿，强调幼儿思维、情感的深层次参与和全情投入。我们打通室内外游戏的联结渠道，让户外环境成为幼儿游戏的实践场，室内环境成为游戏回顾讨论、经验表达、创造表现的准备场，促进室内外游戏的共生共长及幼儿经验的持续生长。

## 二、自然教育游戏课程的主张

刘焱教授指出，要坚定不移地反对"假游戏"，鼓励支持幼儿自由、自主、自发的"真游戏"，也要避免盲目崇拜儿童活动自发性，把游戏活动神圣化，既让幼儿玩"真游戏"，又要让游戏具有教育意义，促进幼儿的深度学习与发展。重视游戏活动似乎已成为幼儿园教师的共识，各个幼儿园也都在积极开展各类游戏活动，探索游戏课程的构建。但因各园所教师专业水平的差异，游戏课程的实施呈现参差不齐的状态。如"真""假"游戏混淆不清，游戏始终处于机械重复、玩法单一的状态，缺乏趣味多变、充满挑战，能让幼儿专注沉迷、积极思考的游戏；如游戏类型单一，游戏课程建构上只关注到某一种游戏类型对幼儿的发展，而忽略了多元游戏类型带给幼儿的全面发展；如游戏时间不足，幼儿只是走马观花地摆弄材料，而没有时间去积累游戏经验以持续游戏；如游戏价值认识失衡，教师只在乎热闹游戏的场景，而缺乏对游戏的解读和指导，忽略游戏本身的价值是调动幼儿思维的深层次参与等。基于当前游戏实施现状以及我园自然教育游戏课程的实践基础，我们对游戏课程有以下的认识与主张。

### （一）游戏精神贯穿始终

"自由、自主、愉悦、创造"是真游戏的精神内核。要让幼儿真正喜欢游戏、享受游戏，成为游戏的主人，那么开放的场地、开放的游戏规则、开放的游戏内容、开放的游戏材料等，是实现真游戏并满足幼儿游戏精神的支持和保障。如我园的后花园，不同班不同经验的幼儿可以在这同一片场地生发各种不同内容的角色游戏，有的是以家庭角色为主的娃娃家游戏，有的是以社会角色为主的体验游戏，有的是以"家社一体"为主的赶集游戏。同一片香蕉林，可以有以香蕉林为背景的表演游戏，也可以有以环境为游戏内容的角色游戏。无论哪一片场地，哪一种游戏，从主题产生到材料收集、情节发展、规则制定等，都应由幼儿去推动发展，以满足幼儿自发活动需要，让幼儿成为游戏真正的主人。我们认为，看得见游戏精神的游戏才是真游戏，才是幼儿所需要和喜欢的充实的世界。

## （二）游戏类型全面丰富

在学前教育史上，福禄贝尔等教育学家根据幼儿发展的不同对游戏作了不同的分类。刘焱教授在《儿童游戏通论》中指出："组织和指导幼儿开展各种不同类型的游戏，满足幼儿开展各种类型游戏的需要和愿望是幼儿园教师教育和教学工作的基本任务……一方面应当注意使幼儿园的游戏活动体现出"对象性""社会性""主体性"和"发展性"等游戏活动的基本特征；另一方面，也应当使幼儿园的游戏活动体现作为教育活动的教育性，体现幼儿园游戏和幼儿园课程、教学的有机整合。"因此，幼儿园的游戏不但要有各种类型，而且不同类型的游戏应具有其独特价值，同时也要注重每种游戏类型中蕴藏的多种领域经验，以及与其他课程的互通互融。

我园自然教育游戏课程以幼儿的全面发展为目的，立足园本形成了具有社会性、自主性、假装想象、角色扮演、角色认知等特点的角色游戏，具有自主性、结构性、象征性、空间知觉、创造性等特点的结构游戏，具有科学性、启蒙性、趣味性以及娱乐性特点的科学游戏，具有自主性、创造性等特点的区角游戏，以及具有规则性、竞赛性等特点的规则游戏，从认知、能力、情感等各方面都满足了幼儿身心全面、综合的发展需求。基于每一种游戏都有其独特价值，不能代替其他游戏，所以要合理利用场地、时间、资源等平衡、保障各种游戏类型，让游戏真正成为幼儿的基本活动方式。

## （三）游戏时间充分保障

幼儿是通过动手操作、直接感知、亲身体验的方式去学习的，这样的学习特点需要充分保障游戏的时间。通过一日作息调整，我园确保了角色游戏、结构游戏、科学游戏、区角游戏每周至少2次，每次完整的游戏时间尽量保障至少1小时，满足幼儿经验的持续与深入。同时，我园强调游戏导入与小结要尽量精炼高效，聚焦本次游戏核心提出、讨论与解决问题，时间占比适宜。幼儿真正沉浸于游戏的时间保证在至少30分钟以上，充分保障幼儿在游戏现场与人、与材料、与环境的互动时间。而分为智力、体育、音乐的规则

5

游戏则是自然融入到日常活动中，如利用幼儿晨间入园的半小时下棋、益智拼搭等。有了时间的充分保障，教师的观察、解读与支持，幼儿的深度学习与发展才能产生。

### （四）幼儿思维全面发展

华爱华教授曾说，没有成人对游戏的介入，幼儿也能自我发展，但有没有成人介入，幼儿发展是有区别的。成人作用在于能用专业眼光观察幼儿游戏行为，在最适宜的时候推进幼儿的发展。在幼儿游戏活动中，绝不是教师管住了嘴巴，幼儿玩起来了就好，这种貌似"真游戏"的"放羊式"游戏，只是停留于表面的热闹，只能是让幼儿的经验在已有水平上简单重复，对于幼儿的发展无多大裨益。在幼儿游戏活动中，我们既不要"高控"，也不要"放羊"，而要将各类型游戏的独特价值与各领域目标放在心中，注重给幼儿提供自己选择、解决问题，与他人合作，学习丰富语言及反省思考的机会，促进其批判理解、信息整合、迁移运用、问题解决等高阶思维能力的发展及团队合作、自我控制、平等尊重、责任担当等优良个性品质的形成。

## 第二节　自然教育游戏课程的目标和内容

### 一、自然教育游戏课程目标的构建

由于游戏是一种以活动过程本身为目的的活动，如果为游戏预设外在目标的话，那么就可能会用目标来要求、评价和指导幼儿的游戏行为，使其成为"导演式"游戏，从而异化了游戏的性质。但若一切顺其"自由"，不设立目标，幼儿游戏又将重蹈"放羊式"的覆辙。游戏作为幼儿园教育的重要组成部分，是为促进幼儿发展这一教育目标服务的，加之游戏并非自然状态下幼儿自由放任的游戏，它既为幼儿提供了最大限度的选择活动的自由，又有利于激发幼儿主体活动的需要和动机，同时渗透着一定的教育要求和适当的控制与约束,从课程方案构建的维度而言,幼儿园游戏目标的研制是有必要的。

我园强调教师在实施游戏课程时要"心中有目标,眼中有孩子,随时有教育"。基于此,我们从《指南》的各领域目标出发,结合自然教育课程建设方向、环境资源、幼儿发展需求等,研制了自然教育游戏课程的总目标及不同类型游戏的目标和内容,以满足幼儿全面和个性化的发展。

自然教育游戏课程的总目标

| 游戏类型 | 总目标 |
| --- | --- |
| 角色(表演)游戏<br>结构游戏<br>科学游戏<br>区角游戏 | 保持身心健康,情绪愉悦。<br>养成良好的生活、品德行为、学习等好习惯。发展独立生活、合群交往、表现生活、想象创造、解决问题、身体活动等能力。<br>关注和迁移生活经验。<br>促进思维能力发展。 |

## (一)角色游戏的目标

角色游戏是幼儿根据自己的兴趣、愿望,以模仿和想像,通过扮演角色创造性地反映周围生活的游戏。其本质是促进幼儿社会性、自主性和创造性的发展。根据我园的特色环境,结合不同年龄段幼儿发展目标,并参照《指南》,我园厘清了角色游戏的各年龄段发展目标。

角色游戏的发展目标

| 年龄段 | 发展目标 |
| --- | --- |
| 3-4岁 | 1. 适应环境、愿意交往、自发性合作,能听从劝解决问题冲突。<br>2. 在成人提醒下遵守规则,有初步的规则意识、角色意识、任务意识和收拾整理习惯。<br>3. 能按照自己的兴趣选择游戏主题,遇到困难主动寻求帮助。<br>4. 能在游戏情节与材料利用中有意识地创造。<br>5. 情绪稳定,能用简单的语言或肢体动作进行表达。 |

7

续表

| 年龄段 | 发展目标 |
| --- | --- |
| 4–5岁 | 1. 主动适应环境、与同伴交往、小组合作，能在成人帮助下尝试小组自主解决问题冲突。<br>2. 感受并遵守游戏规则，有意识地与其他角色互动。<br>3. 按照自己的意愿主动选择游戏主题，游戏中接纳同伴意见、轮流分享、协商合作。<br>4. 想象替代、情景转换，创造性使用材料。<br>5. 尝试表达角色的情绪和需要，能用恰当的方式表达。<br>6. 初步记录表征。 |
| 5–6岁 | 1. 有技巧地交往、团队合作，协商解决问题冲突。<br>2. 理解并制定游戏规则，对游戏的观察、理解、表达表现有自己明确的主见。<br>3. 主动发起游戏，接纳同伴意见并出主意想办法解决游戏的问题。<br>4. 创造性地使用材料，对游戏情节进行加工、创编、拓展。<br>5. 清楚表达角色的情绪和需要，具有同理心。<br>6. 多元记录表征。 |

## （二）结构游戏的目标

结构游戏是幼儿利用各种不同结构材料，构造物体或建筑物，实现对周围现实生活反映的游戏。与角色游戏相比较，结构游戏对幼儿客体认知发展的作用较大。通过结构游戏，幼儿可以获得力、平衡、数概念等早期朴素的科学经验，为将来的认知学习作好铺垫。结合不同年龄段幼儿发展目标，并参照《指南》，我园厘清了结构游戏的各年龄段发展目标。

结构游戏的发展目标

| 年龄段 | 发展目标 |
| --- | --- |
| 3–4岁 | 1. 初步认识本班积木和积塑的名称。<br>2. 能用积木进行累高、延长、围合等基本技能搭建。<br>3. 知道要按照积木材料的图片标识有序堆放材料。<br>4. 初步感受搭建游戏的乐趣，能够较为专注地搭建完成一件作品。 |
| 4–5岁 | 1. 搭建中初步感知积木的形状和基本特性。<br>2. 通过搭建感知材料之间的长短、宽窄、厚薄等基本属性。<br>3. 在搭建中学习延伸、架空、桥式连接、组合、排列、对称、平衡等建构技能。<br>4. 尝试简单表征搭建物体的基本结构，初步按照计划参与建构活动。<br>5. 有初步小组合作意识，努力完成共同的任务，愿意接受意见和建议，基本遵守规则。<br>6. 喜欢参与搭建，能用欣赏的眼光分享自己和同伴的作品，建构中能够坚持搭建好作品。<br>7. 能够按积木的基本图示、顺序收拾整理材料。 |

续表

| 年龄段 | |
|---|---|
| 5-6岁 | 1. 知道基本单位积木的正确名称、形状和基本用途。<br>2. 能够借助模型和图片进行物体搭建，积极利用绘画的方式表征搭建作品的外部、内部结构，并融入自己的搭建计划。<br>3. 利用积木完成穿过、联结（转向、斜式、平式、交叉）、模式、塔式、穿插转弯连接及复杂三维立体等搭建。<br>4. 会寻找代替物、辅助材料按自己想象创造性地建构作品，融入对称、规律等。<br>5. 有团队合作意识，搭建中能够利用自己的方式解决矛盾冲突，学习尊重接纳同伴建议，能够持续地与同伴合作搭建完成作品。<br>6. 能够按照积木符号标志快速有序收拾整理。 |

## （三）科学游戏的目标

科学游戏是让幼儿获取有关科学学习经验的游戏。我园科学游戏主要涉及常见物理概念的感知。我们支持小班幼儿对生活中的各类科学现象好奇好问、感兴趣，而小班幼儿无法进行深入持续的研究，中大班幼儿则可以利用户外的沙、水、泥等，聚焦科学经验，挑战多样的游戏内容。于是结合中大班幼儿的年龄特点，并参照《指南》，我园厘清了科学游戏的各年龄段发展目标。

科学游戏的发展目标

| 年龄段 | 发展目标 |
|---|---|
| 4-5岁 | 1. 愿意和他人交谈，能基本完整讲述自己的步骤、计划。<br>2. 愿意用图画和符号表达自己的愿望和想法。<br>3. 喜欢和小朋友一起游戏，有经常一起玩的小伙伴，活动时愿意接受同伴的意见和建议。<br>4. 能进行观察比较，发现异同；能够根据结果提出问题，大胆猜测答案；通过简单的调查收集信息。<br>5. 感知常见材料的溶解、传热等性质或用途，能感知简单的物理现象。<br>6. 能用绘画、手工制作等多种方式表现，对制作出来的成果进行装饰。 |
| 5-6岁 | 1. 能有序、连贯、清楚地讲述设计图、计划、问题等；能使用常见形容词、同义词等，语言比较生动。<br>2. 愿意用图画和符号表现事物或故事。能和同伴分工合作，发生冲突时能协商解决。<br>3. 对感兴趣的问题刨根问底，能动手动脑寻求答案。<br>4. 会观察比较和分析，能用一定的方法验证自己的猜测。<br>5. 能发现常见物体的结构与功能之间的关系，探索并发现常见的物理现象如沉浮等产生的条件或影响因素。<br>6. 能用多种工具、材料或不同的表现手法表达自己的感受和想象。艺术活动中能与他人相互配合或者独立表现。 |

## （四）室内区角游戏的目标

区角游戏是幼儿在游戏区中所进行的某种特定活动。我园的角色游戏、结构游戏、科学游戏都是独立开展的，五大领域经验也自然融入在各类游戏活动及其他课程中。因此，结合我园游戏类型和幼儿发展所需，我们把传统的学习型区角、角色游戏区角等区角游戏改造成了以材料超市呈现的室内区角游戏，以支持幼儿对其他课程的表达表现与经验储备，这一转变让游戏类型更丰富，幼儿经验更全面，也打通了室内外游戏连接的通道。基于此，结合不同年龄段幼儿发展目标，并参照《指南》，我园厘清了区角游戏的各年龄段发展目标。

室内区角游戏的发展目标

| 年龄段 | 发展目标 |
| --- | --- |
| 3–4岁 | 1. 喜欢观察，对材料感兴趣，独立使用材料并收拾整理。<br>2. 关注物品的颜色和简单的造型。<br>3. 愿意用自己喜欢的方式表达。<br>4. 能较短时间内集中精力完成活动，不随意打扰别人，愿意分享。 |
| 4–5岁 | 1. 细致观察，有目的选择材料，较专注地完成活动。<br>2. 关注物品的色彩、形态的细致特征和周围环境。<br>3. 有模仿和参与创作的愿望。<br>4. 较专注地完成活动，喜欢操作，能对作品进行评价，喜欢与同伴共同游戏，主动与同伴分享交流。 |
| 5–6岁 | 1. 能根据自己的需要，自选材料与内容，有计划地创作。<br>2. 呈现更多元的表现手法，创作更多的风格，能进行有挑战性的活动。<br>3. 能集中精力完成较复杂的动作，能听取同伴的意见，能自主解决合作中的问题。 |

目标的梳理为教师提供了组织游戏、观察游戏、指导游戏的有力抓手，凸显了游戏的独特价值和幼儿的主体性地位。教师在实施游戏课程前会对幼儿的已有游戏经验和水平进行分析，并结合游戏目标，与幼儿共生游戏的内容和方向；实施游戏课程时，明晰游戏现场的关注点和支持点，并根据幼儿的个体需求进行有价值的支持策略；在游戏后，结合家园社共同促进幼儿的游戏经验积累提升。

## 二、自然教育游戏课程的内容体系

幼儿园的游戏类型应是全面的、综合的，游戏内容应是多元的、多发展的。但游戏内容的产生和确立应遵循幼儿为主体的原则。教师要关注游戏内容背后的价值：一是促使自由精神的回归，确立游戏内容能实现"游戏人"的教育目标；二是倡导对话精神的回归，确立游戏内容能构建"游戏场"的教育情境；三是主张游戏精神的贯彻，确立游戏内容能在游戏、儿童和教育之间呈现"自由、自主、愉悦、创造"的体验。由此可见，凡是幼儿感兴趣的、有教育价值的、有场地开展的、具有游戏精神的，均可成为自然教育游戏课程的实施内容。

我园得天独厚的户外环境与室内环境充分满足了各年龄阶段幼儿不同的游戏经验与需求，生发和沉淀了大量优质的室内外游戏内容。

### （一）角色游戏的内容

基于各年龄段幼儿的兴趣、经验与发展点，我园尊重幼儿对户外游戏场地的发现与需求，以幼儿发展为本位，巧用户外环境资源优势，开发并形成了多种角色游戏内容。

各年龄段角色游戏内容

| 地点 | 泥地 | 后花园 | 香蕉林 |
|---|---|---|---|
| 内容 | 小班角色游戏 | 中班角色游戏 | 大班角色（表演）游戏 |

**1. 小班泥地角色游戏**

小班幼儿刚进幼儿园，正处于对幼儿园人、事、物多元的感知和探索中。在这个过程中，幼儿逐步地缓解分离焦虑，适应幼儿园集体生活，建立与幼儿园、教师的归属感，并愿意和同伴交往与游戏。我园藤蔓植物下的泥地场地不大，树桩、石头、花、果、叶、草等自然资源丰富，适合小班幼儿游戏。幼儿喜欢一个人，或者三三两两自发地在这里玩户外自由游戏，如挖宝藏、挖水沟、给宝宝做饭等。随着经验的积累，小班幼儿社会性交往等能力逐步发展，他们想要扮演爸爸、妈妈等角色，并利用自然材料进行想象替代做食物给宝宝吃，还利用木板、树桩、轮胎等材料搭建起了泥地上的家，泥地的自由游戏慢慢偏重于角色游戏。幼儿在游戏中自主地同伴交往、想象创造，为中班的角色游戏奠定了基础。

**2. 中班后花园角色游戏**

中班幼儿与同伴交往的需求增强，喜欢多玩伴、小组结队地到户外更大的地方玩游戏。我园有个后花园，这里环境的创设是幼儿园多年来根据幼儿在户外玩耍时的需求，不断完善形成的原生态游戏环境，有灶台、围栏、茶树围墙、山坡、各类果树等。大量的自然材料、原生态创设和开放的空间等有准备的环境，都为幼儿的游戏提供了条件。因此，很多幼儿都喜欢到这个地方玩家庭角色扮演的游戏。同时，幼儿在小班已经积累了丰富的生活经验，并初步有了三三两两一起玩游戏的需求，而后花园的角色游戏正好可以进一步发展幼儿的角色意识、任务意识和初步的计划、小组协商、语言表达、想象替代等能力。到了后期，随着幼儿经验的积累，他们迫切想要走出去交往，产生家与家之间的联系。因此，"以家为依托"的买买卖卖等社会性角色游戏内容开始发生。幼儿在这种方式的游戏里更有归属感，更愿意交往。

### 3. 大班香蕉林角色（表演）游戏

大班幼儿喜欢自编自演，自主地把生活经验和文学作品融在一起，这是大班幼儿创造性的本性。所以，单纯角色游戏不再满足幼儿的表达表现需要，香蕉林这片大舞台成为了大班幼儿角色游戏与表演游戏融为一体的表演游戏场地。游戏中，幼儿直接利用茂盛的香蕉林树木、崎岖的地形、高大而紧密相连的三间小木屋等实景进行故事表演，他们还利用香蕉林中能躲藏的树洞、城墙，遮掩的香蕉树、坑洼的山坡等进行团队"夺旗"游戏。香蕉林满足了幼儿游戏所需的环境与材料，他们在自然的环境中更加自由自主、愉悦创造。于是，幼

儿在教师的支持和引导下，思维、情感深度参与，全情投入游戏，身心获得全面和谐发展。

## （二）结构游戏的内容

遵循结构游戏的概念，幼儿应操作各种结构材料或结构玩具，从而构造物体形象。结合幼儿结构经验的发展规律，我园形成了丰富多样的结构游戏内容，有独立的游戏空间，又蕴藏结构经验的互融互通。

结构游戏的内容

| 类型（内容） | 大型积木建构 | 桌面小结构 | 家庭亲子建构 |
| --- | --- | --- | --- |
| 组织形式 | 利用大型、单元大积木等围绕主题进行个人、小组、团队的大型建构 | 利用接插玩具、生活材料、单元小积木等自由进行桌面建构 | 利用乐高玩具、生活材料、单元小积木等自由进行家庭亲子建构 |
| 材料 | 泡沫积木、炭烧积木、纸箱、奶粉罐、薯片桶等 | 接插玩具、单元小积木、冰糕棒、扑克牌、麻将、光碟、吸管等 | 乐高、接插玩具、单元小积木、冰糕棒、扑克牌、麻将、光碟、吸管、树枝等 |
| 经验 | 自发合作、小组协商分工合作、建构技能、数学认知、表达表现、语言表达、想象创造、记录表征等 | 自发合作、建构技能、数学认知、表达表现、语言表达、想象创造等 | 亲子合作、建构技能、数学认知、表达表现、语言表达、想象创造等 |

续表

| 现场 | | | |
|---|---|---|---|

**1. 大型积木建构**

大型积木建构可以更好满足幼儿对各种建筑的构造需求，其宽大的场地、大型标准的材料、具体复杂的搭建内容能激发幼儿与同伴合作探索结构关系，感知数学经验，挑战多种建构技能。为了更好地观察和支持幼儿个体经验和整体发展水平，我园每周每班开展两次大型建构游戏。从小班的平行搭建、自发性合作搭建到中大班的围绕一个或者多个主题进行大型建构，满足不同年龄段幼儿的发展需求。

**2. 桌面小结构**

小结构可以更好满足幼儿对生活中的小型物体的构造需求，其材料体积小、生活化、易拼插、易成型，幼儿可利用晨间入园、餐前餐后过渡环节中等随取随玩随放。搭建中，幼儿可以根据自己的需求自选材料进行平行、多人合作等拼搭，其初步积累的数学经验、建构技能等为大型积木建构做了经验补充。

**3. 家庭亲子建构**

家庭亲子建构可以更好满足幼儿随意的想法。家长通过幼儿的结构游戏故事回顾，亲子建构，丰富、补充幼儿经验。其材料大多从网上购买，如乐高、接插玩具等，部分材料从自然、生活中获取，家长可一对一陪伴幼儿亲子建构，拓展幼儿的思维，拓宽幼儿的视野宽度。

结构游戏的多种类型是相互补充的，又是层层提升的，幼儿在多种结构游戏的搭建中获得的经验更丰富、能力更全面。

### （三）科学游戏的内容

花、树、草、水、沙、泥、石等都是幼儿亲近自然、探索自然、热爱自然的空间和资源。我园经过多年的探索实践，结合幼儿的年龄特点，聚焦科学游戏的核心经验，开展了一系列以沙、水、泥等为载体的科学游戏内容，让幼儿在做中玩，玩中学，初步感知物体的特性，建立结构和功能的关系。

各年龄段户外科学游戏的内容

| 地点 | 沙区 | 水区 | 泥区 | 户外空地 |
| --- | --- | --- | --- | --- |
| 内容 | 巧提沙、一层沙蛋糕、多层沙蛋糕、挖隧道 | 做纸船、制作水枪、搭桥、动力小船 | 泥陀螺、泥轮胎、不倒翁、摔泥碗 | 稻草人、风筝、竹蜻蜓、风车 |
| 现场 | | | | |

### 1. 沙区

沙子具有细小、松软、遇水可凝结、易塑形等特点。我园依据《指南》，依托沙区开发并形成了对中大班幼儿有发展价值的多种游戏内容。如中班的巧提沙、一层沙蛋糕蕴藏着有关沙的密度、松紧等科学经验，幼儿在游戏中感知和发现沙的特性，愿意动手动脑探索物体和材料，为大班做多层沙蛋糕、挖隧道等铺垫经验。到了大班，幼儿开始在多层沙蛋糕中探索层级比例、支撑、重心，以及在挖隧道中探索支撑、稳固、压力等科学经验，建立结构与功能之间的关系。

2. 水区

水具有流动性、渗透性等特点。我园依据《指南》，依托水区开发并形成了对中大班幼儿有发展价值的多种游戏内容。如中班的做纸船蕴藏着有关水能流动与载物移动的科学经验，制作水枪蕴藏着空气压力、气压的科学经验，幼儿在游戏中感知和发现水的特性，以及水压与外部气压的关系。到了大班，幼儿开始在搭桥中探索桥的结构功能与水流速度、水位高度之间的关系，以及在动力小船中探索船的动力、水的阻力对小船航行速度、距离、方向的影响，在实际操作感知较复杂的科学原理。

3. 泥区

泥具有黏性、塑形、柔软等特点。我园依据《指南》，依托泥区开发并形成了对中大班幼儿有发展价值的多种游戏内容。如中班的不倒翁蕴藏着泥的黏性与重力能帮助蛋壳保持重心平稳等科学经验，做泥轮蕴藏着泥塑形、保持泥轮重量相等而让车子匀速直线下坡的科学经验，幼儿在游戏中感知和发现泥的特性及用途。到了大班，幼儿开始在泥陀螺中探索重心、平衡、支撑、力度等影响陀螺转动的结构与功能的关系，以及在摔泥碗中探索空气压力与泥碗内部压力之间影响泥碗破洞、响声的结构与功能的关系。

4. 户外空地

我园户外场地宽敞、自然环境丰富，本地自然材料多样。于是，我们依据《指南》，依托户外空地开发并形成了对中大班幼儿有发展价值的多种游戏内容。如中班的风车、竹蜻蜓蕴藏着风力大小与风车、竹蜻蜓转动速度的关系，以及其结构中心点、对称等科学经验。到了大班开始探索风筝中对称、中心点、比例等科学经验，在做稻草人中探索重心、平衡、支撑、比例等科学经验，建立结构与功能的关系。

（四）室内区角游戏的内容

我园区角游戏以自由自主的材料超市呈现，如自然材料类、纸艺类等，幼儿在开放的活动中自选内容与材料，丰富其他课程的经验及表达表现。同时，我们结合课程建设进行因地制宜的思考：总园开展的是班级室内区角游戏，分园（新城园区）功能室多，开展的是园级功能室区角游戏，无论哪一种形式，幼儿都是结合自己的需求自主选择游戏内容，并进行表达表现。

各年龄段区角游戏的内容

| 班级 | 园级 |
| --- | --- |
| 自然材料、装饰类材料、布类材料、纸类材料、颜料材料、工具类材料等<br>自选材料进行表达表现，为生活课程、游戏课程、节日节气课程、探究主题课程、野趣运动课程服务 | 水墨水彩、布艺、纸艺、泥工、陶艺、树枝搭建、扎染等<br>自选功能室，为生活课程、游戏课程、节日节气课程、探究主题课程、野趣运动课程服务 |

**1. 班级区角游戏**

总园室内区角游戏在本班教室开展，以自然材料、布类、纸类、工具类等材料超市呈现，幼儿自选材料进行表达表现和储备其他课程经验。如结合节日节气的三八节活动，孩子们在区角游戏中，利用纸类材料、自然材料、装饰类材料给妈妈做各种各样的花，表达对妈妈的爱；如结合自然主题"花"，孩子们在区角游戏中，利用颜料类材料、自然材料、工具类材料等，多元表现水粉、线描、手工等不同形式的花；如结合表演游戏，给角色做各种道具等。班级教师根据课程阶段性安排、幼儿兴趣经验，以及幼儿个体和整体的发展等进行多元欣赏感受、材料丰富、观察支持等。

### 2. 园级功能室区角游戏

分园（新城园区）功能室比较多，可以分散承载更多的幼儿与材料，班级可以自主申请，根据需求规划不同的时间段、选择不同的功能室开展区角活动。活动室材料的呈现方式和班级一致，以不同类型的材料来区分和呈现，满足幼儿不同的需求。如布艺功能室里有各种各样的布，幼儿可以结合表演游戏做服装、道具，纸艺功能室可以结合节日节气"新年月"活动做灯笼、剪窗花等。游戏时，班级三位教师分别负责一个功能室，从个体观察指导到整体关注，全园共同收集材料，满足幼儿的需求与发展。

## 三、基于目标和内容的案例剖析

### （一）角色游戏案例剖析

中班：角色游戏中的社会性发展——"谁家的钱最多"

社会性发展是角色游戏的核心经验，中班幼儿在以家为依托的角色扮演中常常会出现与人交往的需求，其中买买卖卖的游戏内容最容易发生。教师要善于捕捉游戏的生长点，促进幼儿的语言表达、买卖技巧、协商分工等社会性的发展。

"谁的钱多，谁的钱少"是幼儿游戏中一直讨论的话题，教师利用这一细节去提升幼儿的游戏水平。游戏结束后，蛋糕店和肉店的孩子通过清点自己家余钱的多少来确定今天谁家的生意好，谁家生意相对较差。蛋糕店卖了8块钱，肉店卖了13块钱。肉店老板说："我的生意比你的好，我比你多卖了钱。"蛋糕店老板说："我们家今天就我一个人在家里卖，所以没有你卖得多，下次我要比你卖更多的钱。"说着，他们把钱递给了老

师,其他组的孩子也争先恐后把钱交给老师:"我们卖了10块钱。""我们卖了12块钱。"……为了参与买卖,孩子们商量每次游戏前每家有10元底金,孩子们对比底金发现自己家今天赚的钱并不多,甚至有的是亏本的。

教师敏锐捕捉到钱多钱少背后其实是幼儿的社会性发展,便组织幼儿观看游戏视频寻找缘由。孩子说:"蛋糕店里的人都是在家做自己的事,有时候客人来了,他们老板都还没看到。""他们叫买的方式总是一句话:快来买呀,快来买呀。"于是,教师和孩子们一起回顾今天游戏的计划和过程,他们发现之前说好的角色、任务并没有在游戏中坚持下来,而要想招揽更多的客人,必须要有比较明确的分工,才不会出现错过客人的现象,也能增加幼儿和客人交流的契机和卖出东西的机会。幼儿便再一次强调,游戏前要5-6个人一起商量和分工合作的计划。接着,教师组织幼儿讨论了吸引顾客的技巧,可以用叫卖的方式吸引客人:"刚出炉的蛋糕,好新鲜快来买。"或结合客人的需求和生活经验来介绍东西:"今天天气太热了,给宝宝买件短袖吧。"或主动挑着担子走出去卖……再次游戏后,孩子们清点了钱,发现这次比以前卖得更多了,而且他们还会一家人商量哪些商品需要进货,买来干什么等,并彼此尊重接纳、协商分工。最后,教师及时提醒孩子们记录游戏故事,并将好的方法张贴在游戏经验板上,供同伴学习。

问题本身就是学习,面对"谁的钱多、谁的钱少"这一问题,有的教师也可能会选择比较钱多钱少,引导幼儿进行数量的比较。但我们结合中班角色游戏的本质,对行为背后的幼儿发展做了专业的解读,敏锐地捕捉到钱多钱少背后是幼儿的社会性发展,便开始聚焦核心问题对幼儿进行支持。幼儿在活动过程中想办法解决问题并与同伴交流协商,数学认知等其他领域的发展也自然渗透其中。

### (二)结构游戏的案例剖析

大班:多元建构技能的丰富——修蘑菇房顶

建构技能是结构游戏的核心经验。随着幼儿对幼儿园建筑物的熟悉,他们想要修建幼儿园的后花园蘑菇房,教师也发现蘑菇房半球形房顶和尖尖房顶属于三维立体空间造型,造型差别大、稳固性差、用时长,对于大班幼儿具有挑战性，这也正是幼儿建构技能的突破口，可以帮助幼儿获得立体造型建构、材料组合、同伴协商合作等新的经验。

　　修建中，孩子们协商分工。有的发现房顶很像三角形，并在日常数学活动中知道三角形是最稳固的图形。有的尝试用泡沫板搭建立体的三角形，但两张泡沫板夹成尖尖的顶不稳，会往两边滑。有的认为立体三角形很容易倒，必须要有人扶着两片塑料板。教师支持孩子利用已有经验与身边的材料想办法固定。于是，孩子们用小积木夹着泡沫板，使立体三角形稳固。有的孩子则尝试选用接插玩具修房顶，但拼出来的房顶放在天花板上显得很小，也与实际建筑外形不符。教师再次支持幼儿迁移测量的经验，修建大小适宜的房顶。测量中，孩子们感知到"周长"这一新的数学经验。成功后，幼儿的修立体三角形的想法越来越多，教师也抓住幼儿兴趣，提出让他们用能想到的、能见到的、可以用的材料来修蘑菇的房顶，如用圆形的布垫、纸杯、接插玩具等材料修蘑菇房顶，建构技能与想象创造也在不断地尝试和解决问题中发展。

　　整个搭建过程中，教师是心中有数的，她知道当前的材料是可以成功搭建多元的立体三角形房顶的，所以教师在游戏中两次提出让幼儿利用身边尽可能有的材料想办法解决问题。问题解决过程中，教师耐心等待幼儿反复尝试与调整，支持他们在动手动脑中学习与发展。幼儿也并没有简单重复已有经验，而是迁移运用已有经验建构新经验。在此过程中，高质量的师幼互动是幼儿思维提升的关键。

## （三）科学游戏案例剖析

大班：科学游戏中多领域目标的发展——多层沙蛋糕

物质科学经验是科学游戏的核心经验。幼儿在探索与游戏中进行星级挑战，层层解锁，从而建构科学原理。大班多层沙蛋糕蕴藏沙的特性、中心点、支撑、比例等核心经验。游戏中，教师观察到，沙蛋糕还能激发幼儿语言表达、艺术创造、数学认知等经验，这正是经验互通互融、课程整合的连接点。

游戏中，有的认为把蛋糕做高、不倒、做像就是成功；有的蛋糕高而松散、倾斜不匀、造型各异；有的一直尝试将蛋糕的第二层放在第一层上面；有的想把蛋糕做得很漂亮，随手捡来石头、花草随意装饰起来。教师开始审视幼儿行为背后的核心经验是否突破，以及幼儿是否能迁移其他活动经验来解决问题，以促进幼儿科学核心经验及多领域经验发展。教师与幼儿讨论："我们在玩的什么游戏和做多层沙蛋糕是一样的呢？"幼儿说："搭房子、搭纸牌……"教师引导幼儿在晨间桌面拼搭时玩搭扑克牌，幼儿在一次次玩耍中发现扑克牌垒高和蛋糕一样，从下往上越来越小，每层之间是有规律增加和减少的经验。教师："那我们的蛋糕可以怎样变得和垒高扑克牌一样呢？"幼儿："要把蛋糕的第二层放在第一三层正中间，每一层要很稳，不然会垮掉。"幼儿逐渐关注到蛋糕中心点、支撑、比例等问题。教师进一步支持："怎样保证蛋糕每层不垮掉，很稳固，而且还要有规律地每层变小？"幼儿开始利用不同大小的盆、桶等做多层沙蛋糕，但每一次取出来时都会垮掉一些，他们便讨论说如果桶和盆可以剪断就好了。基于幼儿的想法，教师准备了固定带材料，满足幼儿既让沙稳固材料又容易抽离的想法。为了让每层大小清楚，

幼儿迁移了温度计上刻度的经验，给固定带标注了刻度，以便每层蛋糕大小不同。在不断尝试中，幼儿慢慢发现了每层大小的规律，如10厘米、20厘米、30厘米递增递减等。最后，孩子们利用可变形的固定带尝试创造不同造型的蛋糕，并进行装饰。蛋糕越复杂，越挑战幼儿同伴合作、计划协商的水平。教师则为孩子们投放更多元的材料满足幼儿想象创造。

在沙蛋糕的制作过程中，教师观察到其中心点、支撑、平衡等科学核心经验是需要迁移其他领域经验才能构建的。科学探究是树干，树干的扎根、营养丰富滋养树枝、叶、花、果的茂盛丰硕，五大领域就如树枝、叶等，而整颗大树的旺盛生长才是最终的目的。过程中，我们可以看出其中既有科学核心经验为主线，又有五大领域目标的自然渗透，满足了幼儿多领域经验和科学核心经验全面发展。

#### （四）室内区角游戏案例剖析

大班：在区角中进行多元表达表现——为角色游戏做铠甲和背景

多元表达表现是区角游戏的核心经验。幼儿在香蕉林里玩"夺旗"游戏和表演游戏的道具、服装、装饰品、背景板等需要根据游戏的情节来制作，室内区角游戏的材料超市恰好能支持幼儿多种想法的实现，教师也可利用此次活动观察和支持幼儿的多元表达表现经验。

玩"夺旗"游戏的孩子："我们想要做铠甲来防御另一方队的攻击。"表演游戏的孩子："我们想要做一些花花草草的背景板来表演故事。"教师及时支持孩子们的需求："如果做盔甲和故事背景，什么样的材料才是最合适的？用什么方法来制作呢？"幼儿便开始在材料超市里去选择："盔甲可以用纸箱、纸板、塑料桶等材料做，故事背景可以通过绘画的方式在白色的KT板或者纸板上画。"于是，教师鼓励幼儿将需要的材料先进行了书面的计划，并通过欣赏和感受不同的制作和绘画方式去表达表现盔甲和故事背景板。制作过程中，教室里的材料不能满足幼儿多元表达表现，教师请家长成为幼儿经验生长的支持者和合作者，引导幼儿将计划图带回家和家长一起讨论，丰富经验和收集材料，让幼儿的制作有了更多保障。

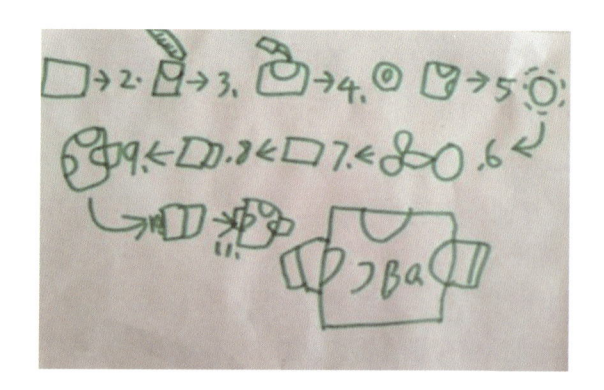

初次制作好了后，幼儿穿着盔甲进行夺旗游戏："我想要装更多的手榴弹，可是没有地方存放。"教师："可以怎么办呢？"幼儿："我可以在盔甲两侧增加可以存放手榴弹的口袋。"一个既可防御又能存储手榴弹的盔甲做好啦。香蕉林游戏中，他们看到同伴用了不同的方法进行制作，有青花瓷的防御纸箱墙，有水粉的表演背景板，还有手工的表演道具等。再回到区角游戏中，孩子们的创作思路打开了。

游戏中，幼儿基于游戏需求进行了装备、道具的多次调整与创造，而游戏材料的提供也不是一次决定和完成的，孩子们可以在游戏中检验材料的适宜性，并回到室内区角游戏继续进行调整和创造，让游戏相互连接，幼儿多元表达表现，呈现更高水平，不断积累和丰富经验。同时，我们可以看出，当室内游戏能满足幼儿户外游戏的经验需求和补充时，游戏就会继续发生，幼儿兴趣也会持续保持，室内外游戏是相互促进和融合的。

小班：结合食育活动进行表达表现——生活中的食物

小班幼儿的兴趣、经验是很广泛的，他们喜欢在区角游戏中表达表现每天幼儿园吃的餐点，做好吃的食物给"娃娃"吃，并用黏土搓圆、搓条的方式做汤圆，但表达表现的方式比较单一。教师可以基于孩子的兴趣和经验，打通活动之间的连接，满足幼儿的兴趣与发展。

幼儿："我们要给宝宝在区角中做面条、蔬菜、肉。"幼儿表现出来的都是简单的搓圆、搓条、捏块等方式。教师："你们想做的食物都长什么样子呢？可以用教室里什么材料来做呢？"教师关注到区角游戏的核心经验——感受与欣赏、表达与表现，便支持幼儿通过实物观察物品的颜色和简单的造型，鼓励幼儿选择区角的材料，用撕、拼、粘贴、折叠等方法象征性地表现物体大致的特征。幼儿："可以

用各种纸剪一条一条的面条,肉可以剪成一块一块的,蔬菜有很多种形状。"
教师:"还可以做哪些吃的呢?"幼儿开始寻找更多的材料来做鸡蛋、饺子、玉米等食物,还能用不同的材料以更多元的方式表现同一种食物。

教师发现,幼儿呈现的作品经验水平不一样。如用剪的技能表达表现面条、蔬菜、肉等,小肌肉发展得更好一些的幼儿能剪出很精细的形状,小肌肉发展一般的幼儿能大概根据食物的外形特征剪出其形状,小肌肉发展弱的幼儿则是一团随意搓揉。教师对个体幼儿进行持续的跟踪和支持,家园合作,尊重和支持幼儿个性化发展。

生活处处皆资源，将资源转换为有教育价值的内容可以促进幼儿的发展。游戏中，幼儿想要表达表现每天吃的餐点，教师也关注到了幼儿当前的兴趣与观察、表达表现的经验，将教室里的食育活动墙进行了调整，让每一种食物从外观到内部，从整体到局部都能被幼儿细致观察到，让其成为区角游戏的资源。幼儿在游戏中留心生活中的事物并进行表达表现。当幼儿观察得越仔细越深入，表达表现就越多元，游戏经验和水平也会在一次次操作中积累和提升。同时，教师还应关注幼儿在游戏中的个体经验和差异性，尊重和允许幼儿不同层次的成长，引导和支持幼儿的纵向发展。

明晰目标是教师观察、指导和支持幼儿游戏的有力保障。游戏内容和情节可以是多元的，但只要教师心中有目标，便可以在游戏现场有效抓住有价值的点进行指导和推进，满足幼儿在游戏中的持续兴趣和身心全面发展。

## 第三节　自然教育游戏课程的实施

我园遵循自由、自主、愉悦、创造的游戏精神，坚守让孩子在有准备的环境中自己寻找支点的教育理念，从环境的改造和材料的投放出发，支持幼儿践行游戏精神；同时教师在游戏中潜心观察、认真解读幼儿的游戏行为，反思幼儿的游戏需求和教师的指导策略，以提升游戏的质量，落地幼儿的发展；最后借助幼儿的每日游戏故事记录，家园联动，让教师、家长共同了解每一个幼儿的真实需求，给予幼儿及时的帮助与经验支持，最终让他们收获越玩越智慧的美好愿景。

### 一、在环境的创设和材料的提供中践行游戏精神

环境和材料是幼儿游戏生发和幼儿经验生长的保障，在宽松愉悦的环境中和丰富多样的材料中，教师能看到幼儿在游戏中的无限可能性。基于此，我们也将环境的创设和材料的收集还给了幼儿，鼓励幼儿积极主动与环境、材料互动，丰富完善环境与材料。多年来，我园在实践中梳理了各类游戏所

需的环境与材料。

## （一）角色游戏
### 1. 角色游戏的环境和材料

我园的角色游戏均在户外，其环境多以原生态的自然环境为主。基于角色游戏本质，其材料多以自然的、低结构的、生活化的为主。具体如下。

角色游戏环境

| 班级 | 角色游戏环境 |
| --- | --- |
| 小班 | 户外藤蔓泥地：原生态环境、自然材料、开放空间、独特地势 |
| 中班 | 后花园：原生态环境、自然材料、开放空间、独特地势 |
| 大班 | 香蕉林：原生态环境、自然材料、开放空间、独特地势 |

角色游戏材料

| 年龄段 | 大班 | 中班 | 小班 |
| --- | --- | --- | --- |
| 收纳方法（标志） | 分类摆放<br>头饰类，道具类、纱巾类、搭建材料类 | 分区域摆放<br>实物照片、图画标志 | 分类摆放<br>实物照片标志 |
| 收纳材料 | 纱巾、衣架、画架、凳子 | 家里必备物品以及公共区域材料，个性化需要材料每个家小组自备<br>桌子、垫子、椅子、丝巾、娃娃、衣服、鞋子，厨房用具（锅碗瓢盆、铲子、杯子、筷子等）， | 锅、碗、瓢、盆、筷子、电话、玩偶娃娃<br>衣服、纱巾、床、雨靴、围兜、木板、树枝、铁铲等 |

续表

|  |  | 奶瓶、奶粉罐、牛奶盒，手机，头饰，镜子，梳子，吹风机，自然材料（松果、玉米棒、树叶、坚果壳、橘子皮、柚子皮等）、背篓、簸箕、花篮、扁担、简单搭建材料（空心砖、木板等） |  |
|---|---|---|---|
| 辅助材料 | KT背景板（幼儿做的）、纸箱、方形垫，个性化表演游戏需要的材料（如头饰、道具） | 家里个性化材料：根据家的需要制作。花店（区角制作手工花、花瓶、花篮）、蛋糕店（区角制作蛋糕、蛋糕盒等）、杂货店（区角制作各类装饰品），根据幼儿的需求来进行制作 | 区角制作角色游戏需要的东西<br>自然材料、包糖果材料、发夹材料、蛋糕材料<br>罩衣、雨靴 |

**2. 基于环境和材料的角色游戏案例剖析**

大班：巧用环境，探索材料的功能性

香蕉林开放的环境激发着幼儿不同的"夺旗"游戏思考，随着游戏情节的变化和丰富，孩子们自发收集更多的材料满足团队想要胜利的愿望。教师鼓励幼儿的思考与计划，并支持幼儿巧用香蕉林的环境，探索材料的功能性，让环境和材料真正成为幼儿经验生长的保障。

幼儿："想让敌人看不见，我们需要收集迷彩网、纸箱、沙袋、轮胎来遮挡自己。"但他们发现结果并不如其所愿。幼儿："他们将迷彩网随意地捆绑在身上，沙包随意放在了石头上，而且直接撕下香蕉叶遮挡在脑袋上，轮胎也放置在基地的城墙上，纸箱也堆放在城墙的道路上……"教师："为什么会这样呢？你们的计划是什么？"幼儿："他们都是乱放的，我们也不知道他们为什么要放在这里……"教师发现，孩子们对香蕉林的地形特点是不熟悉的，所以不能对环境、材料进行有效布局："香蕉林的地图可以帮助到你们吗？"幼儿："不行，地图上只是有三间小木屋和两边基地、石头路，没有树桩、小水池、沙池、后面的小道那些地方。"教师支持幼儿再次绘制更详细的地图，大家投票选出看得最清楚最全面、最能帮助布局的香蕉林地图，感兴趣的幼儿孩子结构游戏搭建中搭建了香蕉林，以便更熟悉香蕉林的地理空间。

基于布局问题和地图发生变化，为了发展《指南》中指出的大班应该具备的批判性思维和思辨能力，教师和孩子们商讨并调整了计划协商的方式：从以前的协商—分享—游戏变为小组协商—大组分享—团队解决问题，这样的方式让孩子们有足够的空间去思考，形成计划，同时也为团队的配合起到了作用。然后，教师介入孩子们的两队协商，提出什么材料可以放在哪里，为什么放在那里，同组成员怎样配合夺旗，还可以收集哪些材料，对于这样的布局同组幼儿还有什么更好的建议等，从而引导幼儿关注地理地形特点，收集材料，探索材料的功能性，以及团队合作，想办法解决问题。协商后，幼儿开始实地布局，充分利用环境与材料，游戏也更加精彩。

迷彩防护关卡　　　　　　多元材料组合搭建　　　　　基地内终极关卡

团队游戏中，幼儿人数较多，这对他们的计划协商、分工合作等有着巨大的挑战。教师也深知游戏材料不会用的根本原因是幼儿对香蕉林的地形不熟悉、团队计划行动不一致。因此，教师将幼儿的发展目标藏在心中，通过视频回放、幼儿团队研讨，三次质疑激发幼儿去想办法团队合作解决问题，这才有了幼儿绘制详细地图，调整计划协商方式，巧用环境与材料的经验生长。我们知道，环境和材料是互相促进的，材料改变环境，环境促进材料，环境和材料与幼儿、活动、课程之间产生相互作用，将游戏推向更高水平，幼儿经验丰富完整。

小班：适应环境，回归生活

自然有趣的环境让小班幼儿情不自禁地玩起了游戏，对环境、同伴有了初步的适应。但他们对环境、自然材料的关注与运用是没有经验的，比如地上的草、落叶、树桩、石头等，这都是天然的游戏场地和材料，可以满足幼儿无限的游戏兴趣。教师思考基于小班幼儿的生活经验，充分融合自然环境，愉悦地游戏。

几次玩泥游戏中，孩子们选择碗、勺子、杯子等娃娃家玩具，装满泥土和同伴一起给"宝宝"喂饭，但是碗、杯子一直在幼儿手中，或者直接放到地板上。教师："你们在家里就是这样端着碗吃饭的吗？"幼儿："不是的，我们是放在桌子上吃的。如果放在地上，可能会把饭踢倒的，而且放在地上也不干净。"教师："那这里没有桌子怎么办？你们看看身边有什么可以变成桌子呢？"幼儿环顾四周："我发现了树桩、大石头，可以放在上面。"幼儿继续游戏，幼儿："我发现树桩和石头不稳，而且很小放不下，东西会掉下下来的。"教师："那你们还可以怎么办呢？"幼儿："我们可以修桌子、椅子啊！"教师肯定了幼儿的想法，结合家长资源，收集并投放了各种板子、奶粉罐和木制大积木等。幼儿就利用这些材料搭建了桌子、椅子等，几个幼儿自发性三三两两围在一起吃饭，其乐融融。

续表

游戏中的小班幼儿是亲自然、爱生活的，他们将生活中的经验自然迁移到游戏中，逐渐从摆弄材料发展到有目的地使用材料和创造性地使用材料。几次游戏中，教师发现幼儿与材料的互动较少，经验欠缺，教师便通过提问调动幼儿的已有经验，让他们发现身边的环境、材料是可以为游戏所用的。因此，教师在小班阶段尽力从游戏内容、材料使用等各方面丰富和积累幼儿的生活经验，促进幼儿三三两两地自发性合作交往，及时为幼儿提供和丰富想游戏、能游戏、持续游戏的环境与材料，为中大班更高游戏水平做铺垫。

## （二）结构游戏

### 1. 结构游戏的环境和材料

结构游戏类型多种，游戏环境与材料应多空间、多样化呈现。为了实现大型积木建构对幼儿的发展作用，我们从原来狭小的室内游戏空间移到开阔宽敞的平台、车棚区域，保障每个班都有一块固定的游戏场地持续游戏，幼儿的欣赏作品、搭建作品、游戏经验表征、各类积木类型及名称等呈现在周围。同时，我们也在教室、功能室等处提供了多样的小结构材料，满足幼儿室内桌面、地面拼搭需求，幼儿欣赏的作品、游戏经验表征等也呈现在教室周围。具体如下。

结构游戏环境

| 班级 | 结构游戏环境 |  |
|---|---|---|
| 小班 | 平坦开阔的建构区域，墙面以直观照片形式展示材料使用的基本方法和规则，以照片引导幼儿分类摆放材料，及适合小班基本建构技能水平的搭建欣赏图。室内桌面、地面。 | |

续表

| | | |
|---|---|---|
| 中班 | 平坦开阔的建构区域,墙面以图画形式表征材料使用的基本方法和规则,以积木和材料名称分类摆放材料,呈现幼儿建构主题图片、模型,中班幼儿基本建构方法图示,幼儿建构活动中精彩瞬间(作品、好方法)。室内地面、桌面。 | |
| 大班 | 平坦开阔的建构区域,墙面以图画、图夹文形式表征集体讨论游戏规则(拿取材料安全方法、收拾整理方法),呈现幼儿建构主题图片、模型,以积木和材料名称分类摆放材料,大班幼儿基本建构方法图示,幼儿建构活动中精彩瞬间(作品、好方法)以及星级挑战目标。室内桌面、地面。 | |

结构游戏的材料

| 年龄段 | 项目名称 | 材料投放 |
|---|---|---|
| 小班 | 大型积木建构 | 泡沫积木、纸箱、奶粉罐、薯片桶等 |
| | 桌面小结构 | 单元小积木、纸杯、吸管、雪花片等较大接插玩具等 |
| | 家庭亲子建构 | 单元小积木、初级乐高、雪花片等较大接插玩具、生活类材料等 |
| 中班 | 大型积木建构 | 炭烧积木、奶粉罐、易拉罐、纸箱、纸板、地垫、纸盒等 |

续表

| | | |
|---|---|---|
| | 桌面小结构 | 单元小积木、冰糕棒、麻将、纸牌、KT板、各类接插玩具等 |
| | 家庭亲子建构 | 单元小积木、中级乐高、扑克牌、麻将、光碟、各类接插玩具、生活类材料等 |
| 大班 | 大型积木建构 | 炭烧积木（奇异、组合图形等）、奶粉罐、易拉罐、纸箱、纸板、地垫、纸盒等 |
| | 桌面小结构 | 单元小积木、各种小颗粒接插玩具、雪糕棍、石头、小树枝等 |
| | 家庭亲子建构 | 单元小积木、高级乐高、扑克牌、麻将、光碟、树枝搭建、小棒、黏土、各类小颗粒接插玩具等 |

**2. 基于环境和材料的结构游戏案例剖析**

大班：不同的结构环境与材料共促数学经验的提升

数学认知是结构游戏的核心经验，是幼儿在亲身感知和直接操作中慢慢积累而来，多样的标准单元积木蕴藏着丰富的数学知识。教师要把握游戏中的问题，支持幼儿在不断尝试、验证中构建数、量、形、空间、规律等经验。

本组的孩子选择了搭建双子桥，他们选择二分之一圆环积木依次排列，但是小组成员提出："空隙太大，人会从上面滚下来。"又尝试着将积木倒放，但是发现不稳固，接着又尝试了喷泉积木，孩子们发现同样有问题，大家争论着要修无缝隙安全围栏。在多次的尝试后，孩子们终于选定用三角形组合起来，将围栏建构出了大家想要的样子。教师观察后分析，其中蕴含的目标是要孩子学习图形的组合，感知几何与空间，最终达到无缝衔接，这正给孩子提供了学习图形组合的教育契机。

结合孩子们出现的问题，教师利用晨间桌面拼搭，与孩子们一起玩图形组合的数学游戏，通过另一种环境和其他结构游戏内容，丰富幼儿的经验，让孩子感受多元化图形的组合，理解图形等分、图形组合。孩子们通过自主操作发现：二分之一圆环和两根木条组合在一起能够拼出拱形门；四个梯形

一个菱形可以拼出一个爱心；两个一样的直角三角形可以拼出正方形。

再回到小组结构游戏内容和环境中，孩子们迁移经验、运用各种材料去反复尝试。在平行桥面利用半圆环积木进行第一次尝试，发现有洞会掉落的问题，接着找来喷泉积木，同伴提出小洞也会滚下来的质疑，并用事实证明。接着大家找来三角形积木，通过拼接镶嵌解决了有洞的问题。后面又出现同方向倒塌的问题，再次进行尝试，最终通过改变积木的方向让围栏很好地围封。最终孩子们选择利用等腰三角形的组合完成了围栏搭建。围栏搭建中不仅蕴藏着图形组合，还有空间的数学经验，孩子们会改变材料的摆放方位来寻求最优化的组合，从中能够看出幼儿对于几何图形特性的认知与掌握。他们在不断搭建的过程直接或间接地感知抽象的空间关系，如内外、上下、远近、前后等。

游戏中，教师明晰建构游戏中的数学学习经验并能够为幼儿提供适宜性支持，在开放式环境、材料、内容中支持幼儿通过不断与材料互动感知数学元素，这是幼儿在建构游戏中获得数学经验的基础。无缝隙是游戏一开始就要解决的问题，其蕴藏的图形组合概念是幼儿需要在反复尝试与调整中学习的。教师自然将桌面小结构与大积木建构产生联系，让幼儿换一种环境和材料去感知图形组合的经验，当经验交织，幼儿的想法与实践就会发生变化，利于幼儿基于自身的需求，不断进行批判和反思，一次次在尝试中解决问题，新的经验自然构建。

## （三）科学游戏

### 1. 科学游戏的环境和材料

我园一共四处科学游戏场地。沙区：为了满足幼儿对不同沙的特性的探索，我们从中间分开，左边为黄沙，右边为河沙。水区：为了避免水区只看不玩的现象，我园不断在使用中根据幼儿需要进行改造，形成了压水井—水景墙—滴石水磨—小溪—水槽—大水池几个水区路段，满足了幼儿不同的游戏环境需求。泥区：为了满足幼儿探索坡度、速度等科学经验的需求，我园为孩子提供了后花园的小山坡场地。户外空地：为了幼儿能做好风筝、风车等并自由奔跑，我园将游戏区域规划在草坪上，满足幼儿与自然的探索与联系。在材料准备中，我园结合幼儿个体差异性特点，在活动的进程中随时跟进并投放多层次材料（成品、半成品、低结构、生活化、自然类等），并和幼儿一起讨论形成成功的星级挑战目标，满足幼儿不同阶段的发展需求。幼儿会结合自身兴趣自由选区，在完成基础挑战后，可自由换区或结合星级目标向更高目标挑战。具体如下。

科学游戏环境

| 班级 | 科学游戏环境 | |
|---|---|---|
| 小班 | 园内所有环境与资源，从中产生的科学现象，幼儿好奇好问、感兴趣。 | |
| 中班 | 成品摆放；墙面呈现成功的作品、幼儿的问题和星级挑战目标，幼儿进行物质科学中物体特性等探究；沙、水、泥等环境的建设。 | |

续表

| 大班 | 成品摆放；墙面呈现成功的作品、幼儿的问题和星级挑战目标，幼儿进行物质科学中结构和功能关系的探究；沙、水、泥等环境的建设。 | |
|---|---|---|

科学游戏材料

| 班级 | 沙区 | 水区 | 泥区 | 户外空地区 |
|---|---|---|---|---|
| 中班 | 一层蛋糕、巧提沙：各种大小的桶、盆、纸杯、吸管、小棍、固定带、装饰性材料等 | 水枪、船：竹筒、棍子、PVC管、扭扭棒、布、各类纸、泡沫板等 | 泥轮、不倒翁：车子模型、纸筒、棍子、蛋壳、天平等。 | 风车、竹蜻蜓：各类纸、吸管、竹签、棍子、扑克牌、纸杯、各种布等 |
| 大班 | 多层沙蛋糕、挖隧道：各种大小的桶、盆、装饰性材料、硬板、固定带、各种粗细的PVC管、桶、擀面杖等 | 动力小船、搭桥：各种瓶子、牛奶盒、吸管、雪糕棒、塑料小勺、橡皮筋、发条、积木、水桶、气球、轮胎等 | 泥陀螺、摔泥碗：弹珠、纸片、KT板、小棍、瓶盖、果壳等。 | 风筝、稻草人：各种布、纸、绳子、吸管、竹签、棍子、稻草、塑料膜、装饰性材料、扭扭棒等 |

**2. 基于环境和材料的科学游戏案例剖析**

中大班：在与环境的互动中，调适适宜幼儿科学游戏的环境（水区）

戏水是幼儿的天性爱好，是幼儿与大自然共处的方式。幼儿喜欢在幼儿园的水区里踩着石头玩、捡落叶、做船、搭桥、做水枪等。基于幼儿的兴趣，教师思考如何提供不同玩水游戏的环境，让环境从安全性、适宜性、游戏性等各方面支持幼儿的发展。

幼儿："冬天到了，我们踩在水里做水枪会打湿鞋子裤子。""吸水的时候容易打湿袖子。""小溪里太多石头，放船的时候会阻挡船航行的方向。"……基于幼儿的问题，教师和幼儿园为幼儿能持续游戏做了环境的调整：为了冬天也能做水枪，幼儿不打湿鞋子裤子等，我们抬高了地面，并在小溪里建了像梅花桩一样的分流石墩，幼儿可以踩在石墩上抽水喷水；为了让动力小船顺利航行，幼儿也不打湿袖子，我们在小溪旁边修建了一个大大的水槽，幼儿可以清楚地观察自己动力小船的航行过程；为了解决水与桥的关系，以及积累搭桥的结构经验，我们清除了大水沟中的石头。幼儿在有准备的环境中尽情地游戏等。

当幼儿想游戏时，教师要抓住幼儿的兴趣、经验，并思考如何因地制宜，为幼儿提供一个能游戏、持续游戏的适宜环境。环境的打造并非易事，需要以幼儿发展为本，调动管理者、后勤保障人员，以及教师共同审议，确保有益的环境，才能萌发幼儿经验生长。本次水区环境的调整经历了一个比较长的过程，是行政、教师团队多年多次观察幼儿游戏行为，基于幼儿需求和发展逐渐调整和完善的，而调整后幼儿表现出的专注与沉迷、探索与挑战、反思与思辨等学习能力与品质证明了环境

39

对幼儿发展的益处，推动了高品质科学游戏的产生。

中班：基于幼儿现有水平投放适宜材料和完善环境（风车）

幼儿对风车的探索，其实是感知空气和风，结构和功能关系的过程。当幼儿拿着成品风车自由愉悦地奔跑转动时，教师看到了风车带给幼儿的游戏性与审美体验，便思考在自制风车中给予幼儿探索的空间与恰当的支持。

幼儿从材料超市里拿了纸、布等材料制作风车。几次操作后，幼儿发现："风车有翅膀、风车杆，好像还有什么。""纸太软了，拿起来就垮掉了，转都转不起来。""这个布剪也剪不动。""我的扇叶大小不一样，跑的时候也转不起来。"一阵尝试后，幼儿久久不能成功而没有成就感。教师解读到幼儿的现有水平是基本了解了风车的外形结构，初步感知空气和风，结构和功能的关系，但材料投放的不适宜与环境的空白阻碍了幼儿的探索。于是，教师组织幼儿展开讨论："有什么好的办法可以解决遇到的问题呢？"幼儿："我想要硬一点的纸，但不能太硬，不然剪不动。""我要用笔画一下，每片扇叶的大小就会一样了。"……教师基于幼儿的需求，联动家长收集了纸牌、纸杯、过塑片等材料。材料丰富后，幼儿尝试做大小形状相同的风车扇叶，但是随意剪裁的风车扇叶大小形状都不相同。教师："如何才能剪出多片一模一样的扇叶？"鼓励幼儿回顾已有经验："用笔画也无法画成一样，我们可以用以前剪纸的方法，将纸对折多次，一次性剪很多片。"照此方法，幼儿剪出了大小相同的扇叶。该方法做出的风车，外形结构更接近一个真实风车了。

一个幼儿发现长牌大小形状相同、材质较硬、能塑形等特点，就选择了长牌来制作风车。他将长牌折叠一次来做扇叶，用棉签头连接风车杆，做好

之后用手拨动扇叶，风车成功转动。教师提醒他："试试你的风车能不能靠风来吹动呢？"幼儿尝试之后发现用嘴吹并不能吹动风车，跑起来也不能转动。于是来到了真实的风车面前，教师："你看看风车的扇叶是什么角度？"幼儿经过多次观察不同的风车，发现每个风车的扇叶都是扭转的。因此，他也尝试将自己的风车扇叶进行了扭转，风车能够被风吹动一点了。发现扇叶扭转之后能够被风吹转，给了幼儿极大的动力。他再次制作一个长牌风车，这次没有把长牌对折，而是直接将长牌进行了扭转。教师："为什么进行这种调整？"幼儿："后来折叠后的长牌扭转了很快就又变平了，风就吹不动了。""为什么折叠后的长牌无法扭转呢？"教师继续问。幼儿猜想说："可能是因为太厚了吧。现在没有折叠的长牌扭转以后很久都不会还原变平，就可以一直转。"为了满足幼儿的成就感与自信心，教师把幼儿做好的风筝与幼儿园成品的风筝放在了一起装饰环境，幼儿在环境中反复地欣赏与游戏，游戏有了游戏性和教育性。

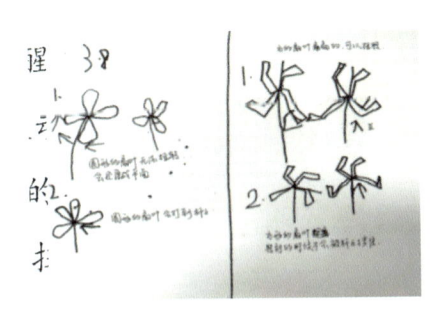

材料助推游戏持续进行，环境哺育幼儿经验生长。游戏中，教师往往会面临幼儿屡次失败、受挫的情况，这也是教师教育智慧的契机。科学游戏需要幼儿持续与材料互动，在反复的猜测、验证中找到答案，其游戏性与教育性伴随着整个互动过程。因此，教师对材料是否适宜要有敏锐的观察力，及时审视材料，为幼儿投放适宜、有益的材料。同时，幼儿成功的作品应具有运用价值，教师鼓励幼儿把作品带回家继续游戏，或用来装饰幼儿园的环境，为同伴提供感受欣赏的资源，满足幼儿的成就感与自信心。

### （四）室内区角游戏

#### 1. 区角游戏的环境和材料

区角游戏具有很强的开放性和融合性。期初，班级或功能室会创设基本环境与投放基础材料，确保材料超市正常使用；此后，区角游戏的环境和材料会根据其他课程的进程与幼儿的需求按需调整与增添，以保证幼儿的想法能被及时支持。具体如下。

区角游戏环境

| 班级 | 区角游戏环境 |
| --- | --- |
| 小班 | 通过实物照片一一对应进行材料分类摆放；以成品图和操作流程图为示范，丰富幼儿感受欣赏的经验；通过摆台、悬吊墙面等方式，呈现与其他课程融合的阶段性作品。 |
| 中班 | 通过图形、数字横纵坐标对应进行材料分类摆放；以部分成品图为示范，丰富幼儿感受欣赏的经验；通过摆台、悬吊墙面等方式，呈现与其他课程融合的阶段性作品。 |

第五章 自然教育游戏课程

| | | |
|---|---|---|
| 大班 | 通过实物横纵坐标对应进行材料分类摆放；成品图少量，多以幼儿的创造性作品进行欣赏和感受；通过摆台、悬吊墙面等方式，呈现与其他课程融合的阶段性作品。 | |

区角游戏材料

| 类型 | 小班材料明细 | 中班材料明细 | 大班材料明细 |
|---|---|---|---|
| 工具类 | 剪刀、笔（水彩笔、油画棒、排笔）、胶（双面胶、固体胶、白乳胶） | 剪刀、针（塑料）、笔（水彩笔、油画棒、排笔、勾线笔、毛笔）、胶（双面胶、固体胶、玻璃胶、白乳胶） | 剪刀、笔（水彩笔、油画棒、排笔、勾线笔、铅笔、毛笔）、胶（双面胶、固体胶、玻璃胶、白乳胶） |
| 纸类 | 纸杯、纸盘、彩纸、报纸、水彩纸、广告纸 | 纸杯、纸盘、彩纸、瓦楞纸、衍纸、报纸、宣纸、水彩纸、广告纸、海绵纸、卫生纸 | 纸杯、纸盘、彩纸、瓦楞纸、衍纸、报纸、宣纸、水彩纸、砂纸、广告纸、海绵纸、 |
| 布类 | 蕾丝、彩带、网纱 | 花布、白布、蕾丝、彩带、网纱、无纺布 | 花布、白布、蕾丝、彩带、网纱、无纺布 |
| 自然材料类 | 坚果、松果、玉米棒、陶泥、黏土、贝壳、木片、木棍、木板、果皮、干花、棉花、树叶 | 坚果、松果、玉米棒、陶泥、黏土、贝壳、木片、木棍、果皮、干花、棉花、树叶、雪糕棍 | 坚果、松果、玉米棒、陶泥、黏土、贝壳、木片、木棍、木板、果皮、干花、棉花、树叶 |
| 颜色类 | 颜料、滴管、喷瓶、牙刷、罩衣、弹珠 | 颜料、染料、墨汁、滴管、喷瓶、牙刷、罩衣 | 颜料、染料、墨汁、滴管、喷瓶、牙刷、罩衣 |
| 生活用品类 | 各种纸盒、塑料瓶、KT板、鸡蛋托、瓶盖、吸管 | 各种纸盒、瓶子、KT板、鸡蛋托、瓶盖、吸管、水果网 | 各种纸盒、瓶子、KT板、鸡蛋托、瓶盖、吸管 |
| 装饰类 | 发夹、大串珠、眼睛、扭扭棒、黏土工具、大小泡沫球、魔术扣 | 发夹、亮片、串珠、绳类（麻绳、纸绳）、眼睛、扭扭棒、黏土工具、毛线、皮筋、铁丝、夹子 | 发夹、亮片、串珠、绳类（麻绳、纸绳）、眼睛、扭扭棒、黏土工具、毛线、皮筋、针线、铁丝、夹子、纽扣 |

43

## 2. 基于环境和材料的区角游戏案例剖析

**小班：在有准备的环境和材料中玩出发展——在室内区角游戏中做相框**

温馨、宽容、愉悦的环境可以缓解小班幼儿的入园分离焦虑，帮助幼儿适应幼儿园环境，愿意与同伴交往，积极参与各类活动。刚上小班的幼儿从家里带来了全家福照片在教室墙面营造家的温馨氛围，教师也拍了一张全班集体照放置在门口的桌面。孩子们喜欢去寻找自己的全家福，还会在娃娃家游戏时拿下照片放在自己的桌子上。教师抓住幼儿这一行为，从环境创设到区角表达表现为幼儿提供了教育准备。

教师悄悄地用材料对班级集体照进行了边框的装饰，并放在孩子们可以经常看见的桌面。在每天的观察和欣赏中，孩子们开始想要主动去装饰自己的全家福，并从材料超市里拿来各种材料进行装饰。教师支持了幼儿的想法，让幼儿在与材料和环境互动中发展经验。装饰过程中，幼儿一味模仿教师的方法，而没有自己的表达表现。于是，教师提供了可供幼儿欣赏的相框装饰示范图，让孩子们在欣赏的基础上进行表达表现，最后将做好的相框投放于娃娃家，或者拿回家和家长一起分享。

在一次次的装饰中,孩子们逐渐对班级的材料有了更多认知,并在每次的小结中学习同伴装饰的方法。教师也会适时与孩子们分享和总结装饰经验,如,随意装饰,颜色、材料、图案等不同规律的装饰等。随着逐渐适应幼儿园的生活,幼儿有了更多的同伴和幼儿园的生活经验,教师及时将幼儿成长瞬间拍成了照片,投放进区角和娃娃家,幼儿可以装饰这些照片来进一步丰富游戏环境。教师我们还根据幼儿的想法投放了更多元的区角材料,如自然材料、纽扣等装饰性材料,满足幼儿装饰经验发展需求。

环境对于幼儿发展是有教育价值的，教师要善于抓住环境中幼儿感兴趣的事物转化为教育资源。而教师的介入也是灵活多样的，一句话、一个动作、一个眼神、一份材料都是教师的介入方式。如游戏中教师悄悄投放的装饰好的集体照等，都是教师基于幼儿现状产生的有智慧的介入，介入的举动一定是教师反复思量的结果，并非临时起意。

环境和材料是游戏产生的保障，教师要基于儿童视角为幼儿创设和提供想游戏、能游戏、持续游戏的环境和材料，帮助幼儿持续深度探索。

## 二、在观察和解读中提升游戏质量

幼儿高质量的游戏活动离不开教师的支持和引导，即教师的观察、解读、分析和支持。我园在游戏课程活动观察中，主张教师要勤观察善解读，有效支持幼儿发展。

我园鼓励并引导教师蹲下来，通过照片、视频、录音、文字等方式记录下幼儿的游戏行为，并持续一段时间，再结合幼儿的家庭背景、兴趣、已有经验等，客观、专业分析和解读幼儿游戏中的具体行为，最后给予幼儿个体经验的发展支持。教师首先要清楚，观察游戏需要合适的距离，既不能过于近视，也不可过于远视，而应该是在能够听见声音的距离和某一时间来定点观察。也就是说，为了看清楚游戏的内在关系构造，需要一定的时间和空间，不能采取批判的态度或小看幼儿，应该敞开心扉，以高度的敏感性来包容接纳幼儿。

幼儿的游戏是自由自主的，而教师对幼儿游戏的观察和解读是有目标的，组织和实施游戏的流程也是多次讨论且精心设计的，顶层的教师设计和底层的幼儿逻辑才能实现游戏的价值且保证质量。基于此，我园形成了游戏实施的基本流程，教师在组织实施游戏时要遵守其基本程序。

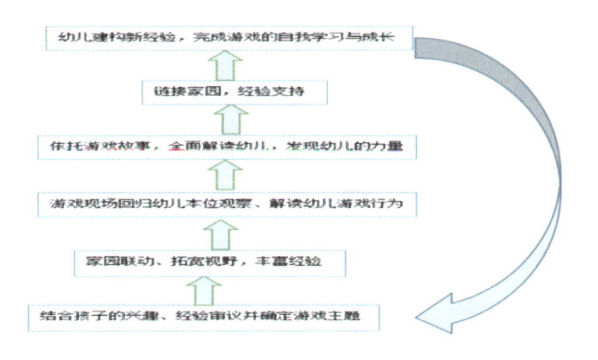

```
幼儿建构新经验，完成游戏的自我学习与成长
         ↑
    链接家园，经验支持
         ↑
 依托游戏故事，全面解读幼儿，发现幼儿的力量
         ↑
 游戏现场回归幼儿本位观察，解读幼儿游戏行为
         ↑
    家园联动，拓宽视野，丰富经验
         ↑
 结合孩子的兴趣、经验审议并确定游戏主题
```

## （一）发现——幼儿感兴趣、有发展的游戏主题

幼儿在游戏过程的想法与行动始终是自己决定的。对于幼儿的不同兴趣，教师不能盲目地顺应，而应对游戏主题、游戏的场地环境，幼儿的年龄特点、游戏经验及能力现状进行发现和分析，将对幼儿发展有意义的兴趣点作为幼儿游戏生发的契机。

大班刚开始科学游戏时，幼儿自选进入沙区，有的幼儿想要用沙做城堡，有的想要挖宝藏、挖沙沟、筛沙，有的想要修房子，有的想要做蛋糕。面对幼儿多种兴趣和经验，教师并没有草率介入，而是静静观察幼儿的兴趣、经验与发展之间的连接点。经过两次观察，教师发现，想要修建城堡的幼儿只是重复地堆了几个沙包，城堡远离了幼儿的生活经验而导致幼儿无法及时欣赏和构建城堡的样貌。想要挖宝藏、挖沙沟、筛沙的幼儿一直拿着铲子和篓子挖掘和漏沙，游戏过程中多为幼儿的大动作发展。想要修房子的幼儿总是叹气沙一遍遍地松垮，沙的特性与房子结构相背离。而做多层蛋糕的幼儿却能在中班一层沙蛋糕的基础上初步尝试做多层沙蛋糕，游戏中爱思考，并反复调整。面对幼儿不同兴趣与经验，教师要学会观察与等待，不能盲目顺应幼儿，应审视和辨析游戏对于当前水平幼儿的发展价值在哪里。基于我园科学游戏的理念，教师迅速对标大班幼儿年龄段的发展目标，作出判断：大班科学游戏应是结构与功能关系的探索，如重心、平衡、动力与速度、压力压强等科学原理，幼儿应与生活相关联，解决游戏中的问题，最终回归生活服务生活，注重幼儿在游戏中的表征记录，能力、品质提升。因此，教师发现并聚焦大班多层沙蛋糕展开了游戏，幼儿在游戏中感知密度、比例、中心、支撑、数学、艺术等经验。

幼儿是游戏主题的发起者，而教师的教育性就体现在对幼儿游戏内容的分析与辨析上，结合课程建构与幼儿发展逻辑，厘清当下幼儿的游戏水平，聚焦游戏内容与问题持续深度游戏。

### （二）丰富——幼儿身边的、社会的游戏经验

幼儿的游戏经验和水平是在一次次游戏中潜移默化逐渐积累的，教师要给幼儿的发展留白，允许幼儿较慢的速度成长。当幼儿自发的游戏主题在教师的审视下是有发展价值的，教师就应及时去观察和调查幼儿游戏经验是否丰富，并根据幼儿游戏所需，利用身边的、家庭和社会中的资源丰富幼儿的游戏经验，让经验生发活动，活动产生新经验，经验为经验服务，助推游戏持续生长。

杰杰与檬檬是大班幼儿中比较典型的代表，都是结构游戏能力较强，但表演游戏能力较弱的幼儿。日常表演游戏中，两位幼儿都是游戏中的"受支配者"，不会主动表达游戏的愿望，语言、动作、表情等表现生硬。教师既要尊重幼儿身心发展规律与幼儿的个性发展，也要为幼儿提供经验提升的机会，促进幼儿全面发展。通过长期观察与调查，教师发现这两位幼儿的家长平时在家都是比较内向的，幼儿的表现能力也比较欠缺。基于此，教师计划利用杰杰和檬檬身边社会资源来提升他们的经验。一方面，教师引导家长扮演角色配合幼儿在家表演，让家长的性格放开，配合幼儿表演，引发幼儿兴趣。另一方面，教师为幼儿提供了教师六一表演游戏、本地节日表演的素材，以及文学作品的电影等，丰富幼儿的经验。一段时间后，两位幼儿都发生了明显的变化，他们会在故事讨论中主动表达自己的想法，较灵活地扮演不同的角色，同时，家长也坚持通过游戏故事记录、家庭表演等方式支持幼儿的转变。

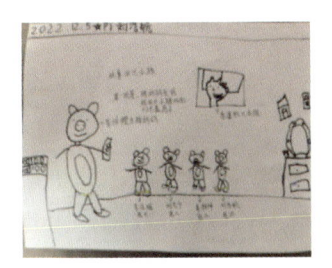

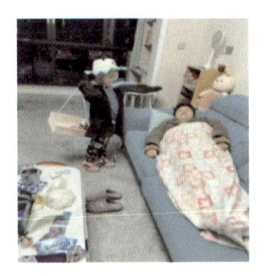

幼儿在感受欣赏中发现表演游戏的有趣，积累动作、语言、表情等表演经验，家长、教师、社会都成为了幼儿学习的资源。教师在游戏中对幼儿家庭环境、成员性格进行分析，才能做出尝试改变家长、发展幼儿的初步计划。家长是幼儿经验生长的保障，只有家长明白了、融入了、想改变，才是对幼儿发展最大的支持。同时，家长、教师与幼儿也在一次次表演中提升自己的表演水平，调整着自己的性格、情绪，表演游戏滋养着人的美好性情，丰富着幼儿的学习经验。

### （三）观察——儿共性的、个体的游戏行为

观察幼儿游戏时，首先教师的站位和分工合作很重要，要通过对不同幼儿的观察和跟踪，小组反复观察，多个视频解析，来捕捉游戏生长点，把握核心价值点去推动游戏的深入发展。基于幼儿发展的教师分工：保育教师进行现场安全和秩序的维护，配班教师关注全场幼儿的共性游戏经验，主班教师聚焦观察一个小组或个体，适时适宜地介入，三者之间互相配合，由点到

面,由面聚点。三位教师应通过照片、视频、录音等方式记录下现场游戏情况,游戏后利用班级教研、日常交流等方式进行汇总和客观分析,以便明确下一步游戏整体推进和个体关注的方向。

后花园角色游戏中,三位教师进行了明确的分工:主班教师跟踪观察本次游戏的核心问题——社会性,配班教师定点观察角色游戏的共性经验——自主性和创造性,保育教师扫描观察全部幼儿的安全及游戏规则。观察中,主班教师用视频和录音跟踪记录下了几位幼儿是如何使用交往技巧把自己的东西卖出去的:有的挑着担子背着背篓出去卖,有的摆地摊卖,有的上门推销卖,有的推着推车卖。为了将商品卖出去,大家都有技巧地宣传着自己的商品:"我的冻粑买一送一。""我的菜又新鲜又美味。"而担担子出去卖的孩子一言不发,也赚不到钱。配班教师用视频记录下 2-3 个组幼儿是如何协商,以及如何用材料进行想象替代的。每个家都有自己买卖的主题,有卖肉的,卖菜的,卖小吃的等,大家都主动提出自己想当什么角色,做什么事儿。家中做饭的人拿来了香蕉叶撕成条状变成面条和海带丝,卖饼的人用不同颜色的木块变成不同口味的饼,还有的拿着一只大的模型鸡反复切也切不动。保育教师则是用眼睛观察幼儿是否遵守游戏规则,周边环境、同伴互动是否安全,并及时为幼儿提供保障支持。

游戏结束后,三位教师组织幼儿进行游戏故事回顾。教师一边观察一边重点交流本次游戏的关键问题,以便在小结时帮助幼儿梳理问题提升经验。本次游戏的关键问题就是幼儿有了初步的交往技巧和替代想象能力,下一步该如何继续丰富幼儿交往的经验与增添自然的、低结构的材料，如还有什么方法可以把东西卖出去，哪些材料可以收集与利用等。同时，三位教师进一步利用班级教研聚焦社会性，以如何帮助卖不出去商品的幼儿为中心研讨，通过详细观察、解读、支持等深度分析，形成了亲子赶集体验、同伴学习、持续跟踪等策略，助推该幼儿社会性交往水平提升。

| 易变型自然材料 | 草叶 | 橘皮 | 菜叶皮 |

三位教师的科学分工、幼儿发展的有效支持是建立在日常对幼儿游戏行为的反复观察上的，只有观察得越客观、持久，才能解读得越科学、全面，才能明晰当前角色游戏的整体水平与个体发展要点在哪里。通过游戏观察，教师知道了幼儿的游戏行为不仅仅是生活经验的反映，也是智慧的呈现。随着幼儿买卖游戏兴趣的增强和经验的不断丰富，孩子们在游戏中展现了越来越多的买卖方式和技巧。教师则根据日常游戏观察，不定期地和幼儿分享他们买卖中一些有意思的视频，他们在相互欣赏、相互讨论中又会积累更多的经验，并运用到真实灵动的游戏现场，越玩越聪明、越玩越智慧。

### （四）解读——幼儿阶段的、持续的游戏水平

在游戏前和游戏后，有效的导入和小结会让游戏对幼儿发展更有价值。教师应基于对游戏现场的分析和幼儿游戏行为的解读，进行讨论和反思，共同梳理问题，提炼和总结游戏中的策略。在解读幼儿游戏时，教师要综合分析幼儿现阶段、可发展的游戏水平，并通过幼儿在游戏前的计划和游戏后的反思（游戏故事记录），结合游戏课程评价指标，及时捕捉幼儿在游戏中的行为表现并解读幼儿游戏现状，以便有针对性地提供有效的支持。

中班建构游戏中，几个孩子协商修一艘轮船，教师为孩子们提供了轮船

的照片让孩子欣赏。孩子们做了第一次的修建计划图，想修建一艘大家能坐进去的船。修建中，孩子们拿来了炭烧积木、鞋盒、易拉罐、KT板等材料分工合作。四十分钟过去后，孩子们搭建出了轮船的基本外部结构，达到了计划性的行为表现3的水平，但轮船不稳固，且人坐不进去。教师及时支持幼儿实地验证与对比，并小组讨论本次修建中出现的问题与下一次的计划。实地对比中，孩子们发现船顶部太矮了，需要一个幼儿进去看看到底要多高的支撑柱，而且还要把顶部给遮住，避免被雨淋风吹。于是，幼儿进行了下一次的细致计划与分工，并寻找了轻纱、奶粉罐等材料。第二次修建中，幼儿不但解决了上一次的问题，建构技能也达到了了表现行为3的水平。之后，孩子们并不满足，又做了第三次更细致的计划与分工，让船在湖里航行。怎么表现湖面呢？教师支持幼儿利用多元材料继续尝试。这一次孩子们拿来了基本块将船围了起来，围成湖的边界，船行驶在湖中央。孩子们乐此不疲地玩了起来，甚至想挑战修建能移动的船。这次修建接近了创造想象表现行为5的水平"能在现实物体基础上进行独特的创造"。教师一直观察和支持着孩子更高水平的建构，看他们是否真的能够修建移动的船。

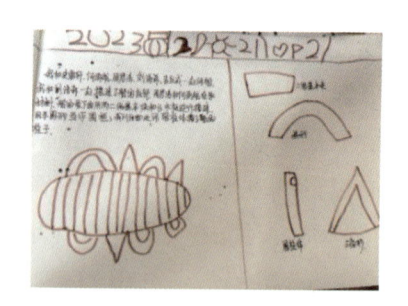

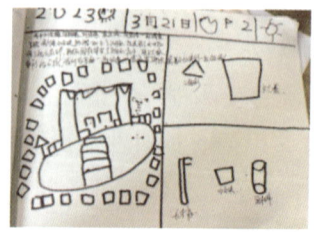

幼儿几次自主性计划的调整，背后都是一个个问题的解决与新经验的收获，同时也伴随一个个新的问题产生。教师是很欣慰的，她惊讶这群孩子竟如此地投入，游戏水平也在问题的解决中一次次突破，深度学习与发展悄然产生。而教师读懂了孩子的游戏行为与游戏故事，并愿意进行多次的观察、全方面的解读，静静等待幼儿带来的惊喜，最后让惊喜再回到游戏中，幼儿发展螺旋上升。

### （五）支持——幼儿个性的、全面的能力发展

幼儿来自不同的家庭，有着不同的经验，不同的游戏水平，因此，教师对幼儿的支持也应是不同的。教师要关注游戏的整体发展和幼儿个体发展、游戏核心经验和全域经验、已有经验和新经验之间的关系，并利用家长资源，共同支持幼儿个性而全面的发展。

角色游戏中，小茜又选择了当家里的妈妈，她一进家就坐在椅子上抱着娃娃摆弄起来，一会儿给娃娃穿衣服、一会儿喂娃娃牛奶，家里人叫她什么，她都是只嗯一声。其他人把家基本布置好了。今天他们这个家是肉店（挂了几片大小不一的芭蕉叶在家门口），爸爸端着篮子，篮子里放了几片小芭蕉叶走出家门去卖肉了，爷爷和奶奶也推着小车出去了，只有小茜一个人在家继续给娃娃洗澡。正当小茜给娃娃洗完澡穿衣服时，峰峰走到了肉摊前大叫："老板，我要买肉！"小茜听到喊声，抬头看了一眼，继续低下头给宝宝穿衣服。峰峰见小茜没动，着急了："老板，老板，快点，我要买肉！"小茜又抬头看了峰峰一眼，仍继续给娃娃穿衣服。峰峰不耐烦了，声音更大了："老板，快点！我还要回家做饭！我要买肉！"小茜这时才放下了手上的娃娃，左右看了一圈，发现只有自己在家，于是走到挂着的芭蕉叶前，小声问："你买多少啊？"峰峰说："我买一斤。"小茜没说话，从挂着的芭蕉叶上扯下来一片递给峰

峰："六元钱。"峰峰接过肉，从自己手里拿着的一叠树叶里面点了六片给小茜，便转身跑走了。小茜看了看手里的六片树叶笑了，然后回到娃娃身边，继续给娃娃穿衣服。不一会儿，爸爸回来了，小茜看见爸爸就马上递给了爸爸六片树叶，还小声说了一句："我挣的！"

语言表达、交往技巧是中班社会性发展的核心经验，教师在支持整体幼儿水平的发展中，更要关注个体幼儿的发展。小茜是个留守儿童，家中只有60多岁的奶奶照顾她的生活和学习。她性格很内向，除了幼儿园，回家后基本没有小朋友一起玩耍，长期都是和奶奶在家看电视。在孩子们自发玩起了买买卖卖的游戏后，小茜几乎都选择在家里当妈妈，而且基本都是埋头给娃娃穿衣服、喂奶等，不敢走出去交往。由于前面几次都有其他人在家，有人来买时，她听到声音都只是抬头观察家里人的买卖，但从来不主动参与，今天她终于被迫上前接待买肉的客人。其实从她的交往中可以看出，她平常是在认真观察，如买卖的方法、价钱等，她也为有这次交往的机会感到高兴，如她交钱给爸爸还告诉爸爸是她挣的。也许很多时候孩子的发展真的需要等待。教师抓住这一点，多次鼓励她担当卖东西的角色，支持小茜个体经验的积累，助推幼儿发展。

从游戏主题的发现，到经验的丰富，再到观察、解读，每一步都有教师的高质量师幼互动与支持，游戏的情节推进始终在以上5个过程中循环，教师支持形成闭环，将幼儿经验推向纵深发展。

## 三、在家、园、社的联动中丰满游戏经验

家、园、社资源是我们推进课程最重要的资源，我园将家、园、社资源进行整合化利用，让教育资源发挥最大化价值。家、园、社资源的加入也能够帮助教师更快速地了解每个幼儿的真实需求和情感体验，及时给予引导和支持，家长也能够观察和了解孩子的发展水平。因此，在游戏课程中，我园通过家长记录游戏故事、丰富幼儿经验与材料、参与体验游戏等方式引导家长走进游戏，并结合各类游戏所需，调动社区资源为幼儿发展服务。基于课

程和幼儿发展对家、园、社的需求，我们梳理出了家、园、社可利用的资源目录，供各年龄段课程发展使用（详见附录）。

**（一）依托游戏故事，促家园社联动**

游戏故事是幼儿真实游戏情境的反应，幼儿通过绘画、语言等记录方式将当日游戏的情境表达出来。家长通过幼儿的记录，知道幼儿的游戏情况，并用文字记录下幼儿描述的游戏情境，给予幼儿材料、经验等多方面的支持。教师则根据家长的文字和幼儿的游戏现场表现进一步分析、解读和支持幼儿的发展。

大班：解读游戏故事，理解"三只小猪"中的兮兮

基于大班幼儿的发展，教师鼓励幼儿用图画、图夹文等方式进行游戏故事记录，并与同组成员、教师、家长一起回顾，让大家了解自己游戏中遇到的问题或者新的想法，并共同解决。

扮演猪妈妈的兮兮在游戏两次后，没有再参与到游戏中，而是以一个旁观者的身份驻足观看。她趴在城墙上想说什么，不停地回过头看着教师。教师疑惑：兮兮平时喜欢把自己的想法清楚连贯地告诉教师，说明她具备大班幼儿的语言表达能力，同时从她日常活动中的状态和回答问题时的思考可以看出，她的逻辑思维非常清晰，有对事物独特的看法和想法。那她为何不愿意参加游戏呢？教师解读其游戏故事发现：兮兮在一次游戏后提出自己的想法，同组的朋友没有理她，而是继续玩游戏。她觉得大家不想和她玩，所以就看着小伙伴们玩。从兮兮的游戏故事中可以看出，她能够清晰地画出自己对整个故事的情节结构，说明她逻辑思维、表征能力很强。当猪妈妈的兮兮想要产生新的故事情节，说明她初步具有批判精神。但因为被拒绝了，她就不愿意继续表达自己的想法，可能兮兮在社会性人际交往中还不够积极、

乐观和自信。同时，同组的小朋友对同伴的关注和接纳不够，需要发展同理心。教师抓住这一问题，引导兮兮小组进行一次游戏故事分享，让她把新编的故事讲给大家听，故事中，兮兮对自己扮演的猪妈妈角色，以及同伴扮演的其他角色都进行了创造，包括材料的使用等。兮兮新编的故事深受大家的欢迎，被编进新游戏中，兮兮也找回存在感和快乐。

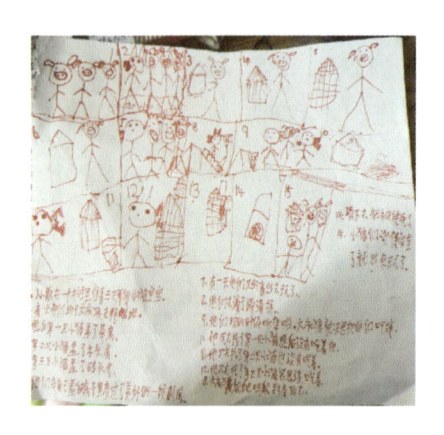

基于日常全面观察，教师对幼儿在游戏中的表现有初步的分析，并没有因为一次的游戏行为判断幼儿发展水平，而是静下心来解读到底发生了什么。通过游戏故事的解读，教师明白幼儿行为背后的原因，发现幼儿游戏中的问题，并及时给予支持。

小班：听见和看见游戏故事，支持幼儿做相册的经验

游戏故事不只是幼儿的涂涂画画。基于小班幼儿的发展水平，当他们的记录表征能力较弱时，教师应鼓励幼儿用语言表达、具体行为表现等方式进行游戏故事记录，并引导家长认真倾听幼儿的想法，积极与幼儿互动，通过录音、视频等记录幼儿的游戏想法与问题。最后将幼儿的想法发给教师，家园一起解读和支持幼儿的需求。

区角中的两名幼儿将相册用多种材料装饰好了后，便带回家和家长一起分享。一个孩子随意地表达着："我用了很多材料装饰相框，有干花、干树叶还有球。"家长回答："你用的材料真多，很漂亮。"另一个孩子清楚地讲述着："我的相册是长方形的，我用了几种不同的材料装饰，而且每一种装饰的方法

都不一样。最上面,我用的是黄色、蓝色和橙色的泡沫球,它们一个一个排队。最下面用的是红色和橙色的毛绒球,它们也是排队的。左边和右边用的是花花草草装饰的。"孩子说完后,家长鼓励道:"哦,你装饰的方法真特别,用了很多漂亮的材料。它们不但排着队,而且是有顺序排队的,像下面这一排就是三个红色三个橙色排队的。"说完后又继续支持孩子经验发展:"下一次,还可以把左边和右边用特别的方法进行装饰,那就更漂亮了。"最后,家长将视频发在了班级群里,教师和其他家长都可以浏览,这就给教师提供了分析幼儿发展的示例,给其他家长提供了学习共享的样本。

看完了整段视频,教师开始思考家长的支持、幼儿的发展、教师的支持在哪里?教师发现两个幼儿表达的内容与家长的回应是截然不同的,一个幼儿只说到了材料,家长没有具体有针对性地追问,另一个幼儿既说了材料还说了表现的方法,家长也及时给了积极的回应。基于此,教师帮助家长提炼指导孩子的方法:"到底听幼儿讲什么?幼儿讲完后家长可以怎么回应?还可以怎样记录?能从哪些方面给予幼儿支持?"每个幼儿是不一样的,所以对家长的指导策略也是各不相同的。同时,教师结合评价指标分析和判断幼儿的发展水平,并在幼儿园给予具体有效的后期支持。

## （二）依托家、园、社资源，促家、园、社联动

游戏反映着幼儿的兴趣和生活中的状态，幼儿的想象创造基于生活中的经验形成，因此，生活资源的利用和经验的丰富对游戏的价值和质量至关重要。我园的游戏课程始终坚持家、园、社一体，收集利用家、社资源作为教师实施的抓手，通过集体、小组、个体等多种形式邀请家长参与到游戏课程中来。这既有利于家长了解我园课程，也是对幼儿经验生长的有效支持。

中班：角色游戏中的亲子赶集

买卖游戏的产生来自于幼儿生活中的已有经验（蒲江县赶集传统）。幼儿园门口左拐100米就有一个农贸市场，孩子们耳濡目染，这正是游戏的生长点，也是家、园、社联动最好的资源，教师利用这一资源丰富幼儿的社会性、自主性、创造性发展。

初期，孩子们回顾游戏："不知道卖什么，物品摆放很混乱，什么都在桌上，不知道怎么把东西卖出去。"教师发现孩子们会和家人一起去赶集，但是他们平常只会关注自己喜欢的一些具体事物，不会在意集市上到底有哪些商品，这些商品又是如何摆放的，也不知道怎样买与卖。为了丰富孩子的游戏经验，教师组织亲子进行了第一次赶集体验：观察集市物品种类，初步商讨买卖内容。孩子们说："市场上有土豆、番茄、黄瓜……"教师有意地引导孩子们说出商品的类别，其实也是引导孩子按商品类别来分。最终，孩子们决定在游戏中买卖以下商品——蛋糕、包子、蔬菜、奶茶、花、鱼、肉、水果。可是，在游戏中大家又遇到了新的问题：由于材料多，孩子在摆放商品时非常混乱。他们提议去看看集市上的商品是如何摆放的。

教师组织亲子进行了第二次赶集体验：观察集市物品摆放，初步了解摆放方式。孩子们发现："我看见老板都会把一样的东西放在一起，而且会摆放地整整齐齐的。"回到游戏中，孩子们也尝试把同类物品摆放在一起，数学中的分类活动自然地融入到了游戏当中。以前的数学分类活动教师都会准备很多材料让孩子在活动中进行操作、尝试，但是这种刻意的安排并不一定会受到孩子们的青睐，反而游戏中幼儿自发地进行分类操作效果更好。新的问题又产生了，教师发现孩子在买卖东西时没有生活化的对话，买东西的孩子问价，卖东西的孩子说完价格以后，买东西的孩子给了钱就走了。这样的买卖游戏难以促进孩子语言发展能力和社会交往能力的发展。

教师组织亲子进行了第三次赶集体验：观察集市买卖对话，初步体验买卖技巧。孩子们带着问题、调查表走进集市，亲子共同观察和记录：买东西时要说些什么，做些什么，怎样将自己的东西卖出去等。幼儿还观察到：他们有的是挑着担子卖的，有的是推着三轮车卖的，买的时候要问价格，老板要有礼貌请客人买东西等。教师及时进行了梳理汇总，幼儿将调查的经验初步再现到了游戏中。

此次活动的成功主要基于家长和社区的共同支持，从资源、经验等各方面满足了幼儿游戏所需。三次体验，家、社介入层层递进。幼儿的游戏水平不可能一次就达到高水平，而要在反复的游戏中将新经验和已有经验进行融合提升。三次亲子赶集，让幼儿得到了丰富且完整的经验，社会性交往能力也得到了提高。

大班：结构游戏中的参观高铁站

高架桥、高铁站一直是大班幼儿想要挑战的建筑物，蒲江的孩子如果可以身临其境去参观和体验，既是对兴趣的最大满足，也是技能提升的最好机会。蒲江高铁站修建运行后，教师立马将其纳入幼儿发展的社区资源，适时支持幼儿的需求。

**热点话题瞬间炸开**："你们知道蒲江修了一个高铁站吗，高铁站好大啊！""高铁到底怎么运行的？""还有警察的房子呢！""我想修建一座高铁站！"教师观察到高铁站的立体大型空间可以挑战大班幼儿的搭建技能，丰富幼儿的分工合作、计划协商、数学认知等能力，便想让幼儿实际观察与体验，并立即展开调查。教师通过两个方式让幼儿在周末的时候参观高铁站，一是购票去乘坐一次，充分感知和体验高铁站里面的结构，二是跟随班级两名在高铁站工作的家长去观察和记录高铁站的外部特征。

在家长、高铁站工作人员的帮助下，孩子们近距离观察到了高铁站的内外空间结构，还乘坐了高铁，激发了修建高铁站的兴趣。想要修建高铁站需要小组做计划和分工修建，设计图的绘制和调整就是计划的第一步。因此，教师在幼儿体验前就发放了调查记录表，

建议家长和幼儿在观察和体验高铁站时，及时记录下观察到的物体、空间位置，以便幼儿回到幼儿园分享和小结时准确表达，让幼儿的协商分工修建更有效。有了这一支持后，幼儿在修建高铁站时目的性更强了，制作出的一些物体结构更加真实并具有功能性，还能像真的高铁一样玩。幼儿修建后，教师将幼儿的设计图、作品和游戏故事情况反馈给家长，让家长再次和幼儿一起观察和调整，不断完善高铁站的修建。

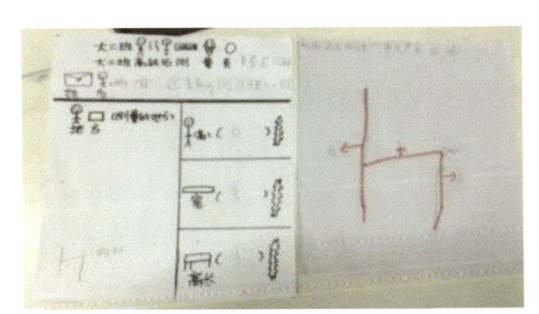

整个过程中，家、社资源始终是幼儿经验前进的保障，教师的观察、解读与支持是幼儿发展的推动力。活动的质量与幼儿的深度学习需要教师的充分准备与思考，比如调查记录表的介入可以更好支持幼儿在体验中有目的地观察与记录，当幼儿体验得越深入，修建的水平就越高，深层次的思维发展才能产生。同时，教师坚持将幼儿的修建情况与家长反馈，引导家长结合幼

61

儿行为和发展目标去尝试解读幼儿的发展状况,积累幼儿的建构经验。

大班:在科学游戏中欣赏稻草人

种植园的植物被小鸟吃掉了,孩子们提出要把小鸟赶走,但又不愿意伤害小鸟。于是,一个组的孩子们根据农村生活的经验,打算像农民伯伯一样在地里插上稻草人来驱逐小鸟。教师审视稻草人来自孩子身边,材料家、社可随时提供,且稻草人也蕴藏着重心、平衡、支撑等科学经验,值得孩子们尝试。

教师:"你们需要哪些材料做稻草人呢?"幼儿:"我们需要草、竹竿、棍子、绳子等。"教师鼓励幼儿周末去田间地头观察制作稻草人具体需要哪些材料,稻草人长成什么样子等。家长也进一步支持幼儿,利用周末走进农村丰富经验和收集材料。幼儿:"稻草人是直直站立的,有的稻草人手和脚的动作是不一样的,他们还穿衣服戴帽子……"教师让幼儿拍下看到的稻草人,或者把稻草人的躯体特征画下来。

制作过程并非一件容易的事儿,让稻草人站立,还要有不同造型,这涉及结构与功能关系。幼儿不停调整设计图,反复尝试,有时还要回到田间地头继续观察。两只手、两只脚为什么不一样长?稻草怎么这么软?稻草人为什么总是会倒?同伴之间要怎样分工合作?高大的稻草人要怎样制作?……制作中的问题层出不穷,长短测量,稻草塑形固定,支撑、平衡、重心等经验反复构建与运用……最后,孩子们把成功的稻草人放进了种植园,并挑战在后花园制作更高、更大的稻草人。

第五章 自然教育游戏课程

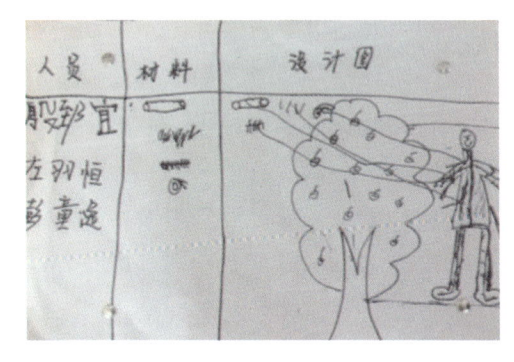

联动家、园、社资源时，教师首先要考虑家、社资源的本土性与持续性，就像稻草人，无论材料还是成品，都是来自家长身边，是家长唾手可得的资源，能够支持幼儿方便、长期地观察与模仿。如果家、社资源远离实际，游戏就无法长期开展下去，幼儿的兴趣和发展便会戛然而止。

幼儿的全面深度发展离不开家、园、社的整体协作，家、社可以从材料、经验、时间、空间等各方面支持和满足幼儿的成长。我园整合周边的家、社

63

资源，教师将资源内化于心，自然链接形成家、园、社活动。

从家长的游戏故事记录中我们发现，幼儿的游戏思考需要被听见和看见，游戏的过程需要幼儿以自己的方式来呈现，因此，幼儿游戏故事的绘画和家长文字的解读是教师进一步了解幼儿游戏水平的关键。在游戏推进中，我们始终鼓励幼儿将游戏的过程画下来，可以是自己对于游戏中问题的思考或者解决办法的预设，可以是对游戏初计划的回顾和反思，也可以是自己在游戏中情绪情感的体验。家长游戏故事记录存在的价值是让家长了解幼儿在园学习到了什么，同时也让家长作为教育者参与到课程中，成为幼儿丰富经验的主要支持者。

## 第四节　自然教育游戏课程的评价

### 一、游戏评价的原则

教师不仅要为幼儿提供合适的游戏活动条件，也要对幼儿游戏活动进行有效评价。游戏课程质量的提升离不开教师的观察与指导，而教师要做好有效观察指导工作的首要前提是科学评价，只有评价科学到位了，才能促进幼儿游戏课程质量的提升。

评价是幼儿游戏活动中的一个重要环节，通过评价可以诊断游戏活动的目标是否得以实现，检验游戏活动的内容是否完成，反思游戏活动中存在的不足，进而分析并找到原因。游戏评价也是教育者了解幼儿游戏需求、游戏材料适宜性的重要手段。游戏评价能帮助我们及时调整优化游戏实施策略，促进幼儿全面发展。正如巫叶芳所言："对幼儿游戏活动进行评价的目的是了解幼儿现有的经验水平，及时了解幼儿的发展需求，了解环境以及材料是否具有有效的支持作用，教师在游戏过程中的指导是否有积极教育作用，以便及时进行引导和调整，提高幼儿游戏活动的质量。"

对于各类游戏课程的评价实施，我们坚持注重评价的全面性、过程性、发展性及差异性原则。

### （一）注重评价的全面性

**1. 明晰评价内容**

在实施游戏评价前，教师首先要明确评价内容，即评价什么。评价内容应该是全面而丰富的，具体包括幼儿与游戏材料的互动性、游戏中的计划性，及游戏中发现问题、解决问题的能力等，教师要有游戏评价贯穿始终的意识。例如大班表演游戏评价中，游戏材料投放的有效性，游戏中幼儿与同伴的协商分工，幼儿参与游戏的积极性与专注度，幼儿对于游戏规则的遵守意识，以及幼儿在游戏中的计划能力、分析问题与解决问题的能力等可以作为评价的内容。

**2. 多元主体进行评价**

评价不应是教师一人进行的活动，而应该采取多元评价主体。如果教师一人主导幼儿的评价，就会带有一些固有思维和主观色彩。在实施游戏评价时，教师要将提升幼儿游戏有效性作为评价的目的，把幼儿自评、同伴互评、教师评价三者有机结合。

幼儿的自评是实施评价的基础，因为幼儿是游戏的直接参与者，他们对于游戏的直接体验是进行评价必不可少的要素。通过幼儿自评，能了解幼儿真实游戏体验和情感需求。例如在大班表演游戏中，幼儿借助游戏故事，回顾自己在表演游戏中的参与情况，并真实表达出自己情绪上的不开心，是因为在游戏的过程中和同伴产生了分歧，自己没有完成想要的游戏。教师及时了解幼儿自评后，可以结合游戏实际及时进行调整，以尊重和满足幼儿参与游戏的愿望。

游戏互评中能够让幼儿学会倾听和接纳同伴的意见，并结合他人的意见进行有针对性的调整。例如在大班建构游戏"直升机"搭建活动中，幼儿在讨论选取谁的绘画作为小组的第一次计划图时，他们利用互评的方式表达自己对同伴图画的看法。最后，他们还运用了整合的方法把所有人的优点融合一张图画中，充分体现了幼儿作为评价参与者的自主性。

教师评价应该建立在前面两者的基础上，借助幼儿游戏故事的自评及小组讨论中的互评，挖掘游戏所蕴藏的价值点，从而生成具体的活动，引导幼儿深入探索。例如科学游戏中，教师结合幼儿"风筝为什么不能飞起来"的思考，让幼儿自己观察扭扭棒太柔软而不能作为骨架支撑风筝，并通过同伴的欣赏和建议知道骨架可以交叉或多条平行，以支撑风筝的面，从而进一步引导幼儿思考材料的适宜性，增加材料供幼儿探索，最终幼儿在不断反思调整中收获成功。

幼儿的发展是完整而统一的，是"经验交织的履历"，所以在实施评价时教师要对幼儿在游戏中的发展进行全面评价，以促进幼儿经验的提升、课程质量的提高。

### （二）注重评价的过程性

《纲要》指出，教师的过程性指导要有利于引导幼儿主动、有效地学习。新的教育评价体系及方法的转变要求，教育教学的评价过程应由静态评价转变为动态评价，动态的过程性评价关注幼儿个体及其在与他人的互动中所激发的潜在能量。在动态的过程性评价过程中，幼儿能得到评价者给予的潜在提示和帮助，从而不断地调整学习状态。这时，评价就与教学融为一体，相互交融，相互促进。

游戏过程中的动态评价，其目的在于教师深入评价游戏后，及时反馈信息并进一步帮助幼儿调整游戏状态，促进游戏的发展。游戏中教师应该通过过程性评价，对每一个幼儿的发展水平和游戏方式进行评价，这样有助于及时了解每个幼儿当下需求，给予适宜支持，促进幼儿成长。

例如中班角色游戏"赶集"中，幼儿最初买卖经验较为欠缺，教师多次观察后，发现是游戏经验不足的问题，结合问题进行反思后随即生成亲子调查活动，引导幼儿通过实地观察积累买卖的游戏经验。在游戏过程中，教师还通过角色身份的介入，让幼儿了解了商品定价。游戏后结合小组讨论进一步引导幼儿思考游戏中存在的问题，想出解决办法，并帮助幼儿借助游戏故事全面反思。

教师要不断进行过程性评价的理论学习，提升自己的评价能力和意识，以各类游戏课程观察指标作为方向引领，在游戏的不同时期、不同阶段，对同一幼儿不同阶段的不同问题进行过程评价。要关注幼儿在游戏过程中的体验和出现的问题，并给予及时反馈和支持。

### （三）注重评价的连续性

幼儿园的游戏评价必须建立在对游戏概念理解的基础上，而游戏是在问题的生成和解决中持续深入的，所以，在实施评价时要注重评价的阶段性和连续性。要结合指标，围绕游戏中的关键问题，对幼儿进行连续多次的观察和评价。结合阶段性评价小结，持续进行问题的反馈和调查追踪，帮助幼儿持续不断地调整优化游戏，同时也提升教师组织开展游戏的能力。例如小班的区角游戏"装饰相框"，幼儿最初的装饰没有目的性，对材料的选择、装饰的方法等没有明确的目标。教师基于小班幼儿的年龄特点分析是其表达表现经验缺乏，以及对材料超市使用不足引起的，便引导幼儿感受欣赏多种有规律的、多材料组合的装饰作品，并聚焦装饰的表达表现技巧进行小结。教师继续观察幼儿的游戏表现，发现幼儿的装饰有了初步的目的性，如用干花一个一个排列装饰相框的顶端，用同一颜色的泡沫球一个一个排列装饰相框的底端等，教师及时支持与小结，并和幼儿讨论收集了纽扣、彩珠等更多装饰性材料，满足幼儿阶段性的发展。

### （四）注重游戏评价的个体差异性

游戏应更注重幼儿在活动中的体验而非游戏的结果，要让每个幼儿体验到游戏带来的愉悦感和满足感。幼儿是独立的个体，在评价中我们要注意对个体差异的尊重。

**1. 尊重个体幼儿的选择和决定**

幼儿是游戏的主体，要尊重每个幼儿在游戏中的选择和决定。幼儿有权利决定游戏主题和游戏方式，教师要创设宽松有爱的氛围去支持幼儿做出自己最真实的决定。例如，在大班幼儿结构游戏中，幼儿自评的游戏故事记录反馈出，丞丞和晨熙两个原本一组修建飞机的幼儿，活动时产生矛盾，原因在于一个想要修建直升机，一个想要修建战斗机。在了解幼儿的真实需求后，教师及时支持幼儿分组修建，使两个幼儿的想法都得到了尊重和满足。

### 2. 尊重幼儿年龄特点

不同年龄段幼儿发展水平的不同决定了游戏方式的不同，这就要求教师在评价时要尊重幼儿年龄特点。

例如小班幼儿以具体形象性思维为主，在游戏中多以平行游戏的方式进行，要针对每一个幼儿在游戏过程中的具体情况进行评价。中班幼儿直观形象性思维增加，细致观察能力提升，生活经验也越发丰富，小组合作意识开始萌芽，在评价时既要关注个体游戏，也要注重幼儿在小组游戏中的表现评价。大班幼儿抽象性思维开始萌芽，合作意识增强，游戏中的计划性和目的性也随着年龄的增长而增强，评价时要注重幼儿在集体团队游戏中的整体评价。

### 3. 评价中珍视每个幼儿的独特性

每个幼儿都有自己的成长周期，每个幼儿的成长都有其独特性，评价时教师要善于发现幼儿的闪光点，并以此作为支持幼儿探索游戏、自主成长的敲门砖。在评价时要善用儿童的"一百种语言"，针对不同水平和不同性格特征的幼儿，大胆鼓励他们在游戏中发声。例如性格内向的幼儿多数心思细腻，会默默用行动来表达自己的思考，教师要用心观察，并及时反馈，让幼儿看到自己独特的闪光点。外向的幼儿，思维较为活跃，则可以生发一些讨论活动支持他的大胆表达。还有一部分幼儿记录表征能力较强，则可以借助游戏故事的方式鼓励他大胆表达。总之，每个幼儿都有属于自己的个性，尊重个体的差异是我们在实施评价时需要考虑的问题，教师要支持幼儿成为自己的"小太阳"。

## 二、游戏观察指标

我们依据《指南》各领域各年龄段幼儿典型行为表现，借鉴《上海市幼儿园保教质量评价指南》，并结合我园自然教育园本课程现状，构建了园本"自然教育游戏课程幼儿行为观察指标"。我们一直寻求有利于幼儿成长的、科学有效的幼儿发展评价体系，基于教师在游戏课程中日常的观察，对幼在游戏过程中出现的一些具体的行为进行解读和分析，调整和完善游戏课程中存在的问题，有针对性地给予幼儿专业性的指导和教育建议，让幼儿的发展看得见。

### （一）明晰观察指标

多年来对户外游戏课程的研究，让我们知道真正落实幼儿的发展，要立足于坚持科学客观的评价标准，结合幼儿的具体游戏行为进行评价。我们明晰了游戏观察指标，每个游戏课程都聚焦于几个核心经验点，在这样的要求下，教师才会更有目的地去观察，运用专业的知识审视教育实践，发现、分析、研究解决问题的方法，并给予幼儿适宜有效的教育指导，给予幼儿更多的支持，拓宽幼儿的游戏思路，丰富幼儿的游戏经验，促进每个幼儿向高水平发展。指标的调整是动态、持续的，根据幼儿和课程发展会不断调整。

**1. 指标内容分析**

游戏课程指标分为两部分：观察指标和注解。我们分别建构了角色游戏、结构游戏、科学游戏、室内区角游戏四类游戏指标。角色游戏的一星指标包括了自主性与计划性、想象创造、社会交往，二星、三星指标包括了语言表达、情绪表达、安全及自我保护。结构游戏的一星指标包括了自主性与计划性、想象创造、建构技能，二星、三星指标包括了社会交往、行为习惯、科学能力（数学）。科学游戏的一星指标包括了自主性与计划性、观察探究，二星、三星指标包括了社会交往、想象创造。区角游戏的一星指标包括了自主性与计划性、艺术表现，二星、三星指标包括了行为习惯、社会交往、精细动作。一星指标直指游戏的核心内容，以便教师在组织游戏、解读表现行为时心中有目标，二星、三星指融入了五大领域的整体发展重点，教师在组织时自然渗透与整合。

每类游戏的指标有三个发展水平，我们结合各年龄幼儿的整体发展水平分为表现行为1、表现行为3、表现行为5，以及表现行为间的动态浮动。评价时还要关注幼儿的个体差异，进行纵向评价，尊重其差异性，从整体与个体形成阶段性分析与支持策略。（详见附录各类游戏观察指标）

### 2. 指标解读及案例分析

大班：评价和支持幼儿在观察探究中的发展——动力小船

观察探究是科学游戏的一星指标，也是其核心内容，教师通过动力小船活动内容对标观察、解读与支持，助推幼儿观察探究经验纵向生长。

幼儿讨论轮船为什么能航行的原因："我不知道那个大轮船怎么动起来的呀？是大风的力量，水的力量，还是电的力量呢？轮船上面有汽油，它是靠汽油运动起来的吗？"教师从幼儿的讨论中知道孩子们想解决的是轮船动力的问题。结合评价指标进行分析：孩子处于观察探究中的表现行为3"提出问题、假设猜测"阶段，幼儿在活动初期遇到了问题并进行猜测，接下来要让幼儿在操作尝试中去发现其结构和功能的关系，以解决问题。于是，教师和孩子一起观看视频中轮船动力的结构核心，引导他们找到关键因素——螺旋桨、叶轮，由此开始不断欣赏不同类型的小船、叶轮，积累关于螺旋桨的经验。有了初步的感知后，教师支持孩子向表现行为5挑战——反复验证，发现、分析、解决问题，发现其结构与功能的关系，并利用科学原理尝试解决生活中的问题。

"什么材料能做螺旋桨呢？""螺旋桨安在哪里？""螺旋桨怎么转才更快？""螺旋桨大点会快一点吗？"孩子们开始在反复尝试中发现、分析、解决问题："螺旋桨应该选择硬一点的材料，才能在水里拨动。""可以用橡皮筋同一个方向绕在螺旋桨上，然后放手，船就可以向前冲。""螺旋桨要安在尾巴上，要和船航行的方向不一样。""大的螺旋桨在水里劲大一些，跑得快一些。""螺旋桨不能太长，不然在水里拨不动。"……在解决问题的过程中，孩子们从最开始的不敢下手，到慢慢鼓励"没关系，慢慢来""多思考，多尝试，就一定会有办法的"，再到最后在生活中寻找其他材料来制作，和朋友比赛，一步步让自己的小船动起来。孩子们越来越喜欢，并乐在其中。

孩子学习的经验是通过直接操作、亲身感知而来，要想幼儿纵向发展，材料支持、观察解读、师幼互动、有效支持一步也少不了。尝试的过程会经历无数次的失败甚至想放弃，而一次次的失败也可以带给孩子离成功更近的思考，所以，应该让孩子体验从失败到成功这个苦尽甘来的过程。同时，在孩子面对问题的时候，多一些肯定相信的话语，让孩子增加自我效能，帮助孩子更积极主动探索。

小班：评价和支持幼儿在艺术表现中的发展——幼儿园的樱桃

艺术表现是区角游戏的一星指标，也是其核心内容，教师通过"后花园的樱桃"表现对标观察、解读与支持，助推幼儿艺术表现经验纵向生长。

幼儿园后花园的樱桃快熟了，孩子们在自然主题探究时观察、采摘幼儿园的樱桃，并自然地在区角游戏中表达表现。在此过程中，教师观察到大部分孩子都是用水彩笔画的方式，几乎都是一棵圆圆的树，树里悬空挂着一颗一颗的樱桃，没有一个幼儿用到材料超市中多样的材料进行表达表现。教师结合评价指标进行分析：幼儿处于艺术表现中的表现行为1"能用简单的方式象征性表现物体大致特征"，且表现方式局限和单一，尚未达到我园区角游戏的"多元表达表现"这一要求。此时已是小班

下期，幼儿的表达经验不应该局限于此，更不应该全班如此。

于是，教师带着幼儿走近后花园，细致观察樱桃的外形特征，用语言表达出来，说得越清楚，就想象得越多，越能运用教室里的区角材料。"有的成熟有的没有成熟，成熟的变成了红色，没成熟的是黄色或者浅绿色。""樱桃是一串串的，是长在枝丫上的。"……随后，教师让幼儿自由观察教室里的材料，并将后花园的樱桃照片放在电脑里，让幼儿继续观察：樱桃的果肉可以用教室里的什么材料变出来，樱桃的杆可以用什么材料变出来呢？孩子们开始从樱桃的形状、颜色、结构去联想区角中的材料。有的孩子说："樱桃的果肉是圆圆的，和区角中的毛球、瓶盖一样。"有的说："樱桃的枝丫是直直的，和区角中的扭扭棒、树枝、冰糕棒一样。"还有的说："可以用纸剪樱桃和黏土搓樱桃。"……孩子们根据自己观察到的樱桃，并结合材料特征进行表现创造，做出了颜色不同、材料不同的樱桃，游戏水平逐渐靠近表现行为3"尝试用多种材料进行组合，并用多种方式表现物体的主要轮廓和基本特征"。

幼儿发展是有个体差异的，并不是所有幼儿都能到达同一水平，也有幼儿停留在表现行为1，或者处于两者之间。无论哪种水平，都离不开教师的持续观察和支持。教师不仅仅要看指标，让幼儿表现行为水平层层递进，更要基于幼儿的现有水平审视材料与支持策略，做到既尊重个体差异，又助推幼儿经验持续和深入。

### （二）反思调整、优化指标

指标是了解教育适宜性、有效性，调整和改进工作，促进每一个幼儿发展，提高教育质量的必要手段。我们都知道幼儿的发展是可变的、动态性的。评价的指标也应根据幼儿的普遍行为进行调整。在各类游戏中，教师依据指标对幼儿进行阶段性评价后，记录总结幼儿的相关经验，并在指标阶段分析表中提出相应的建议。教研团队再根据一线教师的反馈，组织教研，改进指标中的不足，优化、提升指标质量，满足教学评价发展的需求。我们意识到，指标不应该是一成不变的，应随着课程的实践与落地不断地调整。

大班：在游戏阶段评估分析中调整指标适宜性

一次班级教研中，三位教师聚焦香蕉林表演游戏"三只小猪"中幼儿想象创造与语言表达进行研讨与评价，并在阶段评估分析中做了下一阶段的调整计划。

随着对原有故事越来越熟悉，大班幼儿自主对故事情节进行加工、创编、拓展，他们没有像原著那样放火烧死大灰狼，而是纷纷递上了一些食物给大灰狼，希望和大灰狼做好朋友。猪老大说到："我们给你食物，你不要吃我们了，要是你吃了我们，就没有人给你吃的了。"猪老二则说："大灰狼，我们给你一些肉，你不要吃我们，我们可以做好朋友，你下次来我们家做客吧！"表演中，三只小猪拿了六次食物给大灰狼奉上。大灰狼进门的那一刻，他们就礼貌地招呼着他："大灰狼你来啦！快请进来吧！请坐吧！你要吃什么？这里有水果，你快吃吧！"大灰狼接受了三只小猪的邀请，大家成为了好朋友。

游戏中，幼儿想象创造呈现出表现行为 5 "对游戏情节进行加工、创编、拓展"水平，语言表达也呈现出表现行为 5 "能有序、连续、清楚地讲述自己的想法和创编故事情节"的水平，他们已不再满足原有故事情节的局限，对故事情节、道具等有了自己的想法，产生了深层次的思考。基于大班幼儿的

年龄特点，当他们生活经验越丰富，表达表现能力越强，他们就越能区分童话世界与现实生活，故事情节与情绪情感表达就可能越生活化，就如他们不想把大灰狼烧死而选择和它做朋友一样，孩子们已经将现实生活中的友好相处素养融入在游戏中，具有同理心。因此，相比小中班，教师认为大班幼儿的情绪表达可能应该从二星向一星移动，教师在实施观察评价时，应将情绪表达指标与想象创造指标、社会交往指标平行看待，以遵循大班幼儿的游戏心理特点。

大班：在游戏阶段评估分析中优化指标整体性

一次年级组教研中，教师们聚焦大班结构游戏"搭建高架桥"中的建构技能、科学能力（数学）、想象创造进行研讨与评价，并在阶段评估分析中做了下一阶段的调整计划。

修建时，孩子们先选择了用圆柱体作为中心支撑柱，利用2倍小方块积木作为其他的支撑柱，再用40厘米木板做架空连接，完成后，他们对比照片上的高架桥发现不一样。现实中的高架桥造型复杂，体现了穿过、转向联结、交叉联结等的建构技能，多元使用材料进行复杂搭建、造型独特的想象创造，以及空间方位、图形组合等数学能力。而幼儿对于材料的运用单一，仅仅是利用支撑柱和长木板进行架空。教师帮助幼儿在一次次的调整中丰富高架桥"环状"这一重要结构的经验。多次游戏后，孩子们探索出高架桥像蛇一样弯弯曲曲的，有高有低；穿过就是没有挨着，改变支撑柱的高度，可以让高架桥完成穿过，支撑柱的高度影响架空面高度；转弯连接要慢慢转弯，这样车子才不会发生意外；三角形三条边最稳固；两个半圆能够组合成一个圆；四个四分之一圆环能够组合成一个大圆环，利用圆环积木的组合可以很好地解决了高架中心转盘的搭建、多条高架路线的架构等。

第五章　自然教育游戏课程

游戏中，幼儿的建构能力、数学能力以及想象创造接近表现行为5的水平，当教师进行观察记录梳理和阶段分析评估时，发现上述三个行为观察指标不是独立的，存在内在的联系。如想象创造中的造型独特、建构技能中的穿过及转向交叉连接，以及数学能力中的空间方位，三者之间共生共长，幼儿经验是整体发展的。因此，对结构游戏进行行为观察评价和阶段分析评估时，可以将三个指标对应同一表现行为水平整体分析，解读幼儿当前水平的影响指标，从而因势利导、取长补短带动水平较低的行为表现。同时，教师应再次审视每一项指标是否全面，以便实施评价过程中更好地关注到每一个幼儿的具体行为表现。

## 三、各类游戏评价的策略和方法

在实施具体的游戏课程评价时，除了明确各游戏课程类型的评价内容与年龄段发展水平之外，我们还探索一套适宜本园实施的游戏课程评价的策略和方法。

幼儿的发展水平不易观察，因此教师应该从多角度，借助多种媒介，客观全面地搜集信息，对幼儿进行评价。要掌握常见的评价方法，比如观察、访谈、家园联系、问卷调查、作品分析、量表测查、档案袋等。同时在实施评价时，关注评价的全面性、过程性、连续性与个体差异性。

## （一）观察评价法

观察评价法是指教师在教育活动对幼儿的表现和行为进行自然观察，并对所观察到的现象做客观和详细的记录，然后根据这些观察和记录对活动效果作出评价。

在中班科学游戏"做泥轮"中，一名幼儿用湿湿的泥土搓圆制作泥轮，并把车和轮子粘在一起，可车轮没有办法滚动。反复尝试几次后，车轮还是没有办法移动起来，于是，他拿着成品的玩具车玩，放弃了做泥轮。他翻过车身，端详车底，用手去拨弄车轮，并想将车轮中的轴承搬弄下来。教师没有干预。几分钟后，幼儿开始去寻找新的材料——棍子，并尝试着将泥轮拼插在小棍两头，来回滚动，泥轮移动了起来。幼儿又拿来泥土和棍子制作了很多个可以移动的泥轮。教师认为幼儿观察探究体现了表现行为3"能主动对事物或者现象进行连续观察和探究，发现其特征"的水平，该幼儿已经有了初步的科学探究能力，教师应进一步支持幼儿经验纵向发展。于是，教师为幼儿提供了卫生纸筒做的车身，让幼儿继续游戏，并将重点转移到泥轮本身。教师持续观察。幼儿专注制作泥轮安在车身上，但每次从山坡上滚下来后，车子都会偏移方向。幼儿想到了可能是两个车轮不一样重，可反复尝试调整后，车子还是会偏移方向。幼儿也发现车子是偏向泥轮重的一边。教师开始支持幼儿的表现行为5"反复验证，发现、分析、解决问题"的能力，投放了天平。幼儿通过天平是否平衡衡量两边泥轮的重量，在反复尝试后，车子直直地从山坡上滚了下来。

游戏中，当幼儿转移注意力去玩成品车时，教师并没有着急介入和评价，只是在一旁静静观察，等待幼儿在摆弄材料中可能发生的表现行为。一段时间后，幼儿用搬轴承、找棍子、搓泥轮、安泥轮等动作表达出他已初步达到观察探究指标表现行为3"能主动对事物或者现象进行连续观察和探究，发现其特征"的水平。于是，教师通过投放适宜材料介入，引导幼儿聚焦科学核心解决问题，并在整个过程中观察和支持幼儿的行为，适时介入，对幼儿进行持续的观察评价。

## （二）家园联系法

《纲要》指出，只有家园联系才能发挥各自的优势，才能充分利用已有的资源，最大限度地发挥其作用，形成教育合力，促进儿童发展。做好家园联系有利于教师全面客观地评价幼儿，促进幼儿发展。

在小班的结构游戏中，教师发现羲羲在玩的时候几乎不主动搭建，和别人一起搭建时，她也只是帮忙递一下材料。偶尔主动搭建的时候，也只是拿两块积木摆弄，简简单单叠起来就结束，基本上游离在游戏之外。

教师分析是否是因为羲羲不知道要搭什么，或者不知道怎么搭建，于是在放学后问了孩子家长。羲羲妈妈说孩子家在的时候几乎不玩搭建类型的游戏，家里面也没有这种游戏材料。教师跟家长讲了结构游戏的重要性，家长询问教师需要在家准备哪种游戏材料。

几天之后，家长问教师羲羲在幼儿园有没有开始搭建。教师反映，最近羲羲开始尝试搭建了。家长又问教师在家如何指导，教师表示现阶段先鼓励孩子按照自己的意愿自由搭建，当她搭出一个造型之后要及时表扬和鼓励，激发其自主性。

家长按照教师的建议在家指导孩子之后，羲羲终于在结构游戏时能够自主地进行搭建了。

面对游离游戏的小班幼儿，教师明晰其当前身心发展特点，如语言表达、自主性等发展尚浅，可能不能完整表达出自己的游戏行为，主动选择游戏材料和主题也比较欠缺。因此，教师便通过与家长沟通了，解幼儿行为背后的原因，对其进行全面、客观的评价，并通过家庭的介入共同提升幼儿的现有发展水平。在此过程中，教师对家长的专业指导让家长了解了幼儿现状，以及结构游戏对幼儿身心发展的重要性，教师也在家园联系法的实施中促进了自己专业评价的能力，幼儿也获得了发展。

### （三）档案袋评价法

我国传统的幼儿园教育评价，把教师看作评价的唯一主体，幼儿无法参与到评价中。幼儿园档案袋评价则将幼儿纳入评价主体，尊重其主体地位，这符合《纲要》中所规定的"幼儿园管理者、教师、家长和幼儿自身都是评价工作的参与者"。

小班的档案袋中，会有教师对幼儿日常生活行为的记录表、幼儿的作品、幼儿的游戏照片、游戏评价表和阶段性小结。游戏课程评价表又分为角色表演游戏、结构游戏、区角游戏等的评价表。我们在给幼儿进行评价的时候，会根据幼儿平时的表现来标示不同的等级。依据小班幼儿年龄特点，小班的档案袋主要由教师来完成。

而在中大班，幼儿开始进行游戏故事记录和自我小结，幼儿的档案袋里就会有大量的幼儿记录。幼儿的游戏记录由幼儿自己完成，并会带回家向家长讲述，家长将幼儿讲述的内容用文字写在幼儿记录旁边，教师结合幼儿的记录和家长的文字，分析幼儿在游戏中的行为表现，再使用相应策略去支持幼儿，从而促进幼儿发展。

## 四、游戏评价的建议

经过多年研究和沉淀，我园自然教育游戏课程评价积累归纳了以下意见及建议。

### （一）观幼儿核心经验的发展

每种游戏类型都有其核心经验的发展。如角色游戏是幼儿社会性、自主性和创造性等方面的发展，中班幼儿在角色游戏中应该表现出对同伴的尊重和接纳的经验，教师就可以通过幼儿在游戏中的具体行为去分析幼儿当前的游戏水平，并通过家庭丰富个体经验，提升幼儿的发展水平。

### （二）查幼儿整体经验的融合

幼儿在游戏课程中获得的经验可以迁移到其他任何课程中。教师除了观察幼儿在游戏中表现的行为，还要观察幼儿在其他课程中是否也出现相应的行为，或者是其他课程出现的行为是否有迁移到游戏课程中来。如幼儿在生活课程中积累的团队合作、想办法解决问题的能力就可以迁移到大班的角色游戏和表演游戏中来。教师要帮助幼儿协商解决游戏中出现的问题，如果幼儿还不能进行迁移和运用，那就说明幼儿游戏的经验目前尚未完全内化或者是间歇式产生的，就可以对幼儿经验进行较持久的关注和助推。

### （三）思幼儿个体经验的补充

幼儿的发展具有个体差异性，所以对幼儿个体经验的观察、分析和家园支持是非常重要的。在评价幼儿发展时，应该考虑幼儿自身的发展规律、家庭背景等各方面原因，并及时对幼儿的个体经验进行补充。如每次游戏后的回顾，幼儿会先画游戏故事，并和同伴进行讨论，回家后再和家长一起分享游戏中的故事。家长应执笔记录幼儿在游戏中的语言、动作、思考等行为，并从家长方面给予幼儿经验、材料等各方面的支持。当幼儿把游戏记录本带回班级后，教师也会仔细翻看幼儿的绘画和家长的记录，了解幼儿最近发展情况，从幼儿园方面给予幼儿发展的支持。

### （四）比幼儿经验的阶段发展

幼儿的发展是有阶段性的，所以要及时对比幼儿在前中后不同阶段的发展，并通过幼儿的具体行为进行对比，分析幼儿的发展状况。如幼儿在结构游戏前期的随意搭建，技能缺乏，到最后多种技能的掌握和有计划地进行主题搭建，教师要对幼儿进行持续的跟踪观察和记录，才能看到幼儿在这个过程中到底哪些方面获得了发展。

### （五）追幼儿经验的持续发展

将幼儿在游戏中阶段性的发展串成一串，就可以呈现出了幼儿整体和持续发展的过程，因此，在分析和支持幼儿游戏的阶段性经验后，要及时关注幼儿持续经验的发展。如果幼儿只是停留在阶段性的水平上没有获得新的经验，那教师就要从游戏的内容，幼儿的兴趣、经验以及教师和家长的支持方面去溯源，找到问题的根本原因，从而尽快调整，使幼儿经验持续发展。如在区角游戏中，如果幼儿每个阶段的表现创作都是停留在只会画和用单一的黏土做作品，尽管教师进行了小结和其他作品的分享，幼儿依然没有向下一阶段挑战，那教师就需要思考班级材料的投放、组合运用，作品多元表现的欣赏展示，物体表达的细致观察和想象，以及幼儿自身经验的基础是否牢固等问题。只有静下心来分析发生问题的原因，才能助推幼儿从当前阶段向更高水平持续发展。

## （六）课程和幼儿个体评价相辅相成

在使用中，我们会将课程整体的阶段性评价、幼儿个体评价，以及幼儿各类游戏的视频、照片、文字综合起来分析，它们之间的关系也是相辅相成的。如教师需要从日常积累的幼儿游戏照片、视频和文字记录中去评价和分析每一个幼儿当前阶段的发展状况，再从个体评价中去分析此游戏的整体阶段性发展水平，然后从整体阶段性分析中去解读个体幼儿和全班幼儿的发展情况，以做下一步的跟进和支持，它们之间的关系是能顺推和倒退的，最后都指向幼儿的发展。如科学游戏中的做沙蛋糕，我们从沙蛋糕小组的幼儿个体评价中发现目前大多数幼儿处于探究沙特性的阶段，如沙的黏性、遇水凝固等，个别幼儿也通过多次游戏发现沙蛋糕结构和功能的关系，如比例、重心、稳固等，也有极个别幼儿仍处于无目的状态。基于幼儿个体的评价，我们分析出沙蛋糕游戏中整体的阶段性问题，那就是幼儿生活经验的有无、游戏的次数多少、幼儿游戏故事的是否记录支持及对科学核心经验是否理解等。在阶段性分析中，我们会指出每一种水平幼儿的问题，并进行分析和思考，支持幼儿下一阶段的个体经验和游戏水平的发展提升。

# 第六章 自然教育节日节气课程

# 第一节　自然教育节日节气课程概述

## 一、自然教育节日节气课程的主要内涵

节日节气课程是基于真实的生活场景、自然环境和社会实践，以中华优秀文化为源泉，以中国传统节日和二十四节气为依托，对各种形态的资源进行充分挖掘和延伸、设计、重构和实施相关课程，引导幼儿、指导家长及教师在传承、体验和创新中，对历史、世界和自我进行深入追问，实现多元化的发展。

节日节气课程包含节日和节气两个方面的内容。节日是指中国传统节日和生活中值得纪念的重要日子；节气是指中国古人在探索自然规律的过程中发明形成的二十四节气，其蕴藏的天文、农耕、物候等科学规律受用至今。总而言之，节日与节气是人们生活的重要组成部分，更是中国优秀传统文化的一部分，因而，直接将之合并起来表述。

当节日节气作为课程活动出现在幼儿园时，首先要考虑的便是如何通过开展"节日节气"课程活动带给幼儿有益的学习经验，且是有别于幼儿在家庭所获得的体验；应立足于让幼儿获得关于节日节气更丰富的认识，获得更有意义且全面的发展。

## 二、自然教育节日节气课程的核心价值

中国作为历史悠久的国家，从远古先民时期开始，节日与节气文化就开始萌芽与逐步发展起来了，并成为我国优秀传统文化的典型代表。但在西方文化的不断冲击下，中国节日文化似乎逐渐在弱化。据《中国青年报》社会调查中心2014年底的一项民意调查显示，有55.1%的受访者认为应重视传统节日的文化内涵，37.7%的受访者建议增强节日的娱乐氛围，还有20.0%的

受访者认为社区应该多组织传统节日活动。因此，幼儿园作为人生启蒙阶段的教育场所，如果能通过建设幼儿园节日节气课程，来培育教师、哺育幼儿、带动家长、拉动社区，就具有实现传承中华优秀传统文化、促进幼儿发展、感受生活的美好等重要意义。因此，节日节气课程的核心价值应包含以下两个关键点。

### （一）文化认同

在幼儿日常生活中，利用节日的到来，创设适宜的主题环境，积极开展家园联动，有意识地引导幼儿感受和体验我国传统节日节气文化，增强幼儿对中华民族的认同感和自豪感，让中国娃有一颗中国心。

### （二）美好生活

1. 感受美好的生活：生活需要仪式感，节日便是日复一日平凡生活里的特殊时刻。通过感受节日节气的仪式感，让幼儿在节日中感受与体验生活中的点滴美好，从而更好地面对自己的生活和遇到的困难。

2. 自主自信地生活：节日节气活动还承载着儿童全域发展的隐形价值。在节庆活动氛围全程中，幼儿不仅仅是节日节气的感受者，更是主动参与者、策划者。幼儿多元地感受节日节气衍生出各个领域中的相关活动，从而更自主地掌握自己园内园外的生活，成为生活的主人。

综上所述，我们认为节日节气课程的核心价值宜定位于：促使幼儿更自然全面地与社会文化、资源产生有益连接；能够在节日节气中有情感表达并能丰富精神世界；传承节日节气所蕴含的中华优秀传统文化，激发对美好生活的向往，促进全域经验的发展。

## 三、自然教育节日节气课程的误区与思考

随着幼儿园课程建设的不断深入推进，珍视儿童的游戏与生活也逐渐被人们所认识与践行。而节日节气本就是生活中不可或缺的元素，正是因为有

了各种各样的节日节气，平淡的生活才显得完整而美好。由此可见，构建节日节气课程是必要的，但仍应清醒地认识到开展节日节气课程应避免如下两大误区。

### （一）重快乐，轻价值

对幼儿园常见的过节方式稍加梳理则不难发现，幼儿园最常见的节日节气实施形式大致如此：宛如一场饕餮的盛宴、一场别开生面的舞台表演、一节静坐听讲的节日节气教育课堂、一场热热闹闹的玩乐游戏等，还可以进一步归纳概括为吃吃喝喝式、舞台表演式、热闹快乐式、说教传授式等。

幼儿园开展节日节气课程的初衷除了让幼儿快乐，更重要的是让幼儿获得有关文化认同启蒙教育方面的相应有益经验。如果幼儿园只安排幼儿在节日节气当天热热闹闹吃喝玩乐，那么幼儿只能获得短暂的快乐。这种快乐来得快去得也快，给幼儿留下的只有兴奋，且开展形式也往往是以成人视角，缺乏儿童立场。

我们曾在某个视频网站上看到，某个幼儿园在过传统春节时，教师亲自攥着孩子的手腕一个一个地去触摸各种寓意之物。如摸葱寓意聪明伶俐，摸苹果象征平平安安……整个过程中，有的孩子兴奋不已，有的孩子慌乱害怕，即使有孩子哭闹着说"不要不要"，一旁的成人仍然抓着孩子的手按照节日流程办事，执意要给孩子摁下成人的节日祝福键。

上述活动到底有没有带给幼儿有益的发展价值呢？当所有的活动和布置都是成人安排打造，幼儿走过场地参与体验一番，无法带给幼儿深层次的活动体验，节日节气当天临时说教，幼儿可能听了就忘了甚至偏了，对节日节气内涵是理解不透的。当然，每个地区每个节日有着不同的文化传统习俗，这些风俗背后也饱含着人们的美好寄托和祝愿，或许也该予以理解和尊重，不应简单地全盘否定，但如果这种传统仪式的意义，幼儿并不明白也不甚理解，那就值得反思与改进。至于有的幼儿园过分热衷于过"洋节"，让幼儿感受不明意图的"洋节"的快乐，那就更值得深思了。

## （二）重全面，轻重点

细数我国传统节日节气以及国际纪念性节日，有时一个月里会遇到许多个。幼儿园在开展节日节气课程时，是否有必要把每个节日节气都纳入课程活动范畴呢？目前，大大小小的节日节气活动层出不穷，如果把每个节日节气都做成课程，势必会让师幼在过节活动里疲惫不堪。更为重要的是简单的节庆活动，带给幼儿的经验往往是浅尝辄止，而且每一场活动或者庆典搞下来，物资的浪费也是不容小觑的。

在开展节日节气活动时，免不了是需要对大小环境进行一番装饰装扮，假如每个节日节气都过一遍，那么就需要频繁地对园内环境进行创设。目前，幼儿园节庆氛围的营造，要么请庆典公司帮忙打造，要么就是园内教师齐动员加班环创，有时还需要家长的参与。环境创设不论是请专门的庆典公司还是教师自力更生，属于幼儿自己对节日节气理解下的表现创造少之又少。假如是这样一个接一个地快速过节，幼儿不仅无法深度参与，也无法将内化的节庆经验有效地反映并迁移到现实生活中，这显然失去了开展节日节气课程的意义。

再者，由于园所对节日节气活动内涵和价值把握存在误区，未能很好地处理节日节气课程与其他课程活动类型的关系，片面夸大了节日节气课程的价值，加之泛滥成灾出现占比失衡的现象，也影响了幼儿园课程的整体性。此外，还有幼儿园把节日节气活动当成宣扬园所文化和奉承家长热闹心理的方式，更是不可取。

幼儿园的任何活动，包括节日节气活动都应该是以幼儿为中心，以幼儿的全面发展为核心的价值选择。所以，节日节气课程的开展，应该抓准其核心价值，把握好重点，根据园所自身和所在地区的社会文化梳理筛选适宜的节日节气内容。

## 第二节　自然教育节日节气课程的目标与内容

### 一、自然教育节日节气课程的目标构建

《纲要》明确指出，幼儿园的教育内容应当具有全面性、启蒙性，在健康、语言、社会、科学、艺术等五个领域相互渗透。幼儿园的节日节气课程主要是引导幼儿接触我国的优秀传统文化，感受我国文化的多元与和谐，体验我国深厚文化的内涵，从各个角度促进幼儿情感、态度、知识、技能等方面的发展，从而帮助幼儿感受美好生活，学会更加热爱自己的生活。

#### （一）基于核心价值和全域视野下构建课程总目标

在节日节气课程活动中，除了了解节日节气本身的价值与内涵外，还应该拓宽思路，巧妙地将五大领域的目标融入其中，建构促进幼儿全面发展的课程总目标。

在语言领域，鼓励幼儿在讲述节日相关事件时使用一些常见的形容词、同义词等，让幼儿尝试用连环画的方式来记录节日的所见所闻。

在社会领域，鼓励幼儿根据节日节气的寓意与同伴自主开展相应的社会活动，鼓励幼儿通过各地不同的节日习俗感知文化的多样性与差异性，理解人与人之间是平等的，应该相互尊重，友好相处。

在艺术领域，鼓励幼儿用多种工具、材料或不同风格的表现手法表达自己对节日的感受与想象。能根据不同的节日节气的变化感受时间的推移与身

边人事物的变化，能有选择性地选出一些与当下时节相适宜的事情来做，比如春分播种、谷雨栽秧、立夏斗蛋等等。

以立冬为例。

立冬表示冬季自此开始，是冬季的第一个节气。立冬过后，气温将明显下降，雨量也逐渐减少，各种植物的生长进入了缓慢期。如何能让幼儿真切地感受立冬到了就是冬天来了呢？

早上的户外活动幼儿们嘴里不停地哈着气，让"烟雾"从嘴巴里跑出来。幼儿在爸爸的小轿车里，在满是雾水的玻璃上轻轻地画着自己喜欢的图案；在银杏树下捡金黄的落叶；放学回家后，和爸爸妈妈一起在家熏制香肠和腊肉；周末和爷爷奶奶一起去地里给耙耙柑（春见橘子）穿上衣服。每个幼儿都用不同的事情感受着这个季节带来的不同之处。

对于立冬的特征，幼儿其实通过很多身边的小事就能感受到，不需要开展一次轰轰烈烈的集教课，也不需要死记硬背立冬的特征，只要多去感受生活，多去亲近自然，多想、多看、多思、多问。

除此之外，教师还应引导幼儿去发现这些现象背后隐藏的秘密，更好地让幼儿理解每个节气背后真正的价值与含义，如通过家园社三位一体进行适宜的活动，引发幼儿自然而然地思考。冬天来了，应该如何更好地保护好自己？饮食上，身体锻炼，穿戴衣物上会有什么变化？立冬过后，天气曲线图有什么变化，结合身边资源讨论冬天动植物如何过冬等等。开展活动时应从真实问题情境出发，抓住幼儿感兴趣的话题，从中进行剖析，不断地观察与探究，以问题带问题，促使活动更加真实与深入。

## （二）基于儿童发展的不同年龄段的发展目标与核心经验

自然教育节日节气课程中不同年龄段的核心经验

| 各年龄段 | 核心经验 |
| --- | --- |
| 3—4岁 | 仔细观察能力；感受节日文化；能用简单的语言、图画记录；动手参与；愿意表达；良好的情绪；热爱自己和身边的人、事、物。 |
| 4—5岁 | 社会调查能力；表征能力；规划能力；合作能力；积极的情绪；美好的愿望；连贯讲述；热爱家乡；感受美好；多元表达。 |

| 5—6岁 | 梳理归纳；调查分析；统计并整理；同伴合作；合理设计；组织能力；能用图夹文、连环画，完整清晰地讲述；多元表达；热爱祖国。 |

自然教育节日节气课程中各年龄段的发展目标

| 各年龄段 | 发展目标 |
| --- | --- |
| 3—4岁 | 1. 喜欢参与节日节气活动。<br>2. 和家长一起，初步了解和制作节日节气饮食。<br>3. 喜欢用多种形式表达表现对节日节气的感受。 |
| 4—5岁 | 1. 初步了解节日节气的由来。<br>2. 通过多种形式，初步了解节日节气与自然、人类、社会的关系。<br>3. 喜欢参与节日节气饮食活动。<br>4. 初步尝试有计划地创设节日节气环境。 |
| 5—6岁 | 1. 充分了解节日节气的内涵，在日常生活中落实行动。<br>2. 能够合理规划和设计节日节气环境装饰和活动。<br>3. 通过多种形式，充分了解节日节气与自然、人类、社会的关系。<br>4. 喜欢有计划地规划与节日节气相关的饮食活动。<br>5. 能够传承传统节日节气文化。 |

## （三）搭建多方联动发展的课程受益链

在节日节气课程开展中，应充分挖掘节日节气课程受益链，让幼儿、教师、园所乃至家长及社会人士因节日节气课程的开展，在经验上有所提升，在价值观上有更高的认同，让课程价值最大化。

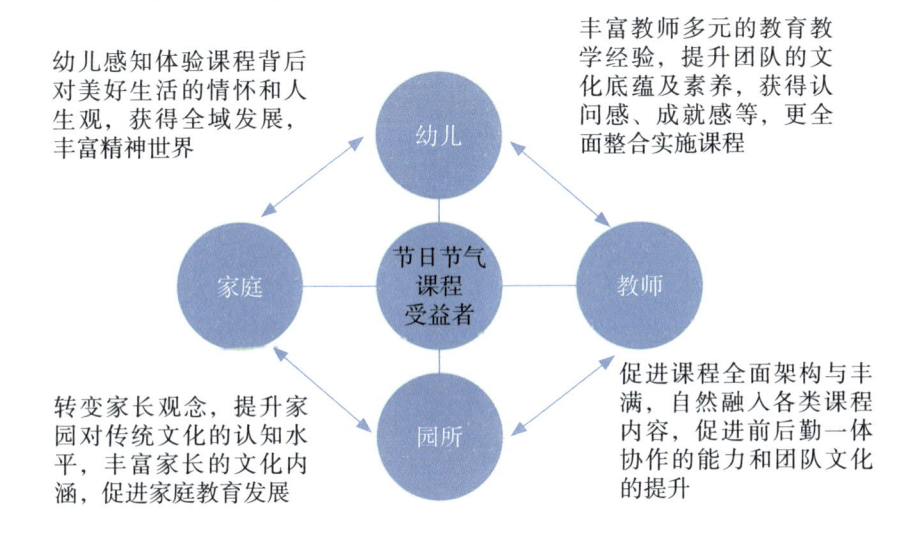

幼儿感知体验课程背后对美好生活的情怀和人生观，获得全域发展，丰富精神世界

丰富教师多元的教育教学经验，提升团队的文化底蕴及素养，获得认同感、成就感等，更全面整合实施课程

转变家长观念，提升家园对传统文化的认知水平，丰富家长的文化内涵，促进家庭教育发展

促进课程全面架构与丰满，自然融入各类课程内容，促进前后勤一体协作的能力和团队文化的提升

节日节气课程受益者：幼儿、教师、园所、家庭

于幼儿，节日节气是一笔宝贵的精神食粮。幼儿不仅能获得全域的发展，还能感知和体验每一种节日节气后映照着的对美好生活的情怀和人生观，为其终身生活奠定一种丰富的精神世界。

于教师，通过开展节日节气活动课程，能够进一步丰富教师多元教育教学经验，更加全面地理解课程之间自然相互整合的教育之道，同时也能提升自己对节日节气文化的认知水平。

于园所，课程的全面架构，因节日节气的深入开展而丰满，能够自然地融入各类课程，促进课程与课程之间的相互融合，为园所的自然教育课程注入不可或缺的课程元素。

于家庭，改变家长对于过节的陈旧和不良的价值观念，促使家长重视并用发展的眼光来引导幼儿真正地感受节日节气文化，体验节日节气带给幼儿的有意义的发展，切实形成良好的家庭教育。

## 二、自然教育节日节气课程的具体内容

### （一）自然教育节日节气课程内容的筛选类别

**1. 传统性节日课程活动**

我们参考中国政府网对中国节日的解析，进行传统性节日课程内容的筛选。主要包括对中国重大传统节日的筛选，如春节、元宵节、清明节、端午节、中秋节、重阳节等，这些节日节气蕴含了博大精深的中国文化，需要幼儿去感知去传承。此外，还包括中国法定节日，以及人类文明发展历史长河中，值得纪念的重大事件的纪念日或节日，包括妇女节、劳动节、儿童节、教师节等。因而，在进行节日节气筛选时，应从"中国传统文化"和"历史重大纪念意义"来定义幼儿园开展的节日节气课程的"传统性"。

### 2. 时令性节气课程活动

古代中国属于农耕社会。二十四节气反映了太阳对地球产生的影响，它是通过观察太阳周年运动，认知一年中时令、气候、物候等方面变化规律所形成的知识体系。二十四节气不仅在农业生产方面起着指导作用，同时还影响着古人的衣食住行，甚至是文化观念。因此，可以带领幼儿关注二十四节气对农业、对健康生活的指导作用，并将节日节气的相关内容渗透在种植、生活、食育等课程中，进一步了解谚语"种田无定例，全靠看节气""不懂二十四节气，白把种子撒下地"等的意义。

### 3. 地域性节日节气活动

《指南》指出，要"激发幼儿从小爱祖国、爱家乡的情感"。教师、家长、社区三方都应该紧密配合，积极主动地引导幼儿建立对家乡文化、资源的了解与喜爱，挖掘身边能够让幼儿及时、有效、亲身去体验的具有地方特色的节日节气。我园的地域性节日节气课程活动，主要依托我园所在的蒲江本地民俗文化、地理环境、物质资源所独有的节日节气活动。

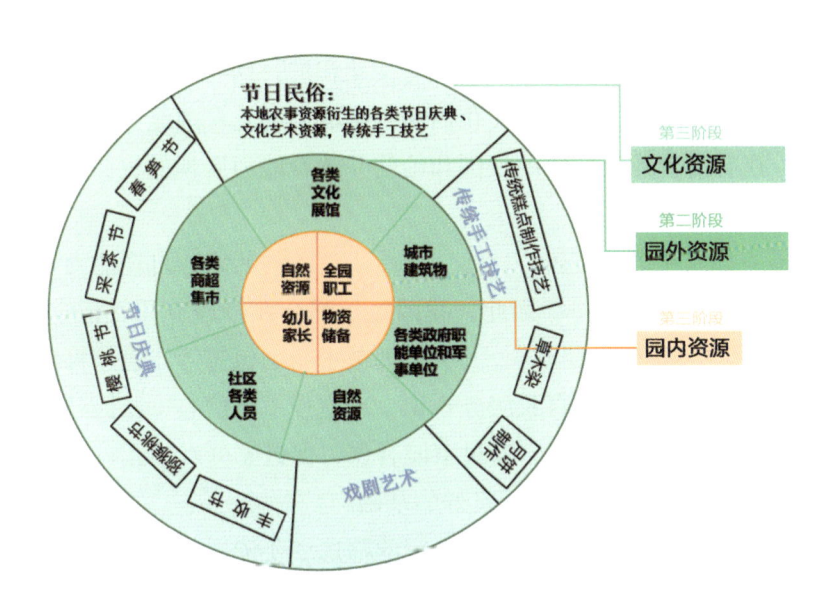

如依托本地春节民俗文化形成的"幺妹灯""朝阳鼓舞"等艺术瑰宝，以及地理环境所形成的独特气候下的一些以地域特征或当地民俗风情命名的节日节气，像蒲江地理位置非常适合水果和茶叶的生长，可以说是水果、茶叶之乡，因此，便形成了独有的猕猴桃节、樱桃节、采茶节、春笋节等。

这些节日活动与幼儿园主题、生活、食育、表演戏剧等活动产生连接，可以依托社会资源帮助幼儿拓宽视野，激发幼儿了解家乡、热爱家乡的美好情感。

**4. 现代性节日课程活动**

与幼儿生活联系比较紧密的现代性节日课程，也非常值得关注。如植树节、世界水日、爱耳日、爱眼日、消防日等，是必不可少的活动。此类节日课程能够帮助幼儿树立健康的生活观、良好的行为习惯和防范意识。借助此类现代性节日课程的开展，可以将幼儿日常生活中的一些零散经验系统地梳理起来，从而真正将节日经验运用到日常生活。这些节日课程，有助于帮助幼儿形成全域经验，养成健康的生活习惯。

**5. 园本性节日课程活动**

每个幼儿园都有自己的办园理念与文化积淀，这些就形成了园本性的节日。如我园依托五月劳动节的文化内涵，生成了幼儿自理能力评比和展示的自理节；还有借着元旦新年的氛围和给幼儿体育能力展现的机会，生成的元旦亲子运动会等等。

我园一直倡导培养自由、自律、自然、灵动的儿童，自理能力是我园生活课程重点培养目标之一。因此，我园每年都会在自理节开展相应的活动：小班穿鞋子、中班拉衣服拉链、大班整理被子与书包等等。通过自理节系列活动，不仅增强了幼儿的自我服务意识，也增强了自信心，还提升了幼儿细致观察和动手的能力。同时，通过家园合作，促进家庭对幼儿自理能力培养的重视，为幼儿终身发展奠定了良好的基础。

综上所述，我园节日节气课程内容的筛选主要依据传统性、时令性、地域性、现代性、园本性这五个特点来进行归类，以此梳理形成我园一年的节日节气具体活动内容。

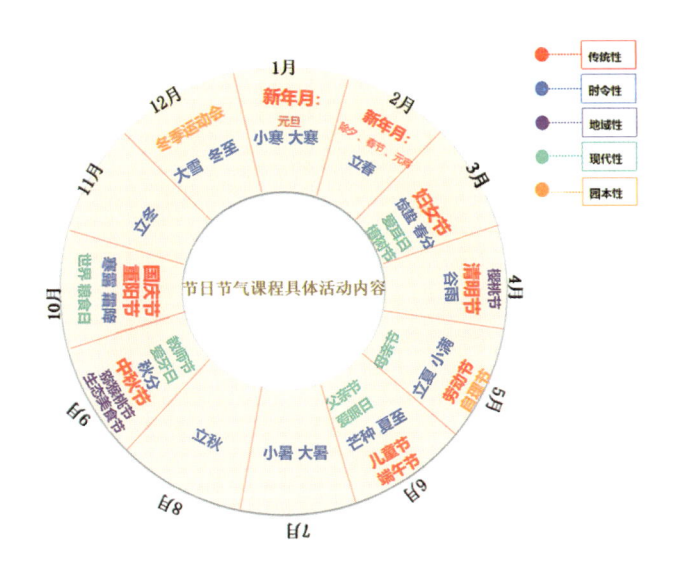

## （二）我园自然教育节日节气课程内容实施指南

自然教育节日节气课程内容实施指南（详见附录一）

| 活动名称 | 核心经验 | 各年龄段重点 | 各年龄段具体内容 | 全域发展关注点 |
|---|---|---|---|---|
| 节日节气 | 文化传承 | 小班：<br>知道节日名称；喜欢参加各类传统节日。<br><br>中班：<br>了解节日名称及时间；愿意并主动根据相关习俗过节。<br><br>大班：<br>清楚节日名称及时间；积极发起活动，在节日活动中出主意、想办法；了解节日来源及意义。 | 小班：<br>1. 元旦、春节（感受新年新气象）；<br>2. 元宵节（感受开灯祈福的热闹）；<br>3. 清明节（愿意与长辈一起祭祀先人，喜欢踏青活动）；<br>4. 端午节（感受家里、家乡过端午节的气氛）；<br>5. 中秋节（感受团圆的氛围）；<br>6. 重阳节（知道老人也需要关爱，乐意与老人一起活动）；<br>7. 二十四节气（知道节气的名称）。 | 小班：<br>1. 用涂涂画画、粘贴等方式布置班级环境并乐在其中；<br>2. 能口齿清楚地唱与节日相关的儿歌、童谣或复述简短的故事；<br>3. 在家长陪同与引导下，走进社区，体验节日氛围。<br>中班：<br>1. 用绘画、捏泥、手工制作等多种方式布置环境；<br>2. 能基本完整地讲述自己对节日的所见所闻和经历的事情；<br>3. 在家长陪同下，参与社区节日活动。 |

续表

| | | | | |
|---|---|---|---|---|
| 情感表达 | | 小班：<br>用一句完整、好听的话来表达；喜欢用涂涂画画的方式表达。 | 中班：<br>1. 元旦节、春节（参与新年环境布置）；<br>2. 元宵节（了解元宵节的来历）；<br>3. 清明节（文明祭祀，保护环境和生态；经常问一些与活动有关的问题）；<br>4. 端午节（了解端午节的由来，简单制作粽子、香囊、网袋等）；<br>5. 中秋节（对传统文化的尊重）；<br>6. 重阳节（关爱老人，能够在日常生活中尊重老人）；<br>7. 二十四节气（了解自然的健康生活方式）。 | 大班：<br>1. 用多种工具、材料或不同的表现手法布置环境；<br>2. 年级组分工布置园级环境（分区域设计图纸，收集材料开始制作）；<br>3. 能有序、连贯、清楚地运用优美的形容词、同义词等语言，生动地讲述一件事情；<br>4. 主动参与社区举办的关于节日的相关活动。 |
| | | 中班：<br>用清楚完整的话进行表达；愿意用图画和符号表达。 | | |
| | | 大班：<br>能用一些表示因果、假设、成语等高级语言进行有序、连贯清楚的表达；用图夹文和正确的书信方式表达。 | | |
| 热爱生活 | | 小班：<br>爱身边的人、事、物。 | 大班：<br>1. 元旦节、春节（调查国内不同地区、不同民族的过新年方式；中国与外国过年方式的不同）；<br>2. 元宵节（通过多种途径获得元宵节的相关经验，进一步了解元宵节的来历和风俗习惯）；<br>3. 清明节（继承先烈遗志；在踏青时能计划出行路线、方式及准备所需物品）；<br>4. 端午节（调查各地端午节的民俗风情，深入感受中国传统文化，萌发民族自豪感；探索包粽子的方法）；<br>5. 中秋节（持续观察自然现象中秋月亮变化，感受"月的阴晴圆缺"）； | |
| | | 中班：<br>爱家乡。 | | |
| | | 大班：<br>爱祖国。 | | |

续表

|  |  |  | 6. 重阳节（通过对老年人的调查理解老人生活的艰辛）；<br>7. 二十四节气（探索农耕生产生活与"大自然的节律"的关系）。 |  |

## 第三节 自然教育节日节气课程的实施

### 一、自然教育节日节气课程实施的基本原则

时代在进步，文化在融合，各式各样的节日层出不穷，为了不疏忽特定节日节气的重要价值点，不偏离节日节气课程对幼儿发展的初衷，幼儿园在开展节日节气活动时，理应遵循以下四个基本原则，适时适宜、有的放矢地组织开展节日节气活动。

（一）选择性

近年来，有的幼儿园对西方的圣诞节、万圣节都表现出了极大的参与热情。相比之下，我国传统节日的一些深层次的文化内涵渐渐被人们遗忘。如此，何以培养具有中国心、中国魂的现代儿童？

从实际上看，不是所有的节日节气都适合在幼儿园开展，也不是每个节日节气都需要在幼儿园推进，有的可以通过家庭和社区生活来实施。因此，节日节气活动是需要筛选的，在筛选过程中，应结合中华优秀传统、地域文化及幼儿年龄等特点，精心筛选富有教育价值的节日节气。

（二）持续性

我园始终认为，节日节气课程不是节日节气当天的事情，而是在节前、

节中、节后，都有着促进幼儿全面发展的各种有益经验的总和。我园节日节气课程的持续性表现在关注幼儿在节日节气来临前期、中期、后期整个过程中的经验积累，以及多种活动中的表现。不让经验戛然而止，而要让经验延续，让幼儿有后续发展。

### （三）整合性

节日节气课程应给予幼儿其他课程所不具备的经验，但幼儿是一个完整的人，幼儿的任何活动经验都应该是整合的。从内容上来说，节日节气课程应自然有机地与其他课程相结合，注重各种课程之间的经验相互渗透。从实施形式上来说，节日节气课程应打破幼儿园教育资源"围墙"，走进家庭，走进社区，帮助幼儿园建成完善的家园社教育资源库。

### （四）层次性

每个节日节气赋予幼儿的价值不同；同一年龄段幼儿在同一节日节气活动中的发展情况不同；不同年龄段幼儿在相同节日节气活动中的发展目标也不同。我园的节日节气课程会根据幼儿的年龄特点开展活动：小班幼儿更多的是通过多元的活动形式去感知体验节日节气，再根据幼儿的兴趣自然地融入各种课程经验；中班幼儿在节日节气前融入家园社感知节日节气的内涵和文化；大班幼儿提前了解节日节气内涵并自主计划过节活动内容等。

## 二、自然教育节日节气课程的实施案例与解析

幼儿园的课程绝不止于让幼儿体验快乐就好，而应通过精心策划的活动带给幼儿有效发展。幼儿园节日节气课程的实施也应如此，从节日节气的价值筛选，再到节日节气活动的开展，都要注重文化传承、多种环境氛围的营造、多元载体形式，将节日节气内涵、节日节气趣味渗透进幼儿生活，浸润进他们的内心。不同的节日节气对幼儿的全域发展有不同的效益，所以大家需要明晰不同节日节气的类别。接下来，就以案例的形式与大家分享我园开

展不同节日节气活动的过程及背后的思考。

**（一）传统性节日活动案例解析**

★唤醒爱家乡爱祖国之情的国庆节

在幼儿园过国庆节的意义是让幼儿感知祖国的伟大，感受祖国的美好河山，感受人们的团结和勇于付出，从而热爱自己的祖国和家乡，为家乡的发展做出自己力所能及的贡献。对于幼儿来说，远大的理想显得有点虚无缥缈，只有真实的感知和体验，才会收获真实的情感。实施国庆节活动，应该注意以下几点。

首先，注重本地爱国英雄和杰出贡献人物故事、传记的熏陶。

教师要注意搜寻本地"爱国"资源，即在幼儿所处的地域环境中，能够经常接触到的爱国相关文化，如通过博物馆、雕像、本地文化传记等，以多元而又自然的方式渗透到幼儿心中。在我园，节日节气活动更多的是与蒲江本地的爱国资源和不同年龄段幼儿发展目标相结合来开展。如蒲江有爱国英雄李家钰，周末时家长带领幼儿去了解英雄事迹，感受浓烈的爱国情怀。还有对教育事业做出杰出贡献的魏了翁，让幼儿在感受中了解那份坚持和无私付出的精神。

其次，要注意把握不同年龄段幼儿的发展重点。

不同年龄段的幼儿，理解和感受爱国的情绪情感是不同的，同时外显于他们能够落到日常具体的点滴的爱国行为也是不同的。所以，要找准不同年龄段幼儿的年龄特点和适宜的资源，有重点地激发幼儿的爱国情怀。不仅如此，在日常生活中，还要通过景点、特产、风俗文化等让幼儿潜移默化地感受自己的家乡和祖国，以切实行动来关爱周围的人、事、物。

小班主要是爱身边的人、事、物。幼儿在主题活动中，细致地观察到了身边的人，观察到每天都有人默默地为大家付出。如幼儿园每天都那么干净，也不知道是谁打扫的。在主题活动中，孩子们说要早一点来看看，结果发现是保洁阿姨每天很早就来把卫生做了，她们很辛苦，大家不能乱扔垃圾。在日常生活中做力所能及的事情，这就是小班幼儿践行爱祖国的约定。同时，小班幼儿在寻找幼儿园里的各种安全符号时，发现幼儿园的园徽像五颜六色的小脚印，但他们不知道这是什么意思，于是去询问中大班的哥哥姐姐，知道园徽是对幼儿园小朋友的美好祝福，原来幼儿园是这么爱大家的。整个过程，幼儿感受到了集体的爱，会表达爱，回报以爱。在每周升旗仪式中，幼儿感受五星红旗和国歌的庄严肃穆，从小知道听到国歌就要立即停止走动、哼唱国歌。小班感受爱国氛围，感受哥哥姐姐的爱国行动，落实自己每天的点滴行为，把饭吃完，就是爱每天辛辛苦苦为大家做饭的厨师们。

中班主要以热爱自己的家乡为主。结合新闻墙，在新闻播报中，幼儿以清楚的表征和完整清晰的话语描述新闻的能力就是在每一次感受家乡文化中得到提升的。幼儿每天都会以图画表征的方式播报自己身边的新闻。蒲江是生态县城，每个镇上都有独特的生态资源，如甘溪镇有明月村文化，成佳有茶文化，还有橘子文化和猕猴桃文化等，幼儿喜欢参与到这些文化活动中，感受自己家乡的美好。同时蒲江是水果之乡，一年四季都有新鲜的水果。幼儿喜欢吃，家长和教师都会组织幼儿去采摘，从而更加强烈地感受到家乡的美好，爱上自己的家乡，以自己的家乡为荣。

大班则是感受浓烈的爱国之情。幼儿会认识祖国的版图，在每天生活课程板块中进行新闻播报时，能够搜索国内新闻与大家分享。比如祖国成立70周年庆时阅兵式的新闻播报，幼儿亲眼见证，眼看耳听地感受到祖国的繁荣与强大。播报时，像解放军叔叔一样挺拔地站立，同时还用"飒爽英姿""国泰民安""万里河山"等成语描述，教师深深地感受到幼儿的爱国情怀。又如：大班幼儿在游览祖国大好河山时，喜欢用图画表征、手工制作等创作旅游日记。在日记中，幼儿能深切感受到祖国的美丽富饶，感受到不同民族的优秀文化，激发幼儿对各民族团结一心的美好愿望。为了在日常生活中浸润祖国传统文化，我们还会在午睡前后的准备时间播放传统古诗词和爱国儿歌给幼儿欣赏。

### （二）时令性节气活动案例解析

节气教育可以指导幼儿过更健康的生活。"一场秋雨一场寒，十场秋雨换上棉。""立夏栽茄子，立秋吃茄子。"这些俗语从穿衣到饮食再到娱乐休闲等风俗无不涉及，能帮助幼儿从小了解自然健康的生活方式。

节气教育可以丰富幼儿的生活内容，并为幼儿观察自然、感受自然与社会文化提供可能性。中国古代文人有许多因节气而写、为节气而写的诗词，幼儿从中能更好地感知自然的韵律和气息，从而真切地体会到融入自然、与自然和谐相处的亲密与诗意。

★清明—冬至—秋分—春分

在园内，可以结合幼儿食育资源特意在某个节气中安排相应习俗的餐点食物；在园外，可以带动家庭一起传递健康饮食文化给幼儿，培养会生活、懂生活的幼儿。

清明时，蒲江当地的传统习俗是都要做青团；从物品资源来说，探究做青团需要的材料，便于幼儿采买；从文化的深入了解来说，幼儿需要探究了解为什么要在清明做青团，而不是其他节日，吃青团时又有什么样的情感。清明节本身寄托的教育情感是值得并需要幼儿从小扎根于心的。还有引导家庭带领幼儿进行踏青扫墓等相关习俗传承，带领幼儿走进自然、亲近自然，在自然真实的情景下感知描绘清明时节的古诗句"清明时节雨纷纷，路上行人欲断魂"。

秋分时，响应春耕秋收，在饮食安排中带领幼儿感受五谷丰登的喜悦，食堂会有计划地为全园幼儿准备相关食品。同时利用园外资源拓展到家庭开展亲子制作，让幼儿在操作中体验节日节气的饮食文化。

冬至时，幼儿园在当周食谱中安排了羊肉，让幼儿通过味蕾的真切品味，感受到吃羊肉暖过冬的意义。

春分时，鼓励家长带幼儿踏青赏花，感受春暖花开，和煦春风。幼儿就在美好的大自然中，尽情观察、写生、记录，理解并运用相应高级词汇与古诗文"春眠不觉晓，处处闻啼鸟"等。

### （三）地域性节日节气活动案例解析

地域性节日节气活动，是我园连接园内外物质资源和社会文化资源开展与实施课程的有效途径。在边利用身边资源边总结中留痕留档，形成家园社多要素联动、人事物充分整合的全面系统资源库，为教师组织活动提供抓手。

★戏剧节、水果节：带动家庭教育，走进本土节日文化，丰富教育资源

蒲江本地人民在过春节的时候，由县政府牵头大力呈现的蒲江文化特色民俗故事衍生的"幺妹灯"戏剧文化，戏剧性地表现地方人文特色，是值得幼儿感受和了解的本地文化。每年过春节的时候，幺妹灯都会成为县政府为文化传承的重要推广节目，家长们也会带着孩子去感受欣赏。我园则有效利用家乡的戏剧资源，为大班幼儿的表演游戏提供相关经验。

又如中班的"水果"主题、"种植"主题等活动，家乡丰富的农业资源便可为孩子们的探索发现提供更广阔的调查空间。还有樱桃节、猕猴桃节、采茶节，都是家长带领幼儿去拓展经验进行高质量亲子陪伴的有效契机。

值得注意的是，这些园外资源的亲身体验更多的需要家庭带领幼儿进行，同时也能引发家长对幼儿园活动产生共鸣，唤醒家长对家乡文化的认同。与此同时，也让家长渐渐地成为课程的参与者。相比在节日节气到来之际，让家长无休止地为幼儿做手工，显然这样的家园互动、亲子陪伴更有意义。

### （四）现代性节日活动案例解析

现代性节日活动更适合融入到升旗仪式、小话题形式和日常安全教育中开展，如邀请相关专家和家长以"儿童的语言"进园开展相关专题演讲和演练活动。

★地震纪念日、节水日、爱耳日：在日常生活中自然而然地浸润

如地震纪念日，以前我园在纪念"5·12汶川地震"活动中，通常情况下都会选择较好的晴天来进行地震安全演练。后来，我们渐渐意识到，灾难从不挑时间来。所以，现在我园教职工会在不损害幼儿身体安全的情况下，适当地选择一些不同的自然天气，比如突然在小雨天气进行防震演练，让安全意识贯穿到幼儿的每个寻常时刻。

如世界节水日，从小班开始，每天餐前便后洗手时通过小班幼儿看得懂的环保物品辅助教育，比如我园教师会在墙上张贴节约用水洗手的方法，还提供有标记的节水小桶和大桶，水到了节水线，就需要把小桶中的水倒入大桶中，来解便的孩子就用瓢舀水冲厕所。同时在小班，还提醒幼儿用细水冲洗手等。到了中班，依托我园与自然相关的生命教育主题活动，在深入推进

自然主题探究活动过程中，自然会扩充到关于环保、健康、安全类的探究。大班孩子，在食育课程和主题课程以及运动课程中，会关注到身边的污水是怎么形成的、怎么处理污水、关注水与人类生存的关系等，让节水教育更好地融入日常生活中。

如爱耳日，我园的保健医生不仅仅只为幼儿灌输爱耳常识，而是抱着专业的教具进入班级用形象直观的模具让幼儿看到耳朵的结构，理解保护耳朵的原因，进而习得保护耳朵的方法。我们还会具体细化到对每一个幼儿进行听力检测，保健医生每日巡班检查中，监测幼儿的听力情况就是其中项目之一。在保健医生的推荐下，全园教室里都放置了一个小型分贝仪，在幼儿园的每个楼梯口都安装了可显示具体分贝数和带有警示铃的分贝仪，幼儿自然而然地就不会扯着嗓子吵到别人了。幼儿小声说话的好习惯也感染了家长，现在家长们也是轻言细语地和幼儿交谈。

## 三、自然教育节日节气课程的实施要点与建议

节日节气是幼儿连接社会和丰富文化资源的重要载体。幼儿作为社会人能够在节日节气中感受表达丰富的情感，制作品尝节日节气的美食，继承和发扬优良的中华文化传统，从对一些事件的缅怀和纪念中学会感恩，学会爱与被爱，从而丰盈内心丰富生活。因此，幼儿园开展节日节气课程时，需要重点把握以下六个关键点：

### （一）注重不同年龄段幼儿经验的可持续发展

要注重幼儿在节日节气活动中经验的持续积累。幼儿对节日节气的感知体验经验是一个积累的过程，所以要把握好节前、节中、节后经验的持续关注，而不是节日当天或者节日过后幼儿经验也随之结束。同时，节日节气教育还需要注意幼儿能力与精神发展并重。

★案例解析：过新年

我园的春节节日活动是一系列活动的延续，我们将元旦、除夕、春节、元宵融合为"新年月"活动。元旦前，幼儿进行新年习俗研究、家园新年环境布置，制灯笼、剪窗花等活动自然融入。元旦时，全园开展亲子运动会、包饺子等活动，感受团圆气氛；春节元宵期间，家园结合社会文化资源，开展写春联、送祝福、编灯谜等活动……

如小班，幼儿会提前欣赏到哥哥姐姐在幼儿园设计、装饰的节日节气环境作品，并将经验迁移到本班的区域活动进行班级节日环创，感受通过自己的行动来创造环境的美好。各班级还会在每周末推送新年食谱，鼓励家庭开展食育活动。亲子制作春节诸多食物的过程，是打通家园社一体化教育的良好路径，有效促进了幼儿的家庭教育。拿包饺子来说，亲子购买食材时，需要围绕购买哪些食材、如何购买食材等问题展开探究，充分调动小班幼儿运用多感官去直接观察了解相关食物的积极性。在包饺子过程中，家长可以一对一地引导幼儿初步感知饺子的形状和包法。幼儿只有在基于真实生活需要的探究中积累经验才会更为深刻。

如中班，幼儿则会以小话题的形式循序深入地展开对春节的讨论，他们会提出"为什么会有春节""小朋友们都是怎么过春节的"等等问题。随后围绕问题去调查询问身边的人，去图书馆或者找父母帮忙寻找原因，再将听到的看到的通过绘画的方式记录下来，第二天到班上进行经验分享。

有了在中小班过春节的梯度式的经验铺垫，大班幼儿对节日节气会有更深层次的见解。他们对于春节有持续深度的关注，在游戏课程做游戏计划或者生活课程中会每天关注到日历，他们敏锐地发现春节到来的时间。在有了关于春节的话题讨论和充分经验储备后，大班幼儿便开始有计划地开展春节活动，先做个新年计划，解决包括班级制作环境装饰的分配问题，调查统计不同幼儿对手工制作春节环境装饰的不同兴趣，从而整合班级区域游戏材料和家庭材料有的放矢地制作。不仅如此，我们还将幼儿园大环境的新年环境布置交由他们来打造，将其在游戏中制作的作品有层次有计划地进行展示。

### （二）注重幼儿各领域经验的整合发展

幼儿的经验要如同编织草席一般才能紧密生长，因此，我园十分注重园内多种课程经验的相互整合，让幼儿在节日节气活动中同时与多元活动相结合，以获得全域和整合发展。

★案例解析：六一节

"六一"是属于孩子们的节日，要真正让幼儿过自己的节日，做自己节日的主人，就要引导幼儿参与设计和策划一系列活动，这样幼儿不仅能获得满满的成就感、自主感，还能通过点点滴滴的小事提升能力，通过多种活动感知和体验，从而获得全面整合的发展。

1. 幼儿在游戏中获得表演素材和经验

六一节都有表演活动，我园从来不是节前"加班加点"，违背幼儿的身心发展规律和扼杀幼儿表现欲望，练习表演节目，而是激发幼儿兴趣，充分尊重幼儿对自己活动的想法。我园搬上舞台的表演节目都是幼儿在日常的表演游戏课程中自然的表演内容。表演主题从每日的游戏和生活中生发，也可以从阅读中生发，在推进童话剧的过程中，自然而然地让幼儿喜欢表演游戏，更喜欢上舞台把自己的表演呈现出来。幼儿既在游戏中获得合作能力、

语言表达、想象力、问题解决能力等方面的发展，又能自信地在舞台上展示自己和同伴的表演游戏，实现幼儿的发展和家园联系的双赢。

2. 在有计划地为自己的游戏做准备中获得发展

在获得表演任务后，幼儿会有计划地对自己的游戏进行规划，他们需要对自己的游戏进行材料规划、情节创想等。要把个体想法和小组融合，就要在小组协商过程中，敢于提出自己的想法，聆听接纳同伴的想法，读懂同伴的计划，最终大家讨论出游戏材料和情节，保证游戏有目标、有准备、有合作地进行。在这过程中，幼儿的倾听和表达、同理心、观察和理解、思考与反驳等能力和情感都能得到发展。

3. 在游戏课程中表达和表现

计划出游戏材料后，幼儿有专门表达和表现自己想法的地方，即在区角游戏中，幼儿会利用材料超市的各种材料，根据自己的表演计划制作出表演道具，尽管没有那么尽善尽美，但幼儿在其中能够有目的、有计划地进行创造和表达。

4. 在节日节气中不断积淀和丰富经验

小班幼儿由于年龄特点，主要以欣赏哥哥姐姐表演为主，初步感受童话剧。中大班幼儿主要在表演区推进，通过每次游戏后的讨论和小结生成童话剧的表演内容，幼儿自主设计活动，还会邀请家长参与到童话剧中。从小班的感受到大班的自主规划，幼儿的经验是层层积累、不断丰富起来的。

5. 在节日节气中感受公平和竞争

教师主动将发展机会还给幼儿，他们会以主人身份胜任这份看似复杂的工作，教师会真正看到幼儿的力量。如：大班幼儿筛选主持人，每个幼儿都有机会成为主持人，先由各班幼儿主动报名参与，准备好自我介绍和才艺展示，进行班级筛选，再参加年级评选，而评委就是大班的孩子，由他们投票选出最后的主持人。每年我园教师都把幼儿期望的主持人形象决定权交还给全园小朋友，先由班级讨论，再由爸爸、妈妈和孩子筛选，最后确定主持人形象。幼儿在此过程中，学会去接受挑战、勇于表现自己、遵循公平公正的社会规则等。

6. 各领域经验的自然融入

我们还将与社会产生连接的任务，如采购服装、布置环境等，全都放手交给幼儿。即最大化地利用节日带给幼儿各方面经验的发展机会，让幼儿全域经验得到发展。如：童话剧表演服装的购买也让幼儿参与其中。其中也会出现每个人到底穿多大的衣服等现实问题，这又为幼儿的数学学习提供机会。如认识身高刻度（身高刻度，一小格代表1厘米），自然地融入100以外的数字，然后去量一量就知道了；小组设计身高记录表（要素：小组名称、姓名、身高），迁移测量经验，小组测量并记录。怎么统计呢？梳理方法：做标记（同一个范围内的数用同样的标记、个性化标记），接着分工、合作（每人找一种、每人找一列，方法多元化），最后统计数量。这就是幼儿运用数学解决实际问题，是幼儿数学认知的核心价值所在。

## （三）注重家、园、社资源的整体融合

好的教育模式一定是家、园、社共同努力的结果，任何课程、任何活动都应该有家、园、社资源的融入，这样的课程活动才会有深度、有灵魂，孩子才会成长得有意义。同时，把握好身边资源，依托园内活动拓展到身边社会资源，又会不断丰满园本课程，丰盈幼儿内心。

★案例解析：桂花飘香　情满中秋

1. 园内资源的利用

每年中秋佳节来临之时，也正是幼儿园里桂花飘香之际，满园都弥漫着沁人心脾的桂花香。教师利用餐前饭后时间带幼儿驻足欣赏感受，很多幼儿便开始自发地捡拾掉落在地上的桂花，爱不释手。

教师便捕捉了这样的教育时刻，引导幼儿了解桂花开放的时节就预示着我国传统佳节中秋节的到来，并鼓励大班幼儿先靠自己的力量去调查了解什么是中秋节，中秋节可以干什么，然后再将自己收集来的信息全班分享，激发大班幼儿自主解决问题的能力和经验共享的意识，并获得对中秋节节日的多种认知经验。如：中秋节要吃月饼，月饼圆圆的形状就表示团圆，一家人要在一起，中秋节还可以吃桂花糕、喝桂花酒、赏月……

于是，教师便根据幼儿调查所得经验，进一步鼓励幼儿与园内的多种资源进行互动，将节日环创、食育课程、区域游戏课程相结合，唤醒幼儿关注时令食物和季节的关系以及巧妙利用身边自然资源，学会感受美好生活。

（1）收集桂花制作节日美食

教师和幼儿一起联系幼儿园后勤人员，帮忙在幼儿园里的几棵桂花树下铺上薄膜，收集新鲜干净的桂花，并进行全园分发。

（2）从幼儿计划中读懂童言童语

教师鼓励大班幼儿提前做好利用桂花的计划。在这个过程中，幼儿要思考如何用最精炼的语言来计划步骤。为什么要做这样的内容和计划？可以说，计划也是幼儿语言发展和逻辑思维能力的一次提升。幼儿根据自己的兴趣和经验，了解清洗筛选桂花的方法，收集多种多样的桂花美食制作方法，如桂花月饼、桂花糕、桂花奶茶。还有的说，自己爸爸经常在外面喝酒，外面的酒也不健康,想拿桂花亲自为爸爸做一壶桂花酒,这样爸爸就能天天在家里喝健康的酒,也可以陪伴自己了……

2. 家庭拓展关注园外资源

当幼儿把桂花和计划表带回家时,教师也将节日活动计划发送给家长,希望家长共同辅助幼儿完成这份计划,开启有意义的中秋之旅。家庭在辅助幼儿完成桂花美食制作计划时又发生了新的碰撞,幼儿发现从幼儿园带回去的桂花数量太少了,想完成一份美食制作根本不够。

于是,教师在收到幼儿和家长反馈后,又把"解决问题"的球抛给了幼儿和家庭。因为我园所在地是一座生态小县城,这里山清水秀,四处绿树环绕,县城各个社区、街道都种了许多桂花树,且品种多元,值得幼儿去观察拓展丰

富经验。教师便鼓励幼儿与父母一同寻找身边的桂花,进行调查、辨别、收集、筛选。于是,幼儿发现园外的桂花颜色不一样,品种不一样,还建议幼儿园也种上颜色不一样的桂花树品种。

活动过程中,关于社区里的桂花收集,幼儿与家长都是本着生命教育的原则,在得到周围人允许的情况下进行的。巧妙利用区资源后,家庭就收集储备了足够的桂花,家长便和幼儿一起配合展开了一次中秋美食制作,幼儿学会合作,学会表达爱意,感受到了中秋节的意义——团圆。

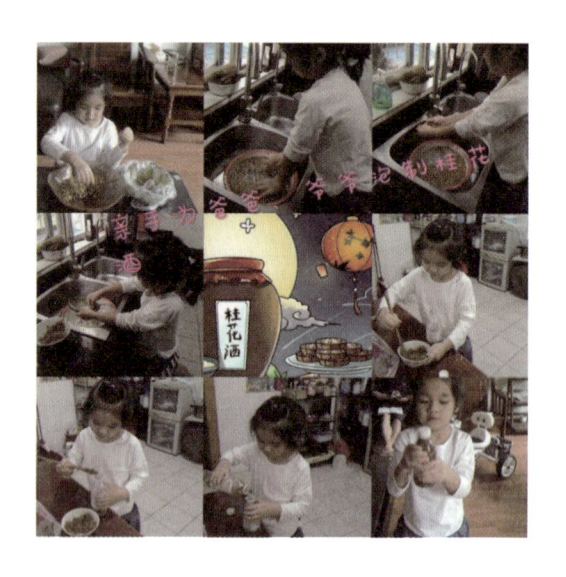

## (四)在环境中蕴藏节日节气教育

幼儿的发展不是一蹴而就的,幼儿对节日的认知理解也绝不是一次活动体验就能内化于心的。教师在节日节气活动开展过程中,还要注重多种环境氛围的营造,通过多种载体形式,共同将节日内涵、节日趣味渗透进幼儿的生活,浸润他们的内心。

★案例解析:节日节气环境与幼儿的发展

1.巧用升旗仪式为幼儿搭建表达表现的舞台

利用升旗仪式环节,师幼、家长代表向全园师幼演绎《嫦娥奔月》等中国传统神话故事,师生感受文学作品的魅力和中国传统文化的滋养。

2.创设小话题墙观天文探节日背后文化

大班师幼会共构一面中秋节小话题节日主题墙，提前一个月开始，持续关注记录月亮变化，欣赏月亮的阴晴圆缺之美，感受"团团圆圆"的内涵。最重要的是，探索发现过程中一些高级优美词汇在真实情境下慢慢积累，不断激发并维持幼儿的好奇心和求知欲。

3.联结区角游戏给幼儿创造艺术表现的空间

我们还在开放的区域活动中，让幼儿玩转花样月饼，提升审美能力，发展创造力，体验节日趣味。同时，把节日环境创设权还给幼儿，让他们用自己的作品和想法装点节日环境，真正做到以幼儿为中心来构建属于幼儿自己的快乐生活场。

## （五）抓准各节日节气活动的独特内涵

传统的节日节气经历了漫长的发展，积淀下中华民族的优秀文化。由于时代不同，如今人们对传统节日仿佛只追求片面的热闹和表面的过节，而忽视了对传统节日的饮食文化氛围的感受和对一代代人优秀文化的传承。所以从幼儿园时期开始，我们就要根植幼儿对节日饮食背后文化内涵的感知，对不同年龄段的幼儿，在日常节日中渗透相应的节日饮食文化教育。作为教育者，大家需要弄清楚节日节气活动背后的意义，让幼儿了解节日的文化内涵，感受和体验与节日节气有关的活动意义。

★案例解析：劳动活动的补充和展示——五一劳动节

在我园，幼儿的日常生活中自然渗透着劳动练习，大家在教师的引导下总结打扫和整理的方法，感受整洁、干净给生活带来的便利和舒适。教师要激发幼儿的劳动意识，让其渐渐爱上劳动，让劳动成为一种自然而然的习惯。劳动节当天，我们安排的节日仪式感即各年级组幼儿通过舞台展示自己平日里点滴劳动成果，既让幼儿有慢慢的成就感，又能充分地激发幼儿的劳动意识。那么，该如何让幼儿在日常生活中感受劳动的快乐，践行劳动意识，诠释劳动节的内涵呢？

1. 注意各年龄段幼儿的劳动重点

只有充分把握幼儿的年龄特点和发展目标，才能更好地把握不同年龄幼儿的劳动重点，做到有的放矢地培养幼儿的劳动意识，落实劳动行为。

在我园，小班主要培养的是对自我的服务：小班幼儿根据穿衣步骤图，主动尝试摸索穿衣服。在科学领域中，小班幼儿看懂图示是需要连接其他经验的，如认识数字或者替代物点的意义；仔细观察图示内容，分清衣服的里外和前后；感知不同类型衣服的不同穿法，如带纽扣的衣服、有拉链的衣服和套领的衣服，穿法是不同的，这也是幼儿逻辑思维发展的过程。同时在穿衣过程中，要不断增强幼儿的意义注意，让幼儿在自我服务过程中，发现自我潜能，原来自己是能够做好事情的。从行为练习转化为自我效能感，既是迁移经验到自我行动的过程，又是培养主动感和意志品质的关键过程。中班幼儿的自我管理可体现在根据自己的饭量来盛饭，盛多少吃多少。这既考验了中班幼儿对自我的管理，同时也培养幼儿做教师的小帮手。大班幼儿的自主管理主要体现在有计划地整理自己的书包，并延伸至对自己的出行进行筹备和收拾整理。

2. 注意日常渗透劳动意识和劳动能力的点滴积累并融入幼儿全域发展

我园有每周一次的大移除活动，幼儿可以了解许多新事物和劳动工具，认识它们的性质和用途，并从实际操作中学到劳动知识和简单的操作方法；这能在劳动中观察想象劳动后事物变化的样子，与同伴之间有交流，有时还会提出问题，互相商量。在此过程中，幼儿的注意力、观察力、想象力、思维力和语言表达能力都有所发展。

小班幼儿本就喜欢拿东西磨磨蹭蹭，因此，可为小班幼儿提供一些简单的劳动工具，如小方巾，他们在擦的过程中会发现方巾该怎么拿才更好擦。通过仔细观察保育阿姨消毒时擦餐桌的方法，他们发现要把小方巾叠一叠，像折纸一样对折再对折，这样就便于拿在手上擦拭。在叠小方巾的过程中，幼儿会主动发现正方形对折一下就变成了三角形。在叠的过程中，有的幼儿还会与同伴分享自己叠的形状，如把叠的三角形想象成房顶、三明治、轨道等。在打扫过程中，幼儿自然又会发现和提出一些问题："老师，我刚刚才擦过，某某同学又去擦。"教师可以把幼儿发现的问题再次提出来让大家讨论："怎么知道哪张桌子已经打扫过了呢？"他们提出，先用眼睛看看是不是脏的，再用手摸一摸，是不是湿湿的，湿湿的就不用再去打扫，如果是干干的就再摸一摸看看手有没变脏，这样就能避免重复打扫。

教师还可鼓励幼儿像寻宝藏一样去发现更多需要打扫的地方。通过使用简单的工具如帕子、刷子打扫自己的桌子椅子。通过完成自我服务，激发幼儿参与劳动的兴趣，积累简单的打扫方法。再让家长周末回家和孩子一起整理家务，如该怎么有序地整理鞋柜，是按颜色、样式、大小分类还是按穿的季节分类呢？在整理过程中，幼儿自然而然地就学会了分类和观察物品与生活的关系。

到了中班，幼儿的劳动意识已经初步形成，他们会通过对比观察的方法，发现工具的不同使用方法以及打扫的清洁程度不同，他们发现街上的清洁员扫地会用大扫帚，而室内用的是小扫帚，都是扫地，为什么选择的工具会不同？通过对比发现，可以根据场地的大小选择工具。打扫就仅仅是把脏东西弄干净吗？还有整理和增添，怎么整理呢？我园每间教室里，不管是教师的材料还是小朋友的游戏材料，都是按材料的属性进行分类的，如纸类柜子，幼儿能有依据地介绍自己的分类，如根据不同种类纸的用途来分，还有根据大小来整理，根据使用程度来分等。教师把整个班级的物品管理权还给幼儿，每学期开始前，教师和幼儿都要规划教室里的物品，把闲置物品找出来归类，是工具类的还是游戏材料类。幼儿在整理过程中，会自主到闲置区域补充相应的材料。这样从中班开始，幼儿就会初步有计划地和同伴一起打扫自己的活动室和寝室。

大班主要是以大团队安排计划分工后进行打扫。教师将幼儿园平面图分给大班幼儿，大家筛选出需要打扫的公共区域，同时让各大班幼儿商量出一致认为公平的分配方式。打扫时幼儿发现，共用游戏场地的材料需要增加，他们提出材料不能只按照自己班级所需增添，而要询问各班需要后再进行材料的增加。

我园认为劳动节不是五天的长假，也不是吃喝玩乐的节日，而应该借助这样的节日帮助幼儿真正感受劳动的内涵。对于幼儿来说，劳动不是在节日当天或者节气前才去感知和准备的，而应在日常劳动行为中浸润，幼儿的劳动节也不是仅仅在某一天，而是在每一天的点滴生活中，这是劳动意识和能力养成的一个过程。

### （六）与其他课程的相辅相成

所谓渗透式节日节气活动，指的是该类活动的开展与园本课程紧密结合，是为园本课程的实施而服务的。我园在筛选节日节气活动内容时会遵循与课程自然融合的"查漏补缺"。在我园自然教育课程体系中，游戏课程主要以幼儿各种类型的游戏为载体，而运动课程和生活课程涵盖的内容则更为全面，但幼儿的实际发展却不好评价。我园充分挖掘日常生活课程中零散的经验与节日节气活动连接起来，实现各种课程无缝衔接、自然融合。

★案例解析：展示运动能力和运动精神——元旦

我们依托元旦开展亲子运动会，弥补了在日常课程中运动课程经验的不足，将平时的经验做一个全面的呈现。混体游戏中幼儿自由自主地进行运动，有利于激发幼儿广泛的运动兴趣，但幼儿的运动能力和强度仍有所欠缺。为了弥补这一不足，在每天下午的运动中，小班由班级教师组织体育活动进行专项训练，中大班幼儿则是下午由专职体育教师带领年级组进行体育活动，以积累孩子们的运动能力经验。

今年，第24届冬季奥林匹克运动会在我国北京和河北张家口隆重举行。习近平总书记指出，办好北京冬奥会、冬残奥会是党和国家的一件大事，是对国际社会的庄严承诺，做好北京冬奥会、冬残奥会筹办工作使命光荣、意义重大。因此，我园结合冬奥会和园本节日节气课程新年月，策划开展了"迎冬奥 爱运动 享生活"园本运动月系列活动。我们期盼通过系列活动增强师幼身体素质，充分利用家社资源，共同培养幼儿热爱运动、坚韧、勇敢等美好品质，真正落实家园社教育一体化，让幼儿全方位地感知和体验运动会精神，为自己的活动做足准备，从而在系列活动中获得全域经验。

1. 节日前，充分感受运动文化

节日前，小中大班幼儿都在紧锣密鼓地忙碌着，小班教师已经根据运动会和元旦习俗的特点在区角游戏材料超市中投入相关材料，便于幼儿对元旦和运动会进行表现创造。中大班幼儿已经开始自主设计运动会会徽，先由班级筛选出3个会徽设计，再进行全园幼儿网上投票，最终选出本次运动会的会徽。不仅仅是会徽，还有运动会的幕布、幼儿园

的运动会环境创设，都是由中大班的孩子总体规划，分工合作完成的。

运动会项目也是由小中大班幼儿共同选择的。大家根据自己对运动会的了解，结合我园混体活动、年级组体育活动情况，在班级中投票选出最受欢迎的3个运动项目，以全园都能看懂的图夹文的方式呈现，全年级组投票后结合体育教师的专业判断，最终筛选出小中大班不同年龄段的比赛项目。元旦前，幼儿根据自己的兴趣和能力自选参赛项目并进行相应练习，幼儿会自发地在混体和年级组体育活动中或者回家后，坚持自己进行项目训练。

我们还整合多种课程，如食育课程，通过调查了解运动员的饮食规律，向负责每周食谱的保健医生建议，为小小运动员安排运动员式餐点。保健团队会在科学膳食的情况下采纳幼儿的合理意见。

2. 节日中，自信展示运动能力和积极向上的运动精神

比赛当天，分不同年级组进行项目比赛，有个人比赛，也有小组和团队比赛。我们从学前期就开始培养幼儿"友谊第一、比赛第二"的运动精神，同时增强幼儿荣誉感和集体意识。幼儿天生就有向师性，所以不仅有幼儿的运动会，还有教师的运动会，让幼儿感知教师也是运动员，塑造榜样的力量，哪怕输了，也要展示出勇敢精神。

3. 运动经验和精神为幼儿的后续发展铆足劲力

节日后，通过一些对运动活动的规划和设计，以及运动精神的感悟讨论，让幼儿喜欢上运动，坚持参加运动，同时将平等、公平、积极向上的运动精神融入到生活中。

我园根据园本节日节气活动内容进行了相关课程方案的经验梳理，从节日节气本身内涵出发，挖掘利用身边的家社资源，以全园卷入的参与方式以及从幼儿本位出发探究问题，梳理形成了一套园本节日节气课程方案资源库，

如下表。

六一儿童节活动组织与实施指南

| | 核心价值 | 师幼获得的核心经验 | 家园社可利用的资源 | 实施策略与方法建议 |
|---|---|---|---|---|
| 儿童节 | 自由自主、发展创造、社会交往 | 幼儿：<br>自由自主<br>社会交往<br><br>教师：<br>期待祝福<br>关爱幼儿 | 1.园内资源：幼儿园教职工、LED大屏幕、各班级幼儿、室内外环境等<br>2.家庭资源：家长、美食等<br>3.社会资源：本地六一节活动、周边各大场地等 | 小班：<br>1. 知道儿童节是自己的节日，并主动表达自己的节日心愿。<br>2. 自然融入到班级其他课程中。<br>4. 将儿童节相关活动照片和作品呈现于节日节气墙、门厅等处及园所公众号上，多途径进行经验分享。<br>5. 观看本地儿童节活动，感受和体验儿童节的不同表现方式。<br>6. 开展儿童节童话剧庆祝活动，并观看一部有意义的电影。<br>7. 儿童节当天和家长出行游玩。<br>8. "大带小"话成长。<br>中班：<br>1. 和教师、家长商量想怎样过节日。<br>2. 自然融入到班级其他课程中。<br>3. 将儿童节相关活动照片和作品呈现于节日节气墙、门厅等处及园所公众号上，多途径进行经验分享。<br>4. 观看本地儿童节活动，感受和体验儿童节的不同表现方式。<br>5. 开展儿童节童话剧庆祝活动，提前参与装饰幼儿园，并观看一部有意义的电影。<br>6. 儿童节当天和家长出行游玩。<br>7. 对比小班和中班的不同，记录自己的变化。<br>大班：<br>1. 提前计划自己的节日，并做好准备。<br>2. 自然融入到班级其他课程中。<br>3. 将儿童节相关活动照片和作品呈现于节日节气墙、门厅等处及园所公众号上，多途径进行经验分享。<br>4. 观看本地儿童节活动，感受和体验儿童节的不同表现方式。<br>5. 开展儿童节童话剧庆祝活动，提前参与装饰幼儿园，并观看一部有意义的电影。<br>6. 儿童节当天和家长出行游玩。 |

续表

| | | | 7. 对比小班、中班、大班的不同，记录自己的变化，憧憬未来的成长。<br>8. "大带小"话成长。<br>教师：<br>1. 开展大儿童的搭建游戏活动（如结构游戏体验、科学活动体验、表演游戏体验等），以儿童的视角来感受孩子的游戏。<br>2. 与孩子一起筛选儿童节的歌曲，一起表达与表现。<br>3. 与孩子一起庆祝儿童节。 |
|---|---|---|---|

### （七）注重开展前后勤一体化的活动

前后勤一体化的节日节气课程，将幼儿与教师的活动自然融合，实现了资源的互补与融通。如：国庆节，依托"爱家乡爱祖国"的节日内涵之一，我园分别从幼儿园职工、家庭社会层面开展"我游历的祖国美景"活动，并进行照片展，帮助幼儿看见更辽阔的祖国，实现团队整体的文化素养及内涵的提升。在这过程中，也带动教师观念的转变，更加整体融合地看待问题，同时促进师幼之间更好地互动。

# 第四节 自然教育节日节气课程的评价

## 一、自然教育节日节气课程评价的原则

费尔德曼教授和加德纳教授在《多元智力理论和儿童能力评价》中文版序中指出："在过去，教育系统成了筛选机器。它持一个标准，并看谁适合这个标准才让谁受教育（在中国也是如此）。而现在我们的目的是让每一

个儿童都受教育，这就要倡导一种完全不同的方法，让教育去适应每一个儿童的水平，并让他们得到最大限度的发展。"他们倡导"教育的这一重新定位""把评价学习的方法以自然的（也是系统的）方式融入到幼儿园教室里每天的日常活动中去"。因此，我园认为，在进行节日节气评价时，应倡导以下几点原则。

### （一）注重评价的过程性

儿童的学习和发展是循序渐进的过程，这就告诉教育者在进行节日节气课程评价时，不能片面地在某个特别的时段或某个特别的节日节气来进行评价。

因为，幼儿在节日节气课程中的经验仅仅是课程实施阶段的关键表现，教育者还要更多去看节日开展前期、中期、后期，幼儿是如何将经验反映到自己的生活中，应正确理清各个节日节气背后的相关核心经验，建立正确的价值观。

### （二）注重行为的累积性

《指南》开篇建议中提到：我们不能用一把尺子衡量幼儿。由此，在评价时大家切忌用幼儿当场活动的表现来一刀切，从而否定幼儿的发展。需要综合地看幼儿园各个课程之间是否关联了幼儿的节日节气相关经验，也许幼儿作品表达不完整但幼儿语言又能清晰地表达。

如：中秋节活动中某个幼儿在全班团讨中没有积极参与讨论，但随后该幼儿却能在区域活动中进行月饼、灯笼等相关节日文化作品的制作，而且非常投入，还能在游戏课程中与小组同伴以中秋节吃团圆饭为主题创造性地开展游戏。

因此，教师不能在一次活动中就片面地认为幼儿认知浅、能力弱，而要从多个活动中全面观察幼儿经验的呈现。

### （三）注意生活的常态性

节日节气课程的开展更多的是与幼儿日常生活紧密连接，幼儿生活不仅有幼儿园还有家庭和社会中大大小小的人、事、物，因此，节日节气课程的评价更需要关注幼儿日常生活中各个行为表现的点点滴滴。在评价幼儿在某个节日节气活动中的行为表现时，不能非此即彼，更不能坚持固有的生活习惯让某个节日经验一成不变。因为不是每一个节日节气活动都需要在幼儿园集中开展，所以有的节日节气活动我园教师会指导家庭带幼儿融入到社会中去个别化体验，从而达到更好的个体支持。只有在社会中感受多种人文风情，体验多元化的过节方式，才能让平淡的生活变得有趣。因此，要克服学校教育弊端，园所可以根据每个节日节气背后不同的文化内涵，邀请社会名人（即相关物质、文化传承人，有经验的人）参与其中。让幼儿园、家庭、社会文化共同融合浸润，实现自然的生活样态，多维度地为幼儿行为和节日节气课程本身提供评价风向标。

如：在过新年的节日活动中，我园教师首先引导家庭带领幼儿进行社会调查，由此，幼儿便了解到过年有逛庙会、张灯结彩、挂对联、贴福字、画年画等传统习俗。我园便顺势邀请了当地有名的书法家入园展示相关文化，为幼儿的节日表达进行指导，进一步提高幼儿对"新年"内涵的认知。

## 二、自然教育节日节气课程评价的指标

### （一）自然教育节日节气课程评价指标的解读

节日节气作为我园重要课程之一，其评价主要分为两个方面：一方面是关于节日节气课程核心经验的理解，主要是对文化的理解；另一方面是整合拓展，主要是整合五大领域的经验，比如倾听与表达、人际交往、表现与创造、情绪情感以及生活习惯与能力等相关内容。

该指标主要分为三个阶段，每个阶段都是递进关系，从表现行为1到表现行为5，可根据幼儿相关能力进行动态评价。每学期分为前中后三个阶段，

教师可以从大中小班幼儿的发展点出发进行相关评价。需要特别注意的是，这个评价并不是终结性的，它反映的是一个连续的动态过程，幼儿在三次评价过程中处于什么样的状态，是停滞不前还是有所进步，要结合个别幼儿的实际情况进行更进一步的分析与反思。在这个评价里，不仅可以更具体地分析每个幼儿在这个课程中的能力点，还能关注到本班幼儿大致处于哪一个阶段，以便对下一步课程实施作反思与调整。此外，还有一份分析表，能结合相关具体的课程与幼儿具体的行为进行分析，其中有调整的策略还有反思，不仅要分析班级整体的情况，还要分析班级个别幼儿的能力以及需要得到关注的情况。

### （二）自然教育节日节气指标的使用

在使用指标时，教师没法在活动现场拿着指标对照幼儿进行一一测评，但是在活动后单纯靠教师的印象进行打分也过于主观，其评价的真实性也就有待推敲。那么，这些指标评价的依据又是什么呢？在每个活动过程中，幼儿都有相关的影音记录、绘画或是相关调查表等，教师可以将这些作为评价的参考。在进行阶段性评价时，教师便可以依据这些资料对照指标中的能力点进行评价。

使用指标初期，花费的时间较长，因为对表的内容不熟悉，需要逐一对照查看。但是，这种对照评价的方法非常适合新教师使用，拿起来就能用。使用几次后，这些指标便慢慢内化于心，不仅能在评价时更清楚，而且在课程的实施过程中也能潜移默化地将这些能力与目标融入活动中，让活动更加灵动丰富。

## 三、自然教育节日节气课程评价的方法

教师在进行节日节气课程评价时，切忌让课程评价成为有色眼镜，这不仅仅是对某个幼儿或者某个活动进行评价，而应该是多方的、多维度的评价，目的在于促使大家更关注幼儿个性而又全面的发展，并以此来不断调整、跟

进、改善课程，促进多方的经验共同发展。

### （一）游戏故事法

游戏故事法是指幼儿将自己的游戏、生活等经历通过绘画的方式记录表现出来，再通过幼儿自我讲述与教师或家长的文字记录相结合。绘画作为幼儿百种语言表达之一，是幼儿用来宣泄情绪并传递给成人非常有效的方式，在幼儿园里引导幼儿绘画"游戏故事"，是成人读懂幼儿推动课程实施的重要途径之一。因此，节日节气活动的评价也可以从幼儿绘画的游戏故事中去读懂其行为、经验，并使其成为教师、家庭反思教育活动的契机。值得注意的是，节日节气活动的游戏故事需要配合幼儿园其他课程和幼儿生活来使用，比如幼儿能在记录自己的幼儿园游戏课程故事时描绘表达出"节日节气相关的内容"，那么就成为解读幼儿节日节气经验表现的工具。

以下是中班幼儿刚刚经历完国庆节活动后的一次游戏故事记录。家长辅助幼儿文字记录，内容大致表现了孩子们在娃娃家游戏中，还原了自己现实生活中的节日经历，一家人欢度国庆的情节。当我看到这篇游戏故事时，为了更准确地解读幼儿的行为想法，便进一步对幼儿进行追问，幼儿借助自己的游戏故事进行了更为细致的表达。他们各自分工，有的去材料超市取了一些花朵装扮家里，有的取了许多自然材料回家制作了一桌丰盛的佳肴。他们享用完美食后，宸宸就提议："我们一起放烟花吧，国庆节要放烟花庆祝。"于是，一家人就从材料超市寻找了一些五颜六色、质地轻盈的丝巾作为烟花，纷纷往天上抛，玩起了放烟花庆祝国庆的游戏。

正因为游戏故事，才让我们成人有机会看到幼儿的思想，发现和捕捉到诸如此类的有价值的信息。看到了幼儿对"国庆节"印象深刻，更反映了幼儿园节日节气课程的有效，帮助幼儿将爱国情怀扎根于心，反映于行。所以，游戏故事法理应成为教师评价节日节气课程的不可或缺的途径之一。

### （二）作品分析法

作品分析法是通过收集幼儿在节日节气活动中有代表性的手工等作品，分析幼儿在节日课程中的发展。

如过新年时，孩子们知道并有兴趣进行与新年相关的装饰制作。有的做了小鱼，体现了劳动人民对生活的美好期盼，希望年年有余，蕴藏着浓浓的人文信仰。有的做挂饰、剪窗花，将教室和家庭进行装点，也反映了幼儿良好的人生态度和生活习惯。

如教师节，幼儿和家人一起制作了书信，涂涂画画中发展了前书写能力，更是体验了多元且又美好的与人交往方式。中国人大多都是含蓄且温暖的，就像木心先生在《从前慢》这首诗歌里所说的，"从前车马很慢，书信很远"，

但正是因为这样的"慢"，才体会了生活中有所期待的美好。这也教会了孩子们大胆地表达自己的情感，如果不能说出来，那用书信表达也是一种很好的方式，也进一步了解了书信的内涵。这样的作品背后，更是简单而又美好地诠释了尊师重道的内涵。

还有诸如妇女节、我园园本性节日运动节等活动中，幼儿会结合区角活动、一日生活过渡环节或在家庭中，自主制作相关节日背景下富有节日节气情感的作品。如给妈妈制作一枚戒指，感谢妈妈生孩子养孩子的辛苦；幼儿园运动会后在家制作运动员入场道具牌，饶有兴趣地表演入场式等。教师通过观察、调查、询问、比较，解读幼儿的这些作品，便能知道幼儿是否将节日正确的内涵理解于心。

## （三）行为检核法

行为检核法，又称清单法，是把想观察的行为项目通过清单的方式排列成表格，然后通过观察，检查核对该行为是否呈现的一种方法。这种方法的优点是能够很快帮助幼儿园一线教师量化观察，缺点是只对某种行为做结果判断，不能详细地记录行为产生的原因和背景。因此，大家在使用检核法时更多是用于辅助，提供一些依据为节日节气课程观察指标做参考。

如过劳动节，前面案例已经很详细地阐述了。我园十分强调节日不仅仅

是当日之事，也不是一次就好的劳动体验，所以，为了直达劳动节背后的内涵，根据《指南》中对幼儿的行为发展建议，我们制订了一份《幼儿劳动能力检核表》，与家园一起观察幼儿的"劳动行为"表现样态，真正地落实节日是为了幼儿更美好而又从容生活的价值。这也是一次有效的家园合作契机，让家长也能用科学的眼光去观察幼儿的行为，去欣赏、纠正、促进幼儿必备能力的发展。

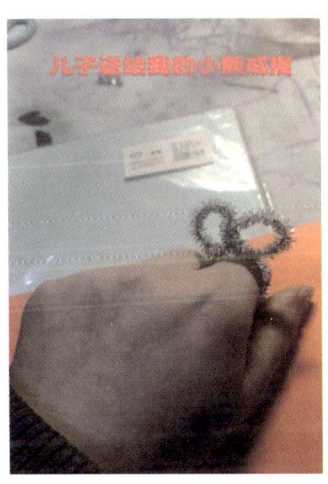

幼儿劳动能力检核表

| 类别 | 项目 | 是 | 否 |
| --- | --- | --- | --- |
| 自我服务方面 | 能自己穿脱外套和裤子 |  |  |
| | 能自己使用适宜的餐具吃饭 |  |  |
| | 能自己穿脱袜子和鞋子 |  |  |
| | 能自己叠被子 |  |  |

| 劳动意识和方式方法 | 能将自己玩耍的玩具等物品进行收拾整理 | | |
| --- | --- | --- | --- |
| | 愿意将即使不是自己弄乱的物品进行整理 | | |
| | 愿意自己洗自己的袜子、裤子等 | | |
| | 知道牛奶或者水洒了的处理方法 | | |
| | 知道常见的劳动工具（扫把、拖把、帕子等） | | |
| | 能有效使用相关劳动工具进行劳动 | | |
| | 能与他人配合进行劳动 | | |

综上所述，在幼儿园里，幼儿对节日节气的感受可以通过语言、音乐、舞蹈、绘画、手工作品等进行表达表现；幼儿之间可以相互欣赏点评；班级教师则可以通过访问幼儿、根据幼儿的百种语言与作品表达和日常观察，以及我园评价工具量表来进行综合评价；而行政后勤和教职工也会参与相关节日节气活动的策划和实施。因此，他们理应成为评价体系中不可或缺的一环。

## 四、自然教育节日节气课程评价的建议

评价的终极目标是为了促进发展。对节日节气活动进行评价，我园有以下几点建议。

### （一）评价要注重促进幼儿的发展

评价是为了让教师掌握幼儿已有经验、目前发展情况以及找到幼儿的最近发展区。所以，在评价过程中，教师可以根据每个幼儿的年龄特点横向地把握发展目标；根据幼儿自身发展情况纵向地发现幼儿已有的进步以及下一步的发展方向。只有将两者相结合，教师才能综合地分析幼儿发展情况，结合家园社罗列出方法和策略，促进幼儿共同进步。如评价幼儿在科学探究活动的发展，教师可以根据《指南》中相关年龄幼儿的发展指标，再综合该幼儿指标达成情况，发现下一步该如何支持幼儿科学探究能力的发展。

## （二）评价要促进幼儿园课程的发展

评价是为了帮助幼儿园进一步丰满和优化课程。在评价过程中，教师会从幼儿发展情况上映射出课程的优势和不足，以便于课程的所有实施者反思和调整，这也是幼儿园课程发展的契机。比如在节日节气活动中，需要感知传统文化、表达传统文化的机会很多，在家、园、社多方支持下，幼儿对中国传统文化的艺术氛围有了持续的了解，经验相当丰富。但节日节气活动就只是传统文化的表达表现吗？节日节气是有饮食文化的，是可以与我园的食育课程高度融合的，因此，教师在引导幼儿完整体验节日节气的同时，也要丰富幼儿的食育经验。

## （三）帮助不同层次的教师落地节日课程

不同教龄和年龄层次的教师，因为多种因素导致其在评价时视角是不同的，评价结果也有所不同。而指标就会成为新教师的风向标，成长期教师的跳板，成熟期教师的翅膀，不同的教师，发展方向也会不同。这个过程中，不同经验的教师对课程活动的理解肯定不同。比如："幼儿园适合过洋节吗？"新教师从幼儿的多元感受和表达表现来分析，幼儿园是可以过洋节的。但另一些教师就会衡量幼儿过"洋节"的价值，认为作为中国人，我们更应该过自己的节日，中国传统文化同样也可以多元感受、全域发展，还可以增进幼儿的爱国之情。因此，根据评价指标进行价值筛选，各类教师都会从中获得专业发展。

任何一种生命的成长都需要营养的补给，植物需要阳光、雨露、空气、土壤赋予的营养才能茁壮成长，如果缺失了某种营养元素，就可能长得残缺。同样，幼儿的成长也离不开多种营养的供给。只有营养均衡，才能滋养出一个身心健康、全面发展的幼儿。其中有一种"营养"在幼儿成长中必不可少，那就是仪式感。《小王子》中的王子问狐狸："仪式究竟是什么？"狐狸告诉他："它就是使某一天与其他日子不同，使某一时刻与其他时刻不同。"幼儿喜欢不期而至的惊喜，他们能敏锐地发现生活中的不同，更会记住每一个特殊时刻。仪式感让幼儿的生活丰富多彩，除了日复一日的学习外，他还有美好的愿望。这样的仪式感也是节日节气课程本身所承载的内涵所在。

因此，幼儿园应重视节日节气活动的开展，带领幼儿、教师、家庭、社会一起认认真真地过节，鼓励和赋予幼儿去创造生活和开拓新生活的勇气。所谓的仪式感，并不是说大家要花费很多金钱和精力去制造，而是带领幼儿感受这一天和其他日子不一样，不同的节日也有不同的方式去过，让幼儿了解生活是可以有不同的，不是每天都一样的。如生日要许愿、要吃蛋糕、要吃长寿面，是一种仪式，代表健康快乐；腊八节吃腊八粥，了解腊八节的由来，是一种仪式；端午节吃粽子、讲端午节的故事，也是一种仪式；国庆节一起唱国歌、举办爱国诗歌表演，更是一种仪式……仪式感不是为了宠坏幼儿，而是丰富幼儿的生活，让他们在平淡无奇的日子里也能有信心美好地生活。

# 第七章 自然教育课程的日常管理

# 第一节 当前幼儿园课程日常管理现状与思考

## 一、当前幼儿园课程日常管理现状

幼儿园课程日常管理，指的是与幼儿园课程运行相关事务方面的管理，其目的是为了更好推进课程高效有序地运行，其工作内容直指课程实施质量，且关乎师幼发展。随着当前幼儿园课程建设呈现"开放性、生成性、整合性"等时代特征，必然给传统的课程日常管理理念与管理方式带来新的挑战。尤其对幼儿园业务管理者而言，更需要审视、辨析、改善当前幼儿园课程日常管理中所存在的相关典型问题，着力从幼儿园课程日常管理的过程性、课程的共生性、评价视角立足儿童等方面入手，为课程质量落地和幼儿园、师生的发展增添助力。

传统课程日常管理侧重对教学活动进行计划、组织、检查、考核和奖惩，关注建立稳定的课程实施秩序以提高课程质量[1]。随着幼儿园课程建设的不断深入，课程日常管理的内涵和外延也发生了较大的变化。尤其是在幼儿园课程生活化、游戏化的全面推行过程中，课程日常管理面临着一些实际问题与挑战。

### （一）管理与课程协同性较差

幼儿园的课程日常管理虽然具有健全的制度，但在一线操作实践中，许多管理者都会认为，园所的课程管理是基于"安排与执行"制度的层面而展开的。管理者照章执行的过程中，缺乏为课程服务的意识，影响了课程活动的深度推进。由此，管理者的角色定位不准，忽略了课程日常管理理念和方式。课程日常管理制度固化与刻板、左支右绌等问题就显得比较突出。如因为课程日常管理欠缺为课程服务的意识，行政及教师"协同发展"精神无法

---

[1] 陈红燕：《教学辅助·教学监控·教学领导——学校教学管理形态的多维比较及启示》，《课程·教材·教法》，2010年第12期。

显现，行政只在乎管理制度安排与结果，而教师则在意课程质量和落地过程，自然就出现了"管理与课程"衔接不够或各自为政等问题。

## （二）教师实施课程空间狭小

《指南》背景下，开放的课程内涵是"创造性、有质量、较灵活地实施课程"，充分尊重和相信每一位教师，让他们在全方位开放的课程实施空间里自由驰骋，真正让课程与幼儿实际需求以及家庭、社会、自然界相融合。基于课程日常管理的传统固化，结合当前幼儿园课程的开放性、生成性、整合性，必然需要教师灵活自主实施。显而易见，课程的开放可以更新幼儿园传统课程封闭管理的弊端，创设宽松的环境，为师幼提供一个创造性的活动空间，包括：作息时间调整、活动组织方式变化等。然而，大部分幼儿园在课程日常管理中缺乏与时俱进的工作思路，"旧方法管理新事物"的现象时有存在，制定并执行了诸多与开放课程不相适宜的硬性规定，如半日作息时间、活动具体内容、各年龄阶段组织活动时间长短、学科领域活动界定等，直接导致教师在实施课程中，呈现出空间狭小、思维固化、不敢创新等问题。

## （三）园本教培开展流于形式

教研培训是课程日常管理工作的重要内容，也是助力幼儿教师实现课程有质量落地的保障。当前，大部分幼儿园在课程日常管理中欠缺构建与课程共生的适宜的园本教研活动，教研停留于表面，流于形式，最为突出的表现有如下两类。一是园长、业务园长、教研组长在教研活动中角色处理失当，大多数幼儿教师成为教研活动的"听众"和"看客"；二是教研内容与教师所实施的课程大相径庭，教师对本园的课程背景、发展历程不了解，一直纠结于回归实践时"我们可以怎么做"这一问题，而找不到具有适切性操作的策略。如此，教研活动不仅无法满足教师解决课程实施中的真问题的现实需要，也阻碍了教师专业成长，以教研促改进促成长的价值无法彰显。

## （四）评价视角过于传统单一

评价与监督检查是课程日常管理落到实处的重要环节，对教师评价的目的是帮助教师积累教育教学实践智慧。在课程日常管理中，对教师的评价主要采用自评、他评（园行政、家长、同事、幼儿）等方式，且通常采用结合日常工作，按德、能、勤、绩制订评分标准，对教师工作情况进行评价，通过公开、公示制度，试图实现课程日常管理透明化，凸显评价的公正性，进而建立起平等竞争、奖优罚差的考核督查制度。

但在实际操作过程中，大部分幼儿园仍然存在对教师的评价欠缺多元性、评价视角过于传统单一的现象，如：开展一些表面热闹与课程落地无关联的评比活动，手工展示等偏重教师艺体技能考核等，未将督查评价的目标和眼光放在幼儿身上，欠缺儿童发展视角的整体课程观，导致督查评价停留于任务性和形式化，无法提升园所课程落地质量和教师自觉主动发展的内动力。

## 二、对改进幼儿园课程日常管理工作的思考

管理学家德鲁克说：管理是一种实践。简单来说，就是通过人去做相关的事，来实现共同目标，来实现组织的效能。幼儿园的课程日常管理，应该是管理者和教师齐心协力通过专业实践，多方协调，提升一线教师教育教学水平，支持保障教师实施课程，实现课程的育人目标，助力幼儿发展。基于实践经验，我们提出改进幼儿园课程日常管理工作的四点思考。

### （一）注重日常，落实过程管理

幼儿园课程日常管理涉及人、事、物。幼儿园有限的人力物力资源应该用在关键的地方，如园本课程质量就是园所发展的核心力。因此，我园将课程日常管理，紧扣操作性、适宜性、过程性和可行性，尊重不同年龄、水平、学历的教师的成长空间与方式，给予因人而异的对标支持和管理。管理中强调"看得见"的过程，即看得见行政在现场，看得见行政在引领，看得见行政在实践。每天每周有反馈，随时随地有督导，课程审议研讨做到有计划、

有记录、有总结、有反思、有行动。如此一来，注重教师日常课程落地的巡查、督导、评价，让教师知道每天到底应该如何关注课程和指导幼儿，从"日常管理"演变为"过程管理"，让一日活动有基础保障的同时还能优质拓展。

### （二）提供支持，拓展创新空间

行政只有不断调整自己的角色，避免"后座驾驶"，以问题为导向，到哪一山唱哪一首歌，与教师齐心协力解决日常课程实施中的困惑与难点，才有可能提高教师实践智慧，促进幼儿全面发展。在传统课程日常管理模式中，园长、业务园长、教研组长占据着决策和话语权，导致大多数幼儿教师是"听众"和"看客"，不会随课程的改革去创生更个性化的活动内容。只有灵活变通的课程日常管理制度才能帮助教师组织与实施课程。基于此，我园的课程日常管理比较灵活，给教师的空间比较大。比如许多经典的园本活动沉淀来源于教师们的一线实践积累，如果教师们在实施过程中遇到本班幼儿经验超前，允许随儿童发展的真实需求而调整变动。行政管理者在这当中扮演的是支持者，起着研讨协调、提供支持保障的作用，教师不再一成不变地按原有课程活动内容照本宣科。

### （三）解决问题，匹配课程内容

与课程相匹配的园本教研，以解决课程落地过程的问题为目标，可以帮助教师认识课程实施中的"真""小"问题，能让教师检视、反省、改进自己的教育行为，从而透过行为直抵内心的价值观念和教育假设。通过团队挖掘，同伴对话，才能帮助教师认识问题背后的本质，积累教育实践智慧。因此，园本教研与课程需要密切关联、相互呼应，管理者要厘清不同水平教师的教研需求，构建与课程共生的园本教研体系，营造平等对话的氛围，建设有利于围绕问题对话的研讨团队，以促进各层次教师的专业发展。如：我园五大版块课程有与之配对的教研方式作保障，不同层次水平的教师也有适合自己成长的教研团队。

### （四）关注个体，转变评价视角

幼儿园课程的适宜发展性，决定了幼儿园课程具有很大的灵活性。课程的组织与实施是师幼共同组成的双边活动，需要师幼之间的良好互动，[1]才可能实现课程的持续深入发展。如何通过督查评价，激发教师推进课程的主动性和积极性，看得见幼儿通过活动获得有益经验是幼儿园对教师督查评价的目标和初衷，也是课程日常管理必须正视的问题。我们认为：行政除去从时间安排、保障机制等方面给予教师支持，还要转变教师习惯于行政检查、督导中发现问题、帮助解决问题的传统流程。行政可以通过日常蹲班观察、聆听交流、反馈调整等方式了解教师的课程组织与实施情况，并给予综合评价，如我园在课程日常管理中以检查日常课程推进、关注幼儿发展情况，监督评估课程实施过程。

## 第二节 自然教育课程日常管理工作的实施策略

### 一、厘清实际情况，明晰课程日常管理初衷

随着课程改革重心的下移和教师专业发展的需要，课程实施关注目光逐渐转向"儿童本位""发展中心"，转向"教学实践"，我们也试图改变传统的课程日常管理方式，将行政出方案指令、上传下达转为进现场深蹲一线、专业引领，并在创新管理路径中呼应、反馈、服务课程。如做好园本教研的架构与完善，考核评价体系的构建，多维联动的支持保障等工作，让课程日常管理为实现自然教育课程落地，实现幼儿园、师生全面和谐高品质发展而服务。

#### （一）把握自然教育课程的基本特质

我园地处全国生态示范县，位于城乡结合部，占地面积12亩，自然资源

---

[1] 张艳艳，吴玲：《幼儿园教学中实施过程性评价探索》，《天津市教科院学报》，2017年第4期。

丰富，是典型的县域农村幼儿园。一直以来，我园自然教育课程不跟风、不盲从，坚持做最适合自己园所发展和幼儿发展的教育。因此，我园自然教育课程呈现出以下几个特质：

园本性和生活化：我园地处的蒲江县是生态绿色的典范，自然资源十分丰富，园内、园外的自然资源都可能成为幼儿随时可观察、可探索的优质资源。我们强调关注生活事件和幼儿生活经验，注重一日生活中的寻常时刻的教育质量和点滴教育细节。

发展性和生成性：我园十分注重课程实施过程中的发展性和生成性，我们认为专业的幼儿教师能静心聆听童声，捕捉各种有价值的话题，生成有意义的活动。无论在室内活动，还是在室外活动，幼儿的发现点都可能成为他们共同探究的话题，并深入研究下去。

整体性和融合性：打破各类活动界限，以贴近幼儿生活的自然或社会事件为中心，加强课程内容、课程资源、实施途径、家园社区等多方面整合，促进幼儿身体情感认知的整体和谐发展。

自然教育课程之间具有相互融合、渗透，整体经验持续推进等特点。在上几个章节中，相信大家都有这方面的感受，在此就不再赘述。

### （二）了解自然教育课程的实施现状

自然教育课程在日常管理中落实"课程最后一公里"至关重要。当然，不同层次的教师对自然教育课程的理解是不同的。只有教师对自然教育课程的观念行为发生转变，才有可能落实幼儿全面和谐的发展。基于此，日常管理时如何促进不同层次水平的教师在实施课程时有质量地落地，成为我们的目标与愿景。

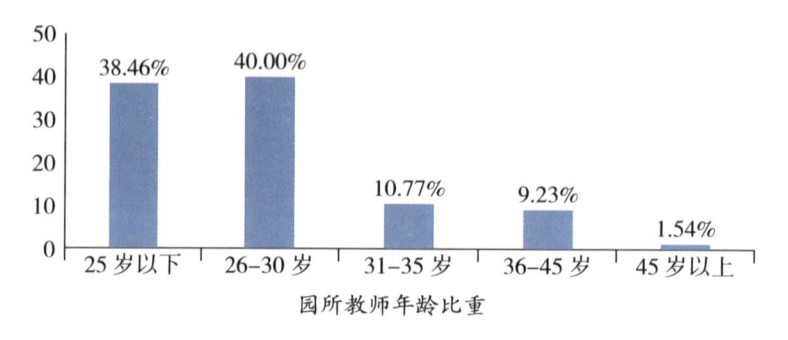

| 年龄段 | 比重 |
| --- | --- |
| 25岁以下 | 38.46% |
| 26–30岁 | 40.00% |
| 31–35岁 | 10.77% |
| 36–45岁 | 9.23% |
| 45岁以上 | 1.54% |

园所教师年龄比重

既然教师对课程的理解与实施是促进自然教育课程落地的着力点，自然教育课程背景下的日常管理与教师就自然具有紧密关联。因此，我们借助"教师对自然教育课程的实施与理解"问卷，通过访谈等方式，了解到不同年龄的教师、不同教龄的教师对理解和实施自然教育课程的困惑和擅长点各不相同。

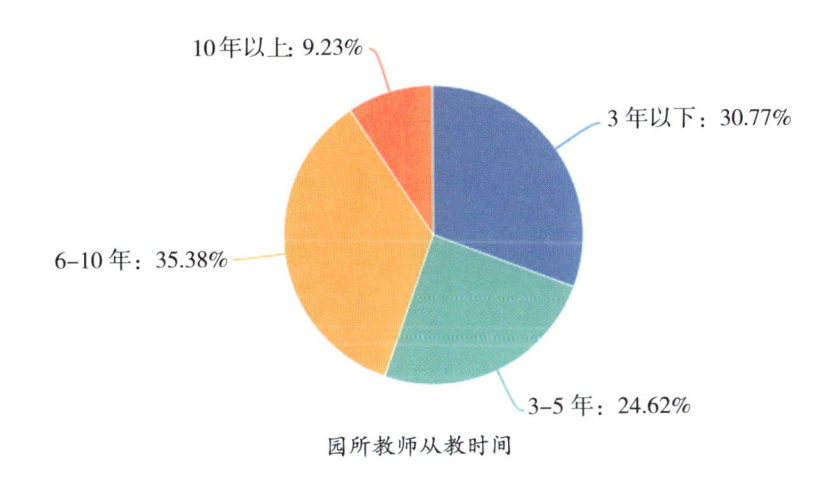

10年以上：9.23%
3年以下：30.77%
6-10年：35.38%
3-5年：24.62%

园所教师从教时间

只有基于对自然教育课程的特质解析，结合本园师资结构实际情况，扎实推进各年龄阶段教师对自然教育课程的层次化理解，才能让管理者清楚本园师资现状，对标制定教师专业成长方案。

适应型教师（3年内）：适应期教师刚踏入工作岗位，对我园自然教育课程理解不深，与幼儿亲近互动能力欠缺，活动环节过渡与实施能力弱，自信心不足，属于"不缺理论缺实践"阶段。因此，需要帮助她们练好备课基本功、环节过渡基本功、组织与管理基本功，帮助其找到职业归属感亦是当务之急。

成长型教师（5年左右）：成长期教师对自然教育课程有初步理解，掌握了自然教育课程基本内容和实施方式，还有一定实践基础和经验，属于"缺研究意识和课程意识"阶段。因此，需要帮助教师形成教育研究思维，走向成熟，还需要练好扎实的基本功，并在实践中不断地学会观察和发现问题，同时进行有效的反思。

成熟型教师（10年以上）：成熟期教师对自然教育课程内涵、理念、实施内容与方式很熟悉，在幼儿园扮演着重要的角色，她们是各类课程扎实落地，深入推进的重要实施者。她们对自己的工作有了一定的反思能力，但是仍缺乏总结与提炼以及研究梳理能力。培训中需要珍视她们推进课程中所遇到的"真问题"，帮助她们通过自己的思考，总结、梳理进而提升教学经验，进一步做到教学相长。基于"真"问题"真"研究，我园提出了"螺旋式教研"操作模式这一创新方法，将课题研究与教学研究有机融合，帮助成熟期教师在研培一体中做到问题即课程、教学即研究，深入系统地开展教育教学实践活动。

## 二、调整评价方式，完善课程日常管理制度

### （一）实施持续动态的课程评价

好的课程需要自上而下的顶层设计，更需要自下而上的积累沉淀。不同层次的教师把每个小活动做好，然后编成线，织成网，最后就形成了一个好的课程。我园自然教育课程亦是如此。课程质量的评价最终应回到幼儿的真实发展水平。因此，我园以自然教育五大课程版块构建了"聚焦儿童发展的课程观察指标"。

根据课程实践反馈不断细化"园本课程具体内容及实施指南""自然教育课程幼儿行为观察指标"等，为教师过程性诊断提供支持，形成系统性观察指标点，让教师心中有目标，眼里有幼儿，随时有教育。

我园将幼儿行为观察指标细化为一学期三阶段的持续动态观察评价，以此来审视课程的落地质量。我们的愿景是：通过课程指标来帮助一线教师进行幼儿发展观察评价，教师们通过观察幼儿活动情况、收集幼儿作品及相关视频素材等进行分析解读，理解儿童当下的发展需求与发展现状，以调试环境、材料、经验等来支持幼儿往更高水平发展。有了这样的评价方式，教师们既能知道全班幼儿的整体经验，也能发现个体差异，从而避免只在某些情况下解读儿童和只解读个别儿童、少数儿童。如：动态持续的评价如何操作，

每个课程由量变到质变的过程，都是在实践中不断调试、校正的结果。教师是落实课程指标的具体执行者，其中也会出现一些指标多、落实难等情况。对此，我园主要通过以下方式进行调整优化。

明晰评价标准：行政加教师，共同合力明确评价标准。

确定操作方式：借助园本教研找到实施观察指标的方法和策略。

区分观察要点：依托教师层次归类，找出不同年龄段教师最急需掌握并观察的要点，通过反复的操作，最终做到教师对观察评价点心中有数。

## （二）转变评价内容与方式

我园每年都会对上一学年的考核"内容与方式"进行问卷、访谈调查，聆听一线教师的声音，收集行政进班或检查日常工作的反馈，再复盘完善园本各项考核制度，不断调整传统考评方式。如：每学期初，我们将以前的各项制度结合现阶段的园本课程和教师发展，进行审视和讨论，初步形成一系列方案制度后，分发到各班，请一线教师站在自己的角度再提意见和建议，直至达成共识后，再投放使用。

近几年，我园尝试从技能考评转为常态活动中的幼儿发展考评，加强行政深入一线跟踪、调整、检验，完善日常考核评价内容与方式。如：将传统的教师创设班级环境考核，调整为行政及教研组长深入现场观察了解幼儿理解并使用环境的情况。将传统的保育员叠被子技能考核，调整为日常午睡后，行政深入现场观察了解幼儿叠被子能力。将传统的教师讲故事展示，转变为看班级幼儿讲自己喜欢的游戏故事等。考评方式与内容的转变，促使教师和保育员将对自身的考评转向关注幼儿能力的发展，这种考评方式促进了教师对自然教育课程的实施深度。

## （三）更新管理角色，细化管理制度

我园打破传统命令与执行式的日常管理局面，将管理者的角色重新定位于支持者、参与者、合作者。我园对日常管理制度进一步细化，主要从行政职责、对标支持、过程考核、教科研一体四方面来共构制定细则，凸显出管理者、教师、幼儿行为和心理上的积极有效互动，以此来促进师幼发展，共同实现课程目标，形成园长对课程架构进行高屋建瓴—副园长落实课程日常管理—教研组长带头示范研讨—教师聚焦实践反馈问题的模式。

我园行政职责主要是协调各类资源分配，全力跟踪有效资源，随机巡班蹲班指导，服务教师推进课程落地。基于园本实际情况，我园每学期初召集全体教师进行学期教科研日常考核细则的审议和调整，不断优化考核细则，让全体教师有考核共鸣意识。除了在课程管理制度中呈现教师一日组织活动制度、全园（班级、年级、分层）教研制度、幼儿发展情况监控阶段分析制度、课程检查反馈调整制度、保教（学期）工作计划、资料撰写查阅制度、教学反思制度、听课观摩评价制度外，还结合教师奖惩机制，围绕自然教育课程制定了日常教科研考核细则，包括保教一体化管理的日常考评内容及方式。如行政一日三巡：行政的本位角色应该是教育者，全园行政借力优质资源，秉持先角色后职责的原则，以身作则进班示范引领，帮助一线教师掌握课程实施的方式方法。行政进班三巡过程中，发现一线教师日常细节问题，与教师共同分析探讨，解决问题。在日常课程检查的具体考核细则中就包括班级各项课程准备和小结，生活环创使用和更新，幼儿良好生活行为习惯养成，食育活动开展，教师日常课程实施文案的抽查等。

日常工作检查内容

| 项目 | 具体内容 | 评价人 |
| --- | --- | --- |
| 班级日常活动开展（日常教育教学落实、幼儿生活习惯养成等） | 1. 班级各项课程准备和小结<br>2. 生活环创使用和更新<br>3. 幼儿良好生活行为习惯养成<br>4. 教师、保育日常教学规范<br>5. 食育活动开展 | 前后勤行政 |

### （四）建立行政督查评价机制

对教师的督查评价内容包括日常考核、学期考核、单项考核，采用综合、过程性考核的方式，非量化指标为日常工作表现、随机听课等，量化标准有家长问卷、幼儿发展评估、教师教学文案等督查记录，并记到教师个人积分中。我园每学期期末复盘和期初完善园本各项教师评价制度，保障教师实施自然教育课程中的教学行为。科学严谨、以人为本的制度不但可以加强教师队伍建设，还可以让教师更加注重活动中教育价值的挖掘，落地幼儿的日常活动和发展。因此，我园自上而下建立了相关管理机制。

日常工作督查：智慧优秀的教师都是在历经日复一日、年复一年的实践与教学沉淀中成长起来的。我园前后勤行政合力，将班级各项课程准备和小结、生活环创使用和更新、幼儿生活行为习惯、教师（保育）日常教学规范、食育等日常教育教学活动的开展融入到日常工作检查之中。通过积分制的方式，不断发现亮点与不足，形成共性问题与经验，促进一线教师成长。

教科研考核评价一体：幼儿教师的一日工作具体细致繁琐，如何调动教师的内驱力，也是行政支持保障课程落地的重要因素。因此，我园将课程观摩评价、课程经验交流、个人素质展示等都融入教科研考核评价中，以行政、教师、家长三位一体来对教师工作进行考核评价，通过积分制来激励教师主动行为，愿意深究、积累智慧、提升专业。如：班级环境观摩，我们将其分为阶段观摩，初期看环境、材料准备，中期看幼儿使用情况和更新程度，后期看幼儿经验和课程渗透。如此一来，行政及教师不仅对课程落地质量通过过程性诊断给予支持保障，同时还为开展共性问题解决的教研提供优质素材，从而促进教师实施课程有方向、有策略、有质量。

课程检查反馈调整：我园教师整体年轻，教龄短，需要"由样入道"的成长路径，因此，在课程日常管理中，园长领导规划自然教育课程，各部门在负责部门工作开展过程中，协助教师推进落实课程计划，进行课程研究与常规管理工作。行政在日常课程检查过程中协调解决问题的同时，注意收集信息，为客观反映自然教育课程中各类活动、游戏的实施情况做好日常积累工作。每学期不定期组织教师进班观摩同年级或名优教师组织活动，依据当前的课程实施难点了解教师实践中的问题与需求。建立检查课程周计划落实情况记录表，及时分析整理形成教研问题点。就自然教育课程推进过程中的问题或困惑点等方面进行汇总、交流，共同研究思考相应的解决策略，共性问题比较突出的就采用集体教研、现场答疑、协调资源等方法解决，以调整、补充、替代等手段来实现课程实施的不断推进。

另外，我园还重视教师、家长、幼儿、同行等多方面的反馈评价，根据实际情况及时加以调整，保证课程的有效性和落实。如：全园混龄体育活动结束后，各场地蹲点观察的教师会将所观察到的幼儿游戏行为反馈到全园班级进行共享。行政和体育专职教师会走进班级看、听各班教师是否在进行活动小结，聚焦了哪些重点在小结，是否对下一次活动有帮助。如果教师的小结不到位，行政将结合现场进行意见反馈和跟踪。

## 三、立足课程质量，改革园本研培管理方式

教师专业水平和执教能力是课程质量的保障，如何实施有效的教师培训工作，是课程日常管理者直接面对的课题。因此，我园借助问卷调查、访问谈话等方式，了解不同年龄、教龄、执教水平层次的教师需求，把握教师成长动态，提供多元学习方式，使教师培养工作更加契合教师成长的实际需求和成长规律，提升教师教学业务水平，使教师培训管理更加务实。

### （一）对标教师需求，提供多元的学习方式

调查中，我园发现年轻教师更希望培训内容与自己特长贴近，紧密联系当前课程组织与实施，以及与家长工作相关的理论学习等，这些内容有较强的实践性和操作性。于是，我们从教师的现实需求出发，设计培训内容对标管理，根据教师的兴趣特长爱好，每次培训安排对标选派参与外出培训、观摩学习，找相应的名师配对指导等，提供多元的资源。

我们发现：教师的需求很具体，但是行政在选取培训内容时则更多关注"问题是什么，为什么"，具体怎么做却轻描淡写，一笔带过。因此，基于教师的学习问题，我们不断调整改进。如：针对年轻教师美术鉴赏力薄弱的问题，我园便请幼儿园艺术方面比较强的教师进行专题培训；针对入职期教师日常环节过渡组织能力弱的问题，我园便组织年轻教师进行跟班观摩或与名师搭班；资料撰写不规范时，管理者便组织集体培训，列出基本模式，讲解撰写要领，跟踪指导、落实细节。当课程改革正在深水区，课程推进正在向

追求有效、高效的方向发展时，教师如何转变自己的角色实现师幼互动，以及观察评价成为广泛关注的焦点时，我园又结合教师们的实际需要，邀请专家入园指导，为我园一线教师解决共性普遍问题。

### （二）匹配课程特质，构建适宜的园本教研

结合自然教育课程特质，我园进一步明确了自然教育课程中的园本教研目标为"在日常教学过程中发现和解决问题"。基于此，我园重构研培体系，助力不同层次教师的专业成长。如：将教研组以教师层次、课程版块维度来进行重组，围绕课程实施中的具体问题，借助与课程匹配、融合、呼应的研培教研内容和研讨方式寻找实施课程的有效策略，突破了自然教育各类课程的实际问题和瓶颈，提升了自然教育课程落地质量。

置身于课程的教师都知道，在园本课程建设中，如果没有教研作支撑保障，课程的架构、实施、落地等都可能没有灵魂。在自然教育课程实施过程中，教师是课程的主体，只有不同专业水平的教师互相支持，才可能促进课程的深化和深入发展。我园自然教育课程整合性强，关注幼儿持续经验的发展，因此，教师既要吃透各类课程的独特价值，又要明晰幼儿在课程中的全域发展，显然，这对于不同层级的教师来说都有不同程度的挑战。于是，在不断完善自然教育课程的基础上，我园根据各类课程操作的难易、专业要求度的不同以及本园不同层级教师的专业现状，建构起了与课程实践对应的园本教研。

| 类型 | 内容 | |
|---|---|---|
| 新教师教研 | ・一期三次<br>・个人小课题研究 | |
| 班级教研 | ・一月两次<br>・幼儿行为观察评价与班级课程评估 | |
| 年级教研 | ・一月一次<br>・课程审议 | |
| 课题组教研 | ・一期两次<br>・课题方向把脉及阶段研究 | |
| 集团教研 | ・一期三次<br>・方向引领，经验交流，问题解决 | |
| 课程工作坊 | ・不定期<br>・梳理提炼，推广应用 | |
| 运动课程教研 | ・一月一次<br>・课程评估，环境创设 | |

自然教育课程园本教研类型与时间安排

## 自然教育课程园本教研开展方式

| 类型 | 内容 | 重点 |
|---|---|---|
| 新教师教研 | 小课题研究助力成长：<br>1. 归属感（理念认同）、入职常规、家长工作、生活课程（环创理解、环节过渡），反馈听课情况<br>2. 聚焦新教师个人小课题研究，积累教育智慧 | 适应能力<br>生活课程组织与实施能力 |
| 班级教研 | 聚焦幼儿行为指标的评价使用：<br>1. 聚焦观察评价，让班级三位教师的眼睛始终装有幼儿行为与课程实施策略（采集难点并寻求相应的支持策略，实现班级课程的质量）<br>2. 班级保教结合落地（三位教师协调配合）<br>3. 老带新（年轻教师教学行为规范） | 配班教师业务能力<br>班组长课程实施落地及统筹能力<br>保育员教育意识 |

续表

| | | |
|---|---|---|
| 年级<br>教研 | 聚焦课程审议：<br>1. 聚焦年级组共性问题着力解决点：<br>（1）提问关键点、观察关键点、小结关键点。（2）幼儿经验与课程进展之间的联系、幼儿行为与课程进展之间的价值判断和开放支持。（3）如何利用资源支持幼儿在课程中的深度发展。<br>2. 围绕课程的前、中、后进行主题审议<br>3. 解决日常各类课程融合渗透和环节过渡中的"小结"保底问题 | 同年级组教师主动发现各类课程实施难点→共同寻找策略→分别实践总结经验→落实日常课程推进质量 |
| 课程工作坊 | 聚焦提炼梳理、推广应用：<br>汇总年级组研讨→对五大课程的成果进行提炼梳理，形成操作内容及指南→投放班级实践应用→收集情况反馈 | 成果提炼梳理 |
| 课题组教研 | 聚焦课题研究：<br>1. 期初聚焦课题研究方向及重点，期末聚焦课题研究面临的问题<br>2. 结合工作坊反馈情况→搜索课题近期研究难点→寻找突破下一步研究方向及重点 | 课题方向把脉<br>阶段研究梳理 |
| 集团<br>教研 | 自然教育课程推广辐射，结合实际需求：<br>期初各类课程审议、期末课程小结<br>经验分享交流<br>专家走进指导<br>先进理念培训 | 理念认同<br>经验共享 |
| 运动课程<br>教研 | 运动课程深入推进：<br>环境创设、材料使用、观察评价 | 运动课程质量提升 |

**1. 新教师教研："入门入格"**

福勒和布朗根据教师的需要和不同时期所关注的焦点问题，把教师的成长划分为"关注生存、关注情境、关注学生"三个阶段。[1]我园也认为能否时刻关注幼儿的需求和发展是衡量一个教师是否已经成熟的重要标志之一。新教师要理解自然教育课程，除关注生活课程有序组织常规还不够，还需要吃透每一类课程的独特价值。新教师不仅要持续地学习理论，也要在实践中积累教育智慧。我园以新教师个人小课题研究为抓手，促进新教师的专业成长

---

[1] 史业红：《小学语文教师自我效能感研究——以上海市三所小学为例》，上海师范大学硕士论文，2020年。

与发展。通过聚焦半日活动质量问题，以"集中+分散"教研模式，针对新教师们在小课题实践研究过程中所出现的一些困惑，及时给予针对性的支持、引领、实践、反思、梳理等。帮助新教师深度理解理论素养和实践能力的关系，解决新教师实施课程中的困惑和难点。

新教师教研：小课题研究助力成长

| 教研目标 | 内容 | 途径 |
|---|---|---|
| 1. 规范新教师日常教育教学行为，提升日常师幼互动质量<br>2. 提高新教师有效组织与实施半日活动的能力（个人小课题研究） | 半日活动的组织与实施<br>涉及重点：<br>1. 一日流程与行为准则<br>2. 什么是小课题研究<br>3. 各类课程操作指南（生活课程）<br>4. 幼儿行为评价指标（生活） | 循环跟进：集中+分散<br>第一轮行动：规范行为（清楚+知道）<br>清楚南幼自然教育课程实施一日流程与行为准则，知道如何做个人小课题。<br>第二轮行动：方向明确（观摩+研讨）<br>认识课程相关指南和生活课程幼儿行为指标，观摩名师半日活动（研讨分析），明确个人小课题方向，梳理前期研究内容、策略。<br>第三轮行动：反思成长（实践+会诊）<br>名师会诊新教师半日活动（研讨分析），梳理研究阶段成果。<br>成长过程辅助：<br>日常实践+班级教研+年级组教研 |

新教师教研其他内容及方式

| 内容 | 研讨方式 | 渗透 | |
|---|---|---|---|
| 家长工作 | 案例分析 | 理解自然教育理念 | 园本性、生活化<br>发展性、生成性<br>融合性、综合性 |
| 环境创设 | 实地查看 | 理解环境的教育价值 | |
| 资料撰写 | 头脑风暴 | 反思教育教学行为 | |
| 生活常规 | 观摩研讨 | 明晰一日活动组织方式 | |
| 游戏观察 | 视频分析 | 理解课程实施策略 | |

业务园长带领三年以内适应期教师，从家长工作、资料撰写、生活课程等常规常态着手，启发新教师理解自然教育理念。从游戏课程切入明晰各类课程的独特价值，用心观察游戏课程中的教育价值，用自己的专业进步和积累做好工作等，实现入门入格。

如：新教师参与体验式教研"科学游戏"。

与课程共生的自然教育园本教研形成了多元实施方式，不同的需求借助不同的方式。当新教师捕捉不到游戏生长点时，可多问为什么，能否亲身试一试。

如在科学区纠结怎么给予幼儿经验支持时，教师们实地尝试、游戏并通过研讨得出：要读懂孩子，教师得先试，在体验中去理解孩子在游戏中可能会遇到什么问题，经历什么困难。如果教师们回答了这些问题，自然就能找到游戏的生长点和孩子当下所需要的丰富的相关经验。

**2. 年级组聚焦，开展主题式"课程审议"：解决共性问题**

我园所提及的"课程审议"，是将教育教学中一些困惑的问题，组织同伴一起集思广益，共献计策，以便助力各类课程的推进。它的开展不仅是提升一线教师的有效渠道，更能帮助教师积累教育经验智慧，为教师的成长发挥积极的作用，让教师在践行的过程中将教育理念内化于心、外显于行。开展过程简单归纳为：围绕一个实施各类课程所遇到的中心主题问题组织一系列研讨活动。首先，研讨主题来源于同年级组教师教育教学中亟须解决的问题；其次，同年级遇到的"真"问题，系列化的教研紧扣研讨主题开展，力求循序渐进、步步深入，包括"聚焦问题—会诊解疑—实践操作—同伴互助—重构实践"等一系列主题式教研活动。

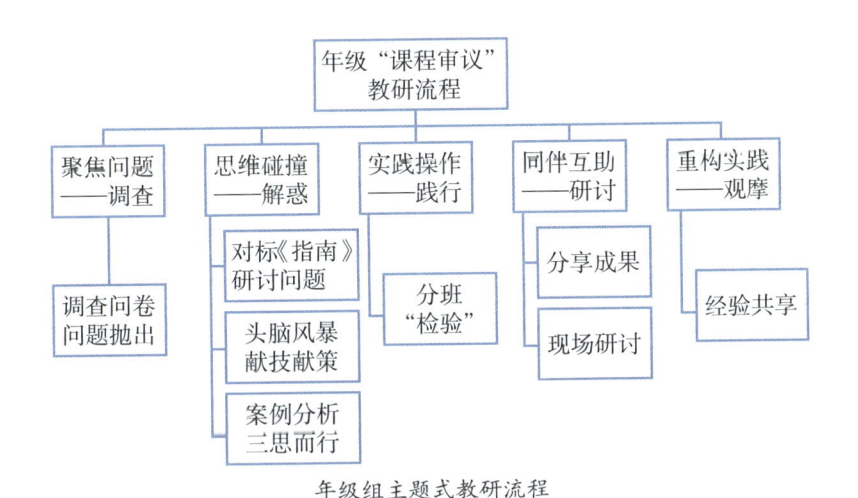

年级组主题式教研流程

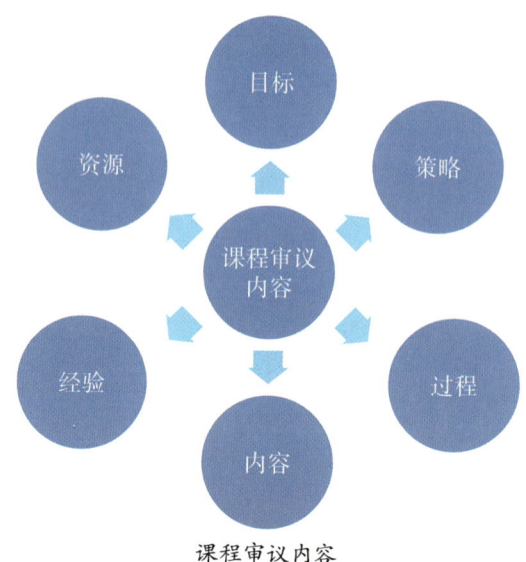

课程审议内容示意图（目标、策略、过程、内容、经验、资源围绕"课程审议内容"）

**课程审议内容**

年级组"课程审议"教研活动是我园园本教研的重要方式，目的在于解决教师在教育教学中的实际问题，促进教师的专业成长。审议研讨中，教师们把"问题球"抛出来，通过大家集体讨论（经验共享）—分组实践（尝试验证）—现场研讨（生发智慧）—重构实践（验证总结）等多种形式，层层递进地"审议"解决教师的困惑。

那么，源于一线教师在实施课程中的"真"问题如何发现，主题如何确定？我园认为，问题来自于教师的困惑。在组织教研活动前，我们用问卷调查的形式收集教师在教育教学中遇到的困惑，然后把教师普遍关注的问题提炼出来，生成教研活动的主题。生成问题后如何解惑？围绕教师的困惑，我们开展了一系列主题教研活动，在交流讨论—同伴互助—重构实施的过程中解决教师们的困惑，满足教师的实际需求。

### 3. 课程研究工作坊：提炼梳理、转化拓展

我园自然教育课程历经20年，课程架构完整且丰富，为了保障课程质量的落地并推动教师专业发展，我园成立了课程研究工作坊。在落实课程研究工作坊建设过程中，我们充分发挥研究组长自身的专业素养，围绕幼儿园五大版块课程发展核心问题，带领小组教师成员，努力以课程价值和儿童发展

为导向、以教师一线实践为载体，通过聚焦课程、成果提炼、实践反思、同伴学习、专业引领和示范辐射等展开深入、持续的研究。

我园课程研究工作坊是自下而上，以自愿参与性、团队合作性、自然真实性、灵活性为特征的研究组织形式。其目的主要是结合教师自己擅长的研究专长进行相应课程的研究和深究，在活动时间、地点、内容、形式上均可以实现自主安排。幼儿园对工作坊活动定指任务，不限活动次数和形式。[1] 目前，结合课程发展和教师专业需求，我园初步开设指角色游戏（包括表演）、结构游戏、区角游戏、生活课程（包含食育）、自然主题探究、节日节气六个研究工作坊。

名师引领：每个课程研究工作坊中均有一名成熟名优教师担任坊主，聚焦一个课程，带领成员们进行深入、持续的研究，研究过程中以多种形式展开学习和交流，如教研、跟岗接待、课程展示、外出学习等等，让每一位教师学有所获、学有所长。

抱团发展：在工作坊中，成员之间抱团成长，积极思考，主动为课程和其他班级献计献策，在课程研究的浸泡中，成为优质教师和名师。

示范辐射：将工作坊的收获与日常班级课程积累的经验相结合，及时进行反思总结、成果提炼，将有效的课程实施策略用于班级日常课程中，辐射研究成果，以引领和推动班级课程发展。

这种园本教研形式在自然教育课程背景下应运而生并日渐成熟。在幼儿园有关措施的保障下，我们开展了聚焦梳理、持续跟进、经验拓展等开放多元的园本教研活动，促进了本园教师的专业成长。教师们从"要我参加"到"我要参加"，个个成为主动的实践者、探究者、创造者，享受着研究的意义与乐趣，同时获得了自身发展的喜悦。

**4. 老带新：传帮带、做中学**

班级教研"1+2"：课程质量落地"最后一公里"，是园本教研的初衷。实践中我们深切感受到，看、听、做、思是非常好的专业成长路径。有了年级组、课程研究工作坊、课题组等教研的引领，同伴互助也是非常重要的。

---

1　闵艳莉.周燕:《教师研究工作坊：一种新的园本教研组织形式》,《学前教育研究》, 2009年第2期。

于是，我园与众不同的"师带徒1+2"诞生了。班级组长为成熟型教师，借助班组长的丰富实践智慧，将影响和指导落实到一日生活的寻常时刻。

遇到日常生活中的琐碎事件，年轻教师仍然需要就当下遇到的教学现象或师幼互动获得即时的指导。成熟教师由于教学经验和智慧综合能力成熟，当年轻教师遇到困惑或实施课程中出现问题时，成熟教师可以及时进行指导："如果是我，可能我会这样处理……还可能那样处理……"长此以往，耳濡目染、浸润其中，类似泡缸豆式的学习氛围能帮助年轻教师储蓄更多解决教学问题的策略和方法，专业能力也会自然提升。

**5. 课题组：深研究、找方向**

课题组教研聚焦研究：园长带领全园成熟期教师，以课题研究为着重点，深入全面地对课题研究相关节点进行梳理、提炼、推广、应用，实现课程整体推进、自然渗透、创生课程。我们关注到《指南》实施原则强调"要关注幼儿身心全面和谐发展，注重学习与发展各领域之间的相互渗透和整合"，因此，在园所组织一部分成熟型教师，突破课程实施中各类课程的整合性和渗透性，结合教学实践不断追问、系统梳理并把握各领域各年龄段的关键发展点，然后在具体课程实施中整体推进、自然渗透、自发创生，从而让整个课程高质量落地。

比如大班主题活动"探究昆虫"，孩子们在寻找昆虫、记录昆虫、建构昆虫概念的探究过程中，对昆虫不同形状的家产生了兴趣，于是提出要搭建昆虫的家。是就搭家而搭家呢，还是让幼儿经验持续深入推进呢？是只关注主题探究中幼儿感兴趣的昆虫的家，还是将各领域发展价值点有机渗透整合呢？通过课题组教研后，教师们各抒己见，对此活动价值点进行辨析。教师思考大班幼儿结构能力发展点，与幼儿一起筛选出了蕴含转向、穿过、交叉等三维立体结构能力的蜜蜂球形家、蚂蚁隧道形家、蝴蝶花瓣形家等进行修建。当幼儿探索害虫益虫时提出制作标记牌，教师则根据大班幼儿前阅读、前书写发展点，与幼儿一起讨论标记牌的设计，引导幼儿用图夹文方式进行设计，有效实现了各领域的有机相融。

显然，不同梯次的教师在教研中突破对课程的理解，明确自己的强弱项以及突破口，在参研中才能避免"吃不饱"或"吃不了"现象。只有教师增强课程整合意识，才有可能促进幼儿全面的、综合的、均衡的、和谐的发展。

总而言之，园本教研既要立足于教师的教学实践，还要为课程落地服务，这是教师专业成长的平台，我们甚至不认为它必须要具有"高大上"的仪式感。无论是教研组长还是一线教师的参与，都要深入实践，发现问题，思考困惑，聚焦难点，从而确定教研目标和相应的活动，确保活动以问题导入，聚焦园本教研视角。对此，我们有如下四点感悟：

（1）链接课程，帮助教师分析"真""小"问题的背后本质

园本教研要基于教师的课程实践，回归教学现象、幼儿行为、日常工作中真实遇到的问题。"真"问题不能盲目求"大"，而应该"小中见大"，"小"问题不能贪多求全，两者都要凸显问题背后的本质，激发教师持续思考和质疑能力，帮助教师积累专业实践能力。在日常课程推进过程中，教师发现的问题、解决不了的问题都可以通过"真""小"问题的分析和解决来助推教师专业能力的提升。大到游戏课程中的发展性和生成性问题，小到日常班上幼儿的告状现象有哪些好的教育策略和方法，都是值得探讨的。

（2）团队合力，分层分类满足不同需求的教师发展

我园推崇团队合力，因为园本教研着眼于幼儿发展需要与教师自身需要的双重统一。一人不成众，独木不成林。团队合力能促进不同思维火花的碰撞，正所谓：共同经历的才可能感同身受。如我园的年级组教研都是就当前一些各班正面临的问题，寻找解决的方法（各年级组的环境创设中哪些地方可以调整，为什么？哪些材料不适宜幼儿创造性的发展，为什么？同年级组有哪些相关资源可以共享等等）。团队智慧的分享聚焦教师专业发展和幼儿发展，便可能将园本教研的高度与深度推向制高点。

（3）教研常态化，交流互动促进教师专业成长

美国教育家斯金纳提出，对教师专业发展而言，经验+反思=成长。我们常常会说"教科研相长"，然而，传统园本教研因时间、空间得不到保障而召开次数极少。我园在实践与课程共生的园本教研后认为，教研应是日常工作中的家常便饭。如针对幼儿在游戏中出现的普遍行为，教师在课程的组织与实施中产生难点、师幼互动或指导时产生了困惑与纠结，如果需要寻找改变的出口，同年级组的、同班的，或者走进行政办公室找园长（行政），大家

便可碰个面，席地而坐，相互探讨起来。让教研渐渐日常化，常态化的教研机制便形成了。

（4）落实闭环管理，助力教研过程质量

园本教研的管理，是落实园本教研质量的关键。因此，园本教研的评价也应该自始至终浸润于教研活动的全过程，不管是过程中还是最终的成果，可能都需要对相关的现象及原因进行逻辑科学的分析、评价与反思。闭环管理的建立，显然是必然规律，这样一来才可能有助于教师总结经验、揭示规律、提高认识、助推实施课程的能力。如：结合教研过程中事务拉杂、不聚焦研讨重点等问题，我园对教研活动的重点环节进行预审，并对班级教研记录情况进行持续追踪，如学期初呈现园本教研实施安排，学期中业务管理者旁听观摩、教研，学期末教研成果的分享等。我园围绕以下三点建立了"闭环管理"。

小组评价：教研过程中，可能会有教师带着"空白的脑袋"走进现场，这类参研教师很迷茫，更谈不上计划—行动—反思。鉴于此，我们建议各小组教研完后，进行小组"复盘"，教研组长与成员共同对本次研讨活动和下一次研讨活动进行审视—修定—选择—决策，从而促进研讨活动往实际教育教学延伸。

行政评价：反馈是团队管理过程中必不可少的环节，我园指定专人定期对教研过程进行检查、回顾与评价，确保教研开展时间，还有对教研活动实践进行经验总结与思考，更新和改进教研活动的计划和方案，真正做到研有思，研有用，研有改，研有成。

激励机制：共同感兴趣且能共同解决的事，才可能成为"共创"的前提。因此，期末我们依据团队进行奖励设置，期望各教研组齐心协力，带着计划、行动、反思参研，不断实现无为而治。

（三）落实课程推进，聚焦有效的专业引领

我园在课程日常管理中，打破传统层级式的管理，以聚焦专业引领式的扁平化方式管理。基于园长具有课程领导力，实践经验告诉我们，推广运用需要园本课程各类活动的深度研发与推进落地做基础，人、财、物的调配和考核管理制度的变革等问题，只有具有人、财、物调配权的园长才能解决。因此，我园一直以来都是园长引领带头深入课程研究。我们也深切体会到：园长介入课程实施的深度和专业引领的高度是落实课程有质量推进的关键。长期以来，我园园长亲自抓课程推进，随时一线观察指导，根据日常课程问题亲自进行培训推进。

如：当园区角游戏普遍存在浮于表面现象时，园长首先吃透区角游戏精神，针对区角游戏问题，在课题组教研"会诊"后，形成一些改进的方法和步骤。同时在实施之前，园长还会以其高水平的专业引领，就当前全体教师所需要的理论与实践操作线索进行系统培训。

培训后，让成熟期教师到自己班上实践运用，然后再根据实践问题进行不断跟进指导，最后梳理出典型案例及初步提炼的区角游戏"实践经验"进行全园推广。在此基础上，再根据日常巡班中的问题进行讨论调整，不断修改形成区角游戏活动变式。此时，有关管理人员跟进指导试验的班级进行"望、闻、问、切"就成为推进课程的关键。

当行政发现试验班级开展游戏较成熟后，再次请试验班级的教师进行典型案例分享交流，将好的方法推广应用到各个班级。"由技入道"的实践历程，既能让一般教师在保底实践中积累经验，又能让优秀教师在有价值的拓展中提升质量。解决问题的过程是统一思想，更加明确方向性和目的性的过程。在以园长专业引领为核心的支持下，全体教师不断经历发现问题—分析问题—解决问题—提炼变式—推广运用—落地生根的过程，课程落地成果也与幼儿的发展、教师的成长有机融为一体，有效提升了课程落地于寻常教育时刻的质量。

## 四、围绕课程推进，提供有力的支持保障

日常管理其实就是与教师和教学打交道。课程日常管理中，各岗位人员一起聚焦课程，探索多方资源储备的使用新机制，提升家园社三合一课程资源的配置使用效率；重构各类关系，建立以课程实施为核心的园本教研、家

园共育、资源保障等多维联动体系，让自然教育课程以中心角色呈现在园所人、事、物中，才可能呈现出"教育自然而然"的特点。

### （一）人人都是教育者

课程实施过程中，人员保障是基础。我们的课程实施人员从园内发展到园内外所有人员，重构放开引导的师幼关系、紧密共育的家园关系、全员协作的保教关系，所有人、事、物都为幼儿成长提供保障，让保教一体、和谐协作成为常态。如全园混龄体育活动开展时，全园行政、教师、保安、厨师都会到活动现场保障幼儿的运动、游戏和安全。幼儿游戏后的反思回顾带回家请家长记录，让家长及时了解幼儿所思所想并丰富经验；家长参加半日活动、参与资源调查等，见证课程带给幼儿的成长，走出唯知识技能论的误区。厨师将当天削下的菜皮、菜叶投放到公共材料区供各班取用；保安依据幼儿不同性格、情绪给予不一样的招呼；保洁筛选干净的树叶供幼儿游戏……

### （二）随时随处有资源

随着课程的需要，我们不断改善环境，硬件设施环境方面的问题通过及时采购材料、增添硬件等方法解决。如：教师实施主题活动需要建菌菇房，行政会第一时间结合师生的建议请工人到园进行环境改善。当幼儿搭桥简单重复时，园长为幼儿更换不规则圆木挑战；当幼儿建构游戏需要材料时，采购人员会及时联系商家采买丰富的游戏材料。除此之外，我们还将资源进行分类整理，充分将资源匹配课程、服务课程，方便一线教师依课程需求，随时取用。

家园社资源充分融为一体：深入探索家长进课程的相关资源，梳理提炼出县域、社区、家庭、园所可利用的人、事、物资源，形成家园社资源为课程落地服务。

教学电子资源：在前些年的电子资源基础上，进一步对各年龄段健康、探究、艺术、游戏、食育、安全等课程的教学资源信息进行整理归纳，并将园所资源方案、小结、过程进行整合，形成教学电子资源，专人管理，教师需要时可随时拿来就用。开放各类教育教学资源共享平台，为教师教学提供有效保障。

其他教学材料资源：细化分类一线所需的各类材料包、环创素材包，方便教师随用随有，随借随拿，减少她们准备教具的时间。

如针对水果采摘随意现象，行政教师协商研讨后提炼出观察辨别—撰写海报—收集工具—现场采摘—分享果实—总结回顾模式，确立语言表达、问题解决、计划反思等目标，促进幼儿学习发展。有了这样的水果采摘基本模式后，新教师在准备实施这类课程时，会先带着自己的困惑去借鉴，取其适宜于教师当下可利用的信息或经验，不仅为新教师实施课程时起了保底作用，优秀教师也可以在此基本模式下进行灵活创生，从而为沉淀下来的"采摘水果"活动增添新的教育生机。丰盈有价值的教育资源，注重活动的持续优化和模式提炼，建设园所活动资源库，将精品活动留痕留档，再使用、再改造和再实践，能够确保日常课程质量基线并提供实施抓手。因此，我园多年来坚持建立课程资源库促进园本课程的传承创新。

由此可见，围绕课程推进，以师生发展为中心的全方位支持，保障了教育教学的高质量发展，促进了儿童的全面发展。

## 第三节　自然教育课程日常管理工作的成效与感悟

### 一、为幼儿奠定终身学习发展基础

多年来，扎根于课程落地的日常管理，不断调整和改进，建立起了将日常课程、教学、评价、管理以及师生共同生长融为一体的多维联动实施机制，不仅架构了较完善的自然教育课程教研体系、课程日常管理机制，还形成了成熟的各类优质自然教育园本活动、行政进班指导策略以及相关操作指南，为不同层级教师提供了方向和抓手，而且全园教师的教育观、课程观也发生了根本转变，教师们切实着眼于常态活动中的简单细小寻常问题进行深研究、真落地。

在不断的调整改进中，自然教育课程越来越丰满和完善。具体效果为：与儿童共生、共长的自然教育课程，将儿童放在课程的中心，儿童始终参与课程的调整和生发，让幼儿五大领域的发展在各类课程的融合和浸润中得到提高，为幼儿一生的学习和发展奠定下了坚实基础。据调查，我园有99%以上的家长认为，幼儿参与自然教育课程后交往、探索、计划、自主等方面发展较好，其中一位家长还宣告"南幼就是蒲江的清华"，县城的小学校长、教师普遍反映南幼娃具备特有的品质：专注投入、乐学善思、自主自理、善听善说……而这些宝贵品质和能力才是他们后续学习与发展的基础和财富。全园幼儿也因各类常态活动的开放、有趣而爱上幼儿园，获得了快乐而有意义的成长。

## 二、各层次教师专业素养得到提高

教师的成长基于幼儿的学习生活，教师的教育智慧具备累积性，获得的经验才会灵活与变通。只有扎根一线，深入理解并读懂儿童行为背后的真实需求进行课程的研究和改革，才会帮助教师对自己的日常教学实践进行不断剖析、反思、提炼、重构。因此，在不断完善园本课程的基础上，我们根据园本实际，匹配各类课程操作的难易、专业要求度的不同层次以及本园不同层级教师的专业现状，建构起了与课程实践匹配对应的立体教研培训体系，对标支持不同层次水平教师的真实专业需求，帮助教师深入理解、实践园本课程，从而促进各层次教师的专业成长。

## 三、全体教职工课程观得到提升

基于课程落地、立足儿童发展的日常管理，围绕园本课程的开放性、生成性、整合性等特质，整个团队想方设法提供多元支持保障，幼儿园所有行政和一线教师，携手并肩落实日常管理的过程性、共生性、灵活性，转变评价视角，持续不断深入实践。全体教职员工都看到了高品质课程有痕迹的落地时所带给幼儿的发展。正因如此，前后勤一体化的课程观，树立了"人人是教育人"的教职工课程观，如库管变成了资源提供者，不但在进货时要考虑根据环境、活动需要提供更有针对性的材料，而且探索实践开放地为幼儿日常活动提供易取易放的各类工具用品；门卫保安是课程的资源，随时可能走进幼儿的探索现场，给予幼儿适时的支持与帮助；花工会和幼儿讨论如何照顾花苗；保安会和幼儿研究安全课程需要注重哪些自我保护行为；厨师思考如何为幼儿提供丰富多样的原味食物，为幼儿形成健康清淡口味、良好饮食习惯打下终身基础；保健医生会思考每天门口的食物原型如何展示才更有教育意义……

多年实践过程中，我园基于课程质量落地的初衷，从未停止对课程日常管理中的问题进行价值辨析与复盘审视。随着我园自然教育课程的丰满完善，开启与课程共生共长的管理和支持，我们将长期的实践进程串联起来，构成了师生重要的成长实践链，并不断回顾与发展，我们有困惑、有顿悟、有质疑、有欣喜……如果此时把镜头拉远，我们期待在坚守与改变中，继续保持与儿童发展同呼吸共思考，与课程推进同步更新的互动状态，不断催生课程日常管理的内生力量……

**附：课程日常管理随笔**

教育慢下来，收获在细处

幼儿园课程生活化、游戏化后，业务管理者进班听课时发现：许多一线教师都能熟记许多理念，但"知行合一"问题总不能突破，究竟是什么原因呢？有时面对有价值的教育契机，作为业务管理者在放手与制度之间又该如何取舍？

思路从问题分析中来。近期针对小班结构游戏场地材料的收拾问题，我发现小班教师与孩子们在近一个月的游戏中，都没有意识到收拾整理材料的重要性，而更强调孩子们每次玩游戏的现场。面对此现象，我等待了近一周的时间，仍然未见起色。

解决策略：

发现问题后，我给教师们发了信息，强调"教育无处不在，收拾也很重要"。一周后，多媒体材料依然如往常一般凌乱，是什么原因呢？我很好奇，但仍继续观察，因为我知道，如果有制度，只会让教师把收拾当成一种工作，而非教育的契机。因此，我选择了再等两天，看看究竟是什么原因。几天后，我看到这样一幕——在孩子们游戏后，教师着急地说："收拾了，要将材料送回家哟。"这样的语言教师重复多次，孩子们也忙碌不停，但在忙碌的身影后，效果依然如初，材料大小重叠，长短不一。我再一看发现，教师所说的材料要回的"家"——箱子上有的有图标提示，有的却没有。针对小班幼儿的年龄特点以具体形象思维为主，孩子们如何收拾便是教师在提出要求之前没有预计的问题。箱子上的图标提示是否起作用也是教师需要试验的关键。由此，我和小班教师进行了研讨。

教师$_1$：每次孩子们去玩后，感觉接下一个环节的时间不够，就很想快快收拾，进入下一个环节。

教师$_2$：材料太多了，孩子们收拾得很乱，而且老师也担心这期间出现安全问题。

教师$_3$：我们还是希望孩子们多一些游戏本身的时间，如果收拾占了大部分时间，孩子们游戏的时间就会减少。同时可能由于我们还没有把标记贴好，孩子们不知道分类放。

教师$_4$：小班孩子太小了，还是需要成人的帮助，不然收拾时由于场地大、材料多，来来回回走动，也影响安全。

听了教师们的心声后，作为管理者，我换位思考后发现教师还是在着急，着急孩子们要在游戏中才能学到东西，安全压力下前后环节的紧迫和不敢放手，环节的过渡匆忙等。

随后我召集教师开展了一次教研，就此现象与教师进行如下交流：对于玩结构游戏初期的小班孩子，对材料图形的感知本身就是学习。生活即教育，孩子的学习并不是只在游戏场上，功夫有时也在生活细处。也许今天孩子们没有搭建出像样的房子或建筑物，但他们如果在分类图形、感知图形中发现三角形和三角形也可以组合成一个新的图形，不是意外的收获吗；针对图标提示，到底是平面的适合还是成品图形适合，如果借助成品图形，那么这样的实物标志又放在哪个区域位置更好，这些都值得教师提前思考并试验行动，收获有效的教育准备。也许这些就是当前生活化、游戏化课程大背景下一线教师的备课。

分享交流后，教师表示，确实应该想得清楚才做得明白。第二天，小三班的成教师带着大班孩子到多媒体教室进行了一次示范收拾、分类归整、一一对应的活动。小班组教师也在当天带着各班孩子进行欣赏、观察、讨论、分享。教师同时对提示标志进行一次现场教研试验。图与物，位置，尝试对比，请小班幼儿分小组进行试验。大家达成共识：实物优于图片，实物图形固定在箱子的里面优于实物在箱子侧方或上方。有了方法，解决了收拾的第一个难点后，各小班在游戏后，教师不急喊"行动"，而是慢慢讲清楚接下来要做什么、怎么做→教师请幼儿示范→全班幼儿通过观察讨论统一操作。如此一来，小班的结构材料收拾问题就解决了。教师从中还发现，幼儿丰富了许多数学认知经验和结构游戏经验。

通过这个日常教学小故事，我更进一步认识到：业务管理不是制度命令，而是共同研讨帮助教师吃透教育行为背后的本质。教师的匆忙行为和对细节教育的迷茫，有时也是积累教育智慧经验的契机。遇到问题并不可怕，可怕的是不知道问题出在哪里。我们常说不打扰幼儿的游戏行为，因为幼儿在游戏中可能正在试图解决。我想，有时业务管理者也不应打扰教师的教育行为，因为只有等教师的问题突显出来，我们共同去直面问题，才可能找到解决问题最好的方法。

总而言之，教育慢下来，收获在细处。

# 第八章 自然教育课程的后勤管理与支持保障

幼儿园后勤管理工作内容较为繁杂，且事事无小事，其不仅关乎师幼安全，更是幼儿园教育教学工作得以高效有序运行的重要保障。幼儿园办学质量的提升，离不开后勤管理工作强有力的支持。

# 一、幼儿园后勤管理工作存在的问题与对策

《指南》中指出，在幼儿期，生活的过程就是学习的过程，幼儿的学习是在其日常的吃、喝、拉、撒、睡、玩、交往、探究等活动之中发生着、进行着的。而这些活动学习仅靠一线教师的努力是不够的，还需要后勤的紧密配合。但长期后勤行政形成的固有思维模式只是做好本职工作，没有意识到后勤工作在幼儿园提升办园质量方面的重要性。而要提升后勤管理工作质量，就有必要对其存在的问题进行认真审视。

### （一）岗位职责缺乏全面性

问题：传统的后勤人员只是满足于做好自己分内的事情。比如：保洁人员只是把卫生打扫干净；保安只是守好大门，保障幼儿安全；厨师只是把饭菜弄好，保证卫生与安全；物品采购人员只是按时把物品采购好，至于所采购的物品是否是班级需要的，既缺乏认真思考，也缺乏与教职工的有效沟通，更谈不上有效地观察幼儿活动对材料的需求等，因而时常会导致大量的浪费；保健医生每周定时安排食谱，订购食材，每天收验货，督查食品卫生等，其将工作重心定位在食品安全上，认为只要食品安全不出问题就完成任务了，而忽略了所订购食材与幼儿园所开展的食育课程的关系，未能给食育课程的开展提供有力的支持。

概言之，后勤工作往往是眼中有"物"而无"人"，最大问题在于心里没有装着幼儿。究其原因，除了行政管理上缺乏有效引导外，后勤人员大多学历低，专业能力不足，育人意识较淡薄，对儿童了解较少也是不可忽视的现实因素。从行政管理角度而言，通过重构各岗位职责，重新认识保教并重原则，引导后勤工作人员树立课程意识，明确后勤为一线教育教学服务的意

识，已是幼儿园提高办学质量必须解决的问题。

对策：聚焦儿童，优化岗位职责。

如何重构后勤岗位职责，让后勤各部门真正为儿童提供有效支持？这就要求后勤管理人员要与教研组长等一线教师一起进行分析、研讨，进一步做好岗位职责的重构工作。

通过对不同岗位进行问卷调查、现场座谈后我们发现，后勤未聚焦儿童亟待解决的问题，其原因在于我们的管理职责不全面，后勤人员鲜有走进儿童活动现场的机会，加之学历不高，所以很多时候仅凭经验管理和服务。后勤行政根据后勤人员的最近发展区，与一线教师一同对如何为幼儿提供支持进行了分析总结，对后勤人员岗位重新进行了定义，如增设厨房人员陪餐制、保安保洁后勤人员参与混合型体育活动值守等，让后勤人员"浸泡"其中。参与幼儿活动，在发现问题中不断优化其岗位职责，逐步与幼儿同频共振，以切实提供有效支持，让幼儿在有准备的环境中自主寻找成长的支点。

### （二）考核未立足儿童发展

问题：每个园所都有考核，什么样的后勤考核才是适宜的？应该是以问题为导向，以儿童发展为本位的。

保育教师被子叠得好不好，这是传统保育教师工作考核的常规项目。殊不知，就这项不起眼的叠被工作，如果惯性地交给保育教师去完成，并列入她们的岗位职责，那么，就意味着叠被子这一工作失去了很多协同教育的机会，幼儿的生活技能也错失了自主提升的机会。而考核保安，若只是着眼于是否保障了安全，显然也是单一且缺乏课程意识的。保安也是幼儿园的课程资源，也能给幼儿带来有益的学习经验。比如，当幼儿在询问保安叔叔的职责或对保安的器械产生好奇的时候，往往就潜藏着教育契机。按照传统的保安考核办法，回应幼儿的疑问显然不是保安的岗位职责，因为幼儿的这一"询问"或"好奇"跟安全无关，保安人员会认为这不是自己职责范围内的事务，所以他们就可能敷衍了事。同理，对厨房的考核若只是聚焦教职工菜肴的色香味，也就与儿童发展缺乏关联。

一言以蔽之，就是因为对后勤人员的岗位考核缺乏儿童意识，没能将促进幼儿发展纳入后勤人员的考核内容。

对策：优化考核，促进儿童发展。

在倡导人人都是教育者，并引领后勤人员走进教育后，考核就是风向标，我们找准问题，逐步优化后勤工作职责并在考核中体现。

随着考核的深入推进，各部门也悄然发生着变化，他们眼中逐步有儿童。保育教师不再只是放下扫帚，拿起拖把的"清洁工"，而是承担着协教任务，关注班级儿童状况，及时与教师沟通，并达成共识，再提供有效支持的教育者。进行生活课程交流、保育手记撰写等渐渐成为保育教师的工作常态。保健医生也不再仅是幼儿园营养食谱的设计者，而是班级食育活动的专业支持者，他们也时常进入班级介绍食材或者健康保健等内容，班级中出现与食育相关的种植、主题、游戏等活动，他们也是环境准备的重要参与者。厨房人员不再仅仅关注幼儿食品，他们在幼儿活动中也承载着重要角色，当班级中遇到需要厨房叔叔阿姨才能帮忙解决的问题时，他们会通过讲解或视频分享等多种方式提供解决策略；当发现幼儿角色游戏材料不足时，他们会有心留下干净的菜皮投放到游戏材料筐中提供支持。

### （三）前后勤缺乏有效链接

问题：幼儿园里哪些人是教育者？需要怎样的教育者？合格教育者的标准又有哪些？是不是需要后勤与前勤通力合作，才能车轮同向促进儿童的发展？这是需要认真思考的问题。

一直以来，幼儿园前后勤分工明确，各司其职，但缺乏有效链接。后勤没有关注儿童，采买部门凭自己经验，没有考虑所采买的物品是否是班级幼儿所需要的。保安人员在挂户外安全标志时，如果只是按部就班地将正确标识挂在相应位置，没有与班级教师有效协调，教师就无法及时甚至会直接忽略对幼儿开展认识标识的活动，幼儿也就可能错失获得相应学习经验的机会。

幼儿在园的学习与生活是以一个整体方式而存在的。同样，幼儿园教职员工的工作也应该是整体呈现的，而非割裂、零散的。前后勤工作缺乏有效链接，不利于幼儿健康和谐地发展。因此，后勤与前勤的有效协作是亟须思考和解决的问题。

对策：走进现场，提升专业能力。

所谓教育中的全员参与，指的是园内教职员工人人都是教育活动的参与者。幼儿园的教育者，不仅限于"两教一保"，还应该囊括幼儿园后勤所有工作人员。只有相关部门紧密联系，才能形成全方位的管理和执行体系。

幼儿活动是班级与各个部门相互联系，各个部门之间相互配合互动的结果。只有各部门紧密配合再不断反馈到班级活动中，形成全员参与的模式，才能实现活动的完整性和系统性。后勤管理者也应多深入班级，只有多深入一线，及时发现了解幼儿的需求，做好支持者和一传手，才能保障管理落地。

因此，我们对后勤人员提出了"走进儿童现场"的要求，并每月一次进行记录、反思。厨师开始试着走出厨房，走进班级观察进餐状况，改进烹饪方式，同时与一些挑食的幼儿开展积极互动；保洁人员也不再一股脑地将漂亮的叶子一扫而光，而是开始思考收集什么样的叶子为幼儿的游戏助力。

## 二、自然教育园本课程后勤管理工作的实施与成效

### （一）自然教育园本课程后勤管理工作的实施方法

在自然教育中，行政人员如何提升后勤人员专业素质，与一线教师共同协力保障儿童健康和谐发展，避免急功近利？应遵循其自身的最近发展区，让其不断体验到成功感，更加乐意走进儿童的学习与生活。通过行政专业人员的鼓励与帮助，后勤人员在不断实践中提升专业素养，形成学习共同体，最终促进幼儿健康和谐发展，实现共赢。

**1. 调整工作时间——走进教育现场**

以前，我们的集教活动时间，便是保育教师的卫生保洁时间，教育好像只是另外两位教师的事情。随着我们自然课程实施的反思改进，幼儿自主时间逐步增多，而在正常活动中，一位教师很难保障活动的安全有序开展。因此，通过观察，我们对保育教师卫生消毒时间进行了规范，如：幼儿晨间 8:10 来园后不能再开展卫生清洁工作，并对活动中保育教师参与协教作了硬性规

定，卫生清洁工作主要在幼儿午睡或离园后进行，并与考核挂钩。通过逐步浸润，我们发现保育教师在协教过程中变被动为主动，因为她们在另外两位教师执教时，认真观察了教师提的问题，以及如何支持幼儿的发展等场景，所以在协教中教育意识慢慢增强，也逐步减少了包办代替，把更多的空间留给幼儿。

在全园户外混合体育活动中，除了门卫、厨房人员外，我们还倡导全园职工共同值守户外场地，保障幼儿安全的同时，进一步走近幼儿、关注幼儿，并将所负责场地中幼儿的活动情况等反馈在微信群等平台，为班级教师提供第一手资料。实践证明，全园职工都能够基于儿童立场，不断优化与改进原来工作中的相关问题。

**2. 改进培训方式——提升科学保教意识**

园本教研对教师来说并不陌生，对于后勤人员来说亦是如此。但在实际工作中，后勤人员主要以常规、安全方面的内容为主进行教研，接受是被动的。以前保育人员主要围绕"保"在研讨，对教师协教等研究几乎为零。究其原因，从管理者开始就有所偏向，为了改变这一状态，后勤行政进行了分析：保健医生对卫生、消毒、意外伤害等工作是很专业的，而后勤行政人员则对教育教学工作比较专业，针对全园实际，后勤人员应思考怎样更好地为儿童的健康发展助力。于是，从研讨内容上进行了分工。后勤行政主要负责对后勤人员现象背后为什么应这样做进行研讨，而保健医生主要负责卫生保健、安全常规方面的培训。通过这样每月一次的"组合拳"，让后勤人员不是听过就忘，而是在实践中做过就理解，不断提升自身水平。

后勤行政还对一些共性问题进行每月研讨，比如：幼儿采摘樱桃时，有的保安保洁人员一片好心直接把树枝拉低，让幼儿毫无挑战地摘，剥夺了幼儿在面对问题时主动解决问题的机会。对于这个案例，后勤人员在协助保障安全时，究竟应该怎么做？是拉低树枝，让幼儿不费力地就能摘到吗？那儿童的发展又在哪里？通过小案例研讨，后勤人员逐渐清楚"为了幼儿"的做事方法应该是什么样的。一个个结合实际场景的研讨培训，进一步提升了后勤人员基于儿童现场、参与教育、支持一线的意识和能力。

又如，幼儿盥洗室内肥皂盒经常横七竖八地散乱着，行政与保育教师一

行政模拟教学情境与保育教师进行研讨

起分析其背后存在的问题，她们也进一步明晰了隐形环境教育的价值，以及幼儿自我校正背后的理念，促进其保育观念和行为的落地。行政巡班指导，发现保育教师进步很大，她们不再因为幼儿打翻牛奶而急于去打扫，剥夺了幼儿发展的权利。但我们又发现一些共性问题，如：保育教师喜欢不自觉地说教，把自己的观点无意识地强加给幼儿。结合保育教师的最近发展区，我们搜索了李季湄教授在2017年学前教育研究会上关于《实现高质量的发展》的讲座内容，引导保育教师先看视频学习，再结合自己日常工作进行反思。李教授深入浅出的讲解，让她们深受启发。接着，行政又将李教授讲座与《指南》中的社会领域内容相连接，与保育教师一起分析研讨，并要求保育教师进一步到日常工作中去实践。

我们发现保育教师在悄然发生变化，以下是保育员周老师的保育手记。

保育老师每天洗的擦手巾都是由值日生轮流来帮助小朋友挂到毛巾架上。一天，两位小朋友在帮忙挂毛巾时遇到了问题，毛巾有的挂绳在角上，有的对折在中间，使本来一样的毛巾长短不一，那要怎么挂呢？"老师这个挂那里，这样的又挂哪里呢？"幼儿边说边举起长短不一的毛巾给我看。听了李季湄教授的讲座，我知道此时就是让幼儿思考解决问题的好时机，而不是包办代替。我说："你们两个想办法吧，看谁想到的方法最好。"男孩子想了一下说："我想起以前是怎么挂的了。"我问他："你知道为什么要这样挂吗？"他还没来得及开口，女孩子在旁边说："我知道，因为最下边一排要是挂长的，毛巾就会弄到地上，地上有细菌，这样刚洗的又会弄脏。"我问她："你是怎么知道的呢？"她说："我刚刚拿两种毛巾试了一下就想到了。"作为保育教师，我要尽量多给幼儿思维成长的机会，而不是包办代替。

点点滴滴汇聚成江河。通过案例、专题等培训研讨，我们欣喜地看到后勤人员在实际情境中进行价值辨析，并在幼儿最近发展区内，给幼儿成长空间。用管好自己的嘴与手取代包办代替的固有习惯，在实际中尝试放手，与幼儿积极互动，让幼儿获得主动发展。后勤人员正朝着幼儿学习发展引导者、支持者、合作者的方向前进。

### 3. 转变评价视角——关注儿童学习发展

教育家陈鹤琴曾指出："凡是儿童自己能够做到的，都应该让孩子自己做，凡是孩子自己能够想到的，就让他们自己去想。"为了让幼儿成为生活的主人，我们的后勤考核也由以前只关注卫生安全而忽视幼儿，转变到与幼儿紧密相连，有力保障了教育方向的准确性。考核大致分为两部分：卫生安全保障，关注幼儿生活。如：考核厨房人员不再是做自己的拿手菜，而是进班级有效巡餐，对幼儿不喜欢的菜品进行创新改良。保育比赛叠被子不再是关注保育教师叠得好不好，而是关注幼儿叠得如何、问题出在哪里、如何提供支持，从而促进幼儿能力发展，让幼儿有信心面对自己的生活。通过增加后勤人员撰写手记和生活课程交流评比考核，使后勤人员更加关注教育的寻常时刻，如：在疫情期间，幼儿体温测量环节存在什么问题，保育教师进行了观察与分析，并为教师进一步教育实践的落地提供了依据。

通过转变和进一步依据现场调整考核，后勤人员逐步关注到了幼儿，工作也更加细致，让后勤、班级、幼儿、家庭等共构形成了教育共同体。如：厨房人员到班巡餐也不再只是询问幼儿是否吃得完，菜好不好吃，而会更加关注细节的改进，如观察发现各种瓜的切法不同对小中大班幼儿的进食会产生影响，于是也开始追问为什么、怎么办，厨房也慢慢成为了教育资源。

### 4. 形成互助团队——增强自信与成功感

保育教师相对于保安保洁等后勤人员来说，是离儿童、家长最近的人。这就需要她们密切关注儿童，与家长协同努力促进儿童发展。由于学历普遍偏低，因此保育教师在教育中往往缺乏自信，在家长中也难有话语权。为了让保育教师有专业话语权，并且获得成就感，行政运用鹰架理论，从保育教师最了解的卫生保健方面开始，根据每周各自班级的具体情况撰写手记，发到保育教师的交流群相互学习修改，再发公告到班级家长群供家长学习阅读……这样螺旋上升的方式，极大地促进了保育教师的写作与沟通能力，也逐步让保育教师得到了家长的认同。

在保育教师进行一年的公告创作后，为了进一步增强她们在生活教育现场的观察分析和指导能力，我们鼓励她们记录日常点滴，并尝试撰写美篇。其实，梳理制作的过程就是成长的过程，保育教师在这个过程中更加深刻地了解了现象背后的教育价值，更懂得如何与班级教师配合，共同促进儿童的健康和谐发展。同时，她们也进一步了解了教师该如何以幼儿为本开展教育活动，在活动中教师是如何支持的，以及如何避免在活动中保育教师"人在心不在"的现象发生。当然，保育教师也有很多担心和顾虑，主要就是担心自己写不好。对此，行政从考核到操作层面都给予了有效支持：初期考核时只考核数量，不与质量挂钩；写好的文字放到保育群里，大家相互学习并修改，形成学习共同体；考核的目的是关注教师和幼儿当下发生了什么，教师应该提供怎样的专业支持……通过这样的方式，有效地避免了大家为了分数托人制作美篇的现象，开始脚踏实地、一步一步地学习与成长。家长对保育教师逐渐认同，保育教师收获了尊重，也提升了自信。保育教师撰写的优秀作品，也将上传到集团公众号，这也增加了她们的成就感。

对保安保洁等人员，我们也将生活课程进行了集团内分享交流活动，大家在相互分享中进一步感悟提升。

**5. 强化实践反思——促进自我专业成长**

后勤工作纷繁复杂，仅仅依赖后勤分管园长是难以推进的，因此就要求后勤园长应具有教育意识，并带领后勤员工，提升他们的自我反思能力和管理意识，以幼儿为本，在做好基本的卫生、安全等保障的同时，逐渐向教育者转变，让幼儿在有准备的环境中，自己寻找成长的支点。

为了一步步提升他们的自我管理能力，后勤行政设计了"每周工作表"，如保安、保洁等后勤人员，通过每天的工作记录、"每月一会"等形式，与行政人员共同查摆问题，寻求解决方案，他们开始逐步规范自己的工作，有意识地主动思考什么时候做什么、如何做等问题，大家相互推诿的现象也明显减少，工作态度由"要我做"变为了"我要做"。接着，他们尝试记录"我与儿童的故事"，眼中逐步有了儿童，做事情的时候也开始思考能为儿童提供什么支持，也通过分享交流进一步提升自己。

现在，"万能"的保安叔叔们在种植时会提前思考什么时候种植、怎么种植，能为班级提供什么支持，该如何让教师提前知道。若幼儿有需要，还要思考如何与幼儿一起进行种植活动，同教师一起为幼儿提供服务。后勤努力去做的事情，逐步成为课程资源的一部分。

厨房的厨余垃圾，如菜叶、瓜果皮一定要扔掉吗？厨房人员巡餐走进班级后，深切地感受到了班级的游戏材料并不是只有高大上的材料，也有身边一些"不起眼"的资源。有一天，中二班的王老师来到厨房问有哪些不要的皮，大家正准备把所有的皮给她时，有人就提出莲藕皮不行，因为它会褪色，白冬瓜皮也不行，因为它有毛。厨房人员筛选出有利于操作的材料提供给教师，让幼儿有真实的材料进行想象替代，也避免家长把好瓜果带来用于游戏造成浪费。现在，厨房人员会筛选好厨余材料放在相应位置，由班级自取。后勤行政也与教研组长建立了交流机制，无缝对接，为课程提供充足的资源。用厨房人员朴素又自豪的话语来讲，就是"我们厨房也有东西能帮到孩子的课程了"。能为儿童的发展助力，对于她们来说是十分骄傲的。

保洁人员在扫地时，也会思考如何为幼儿的课程助力。比如：关于黄桷树叶扫不扫的问题，保洁阿姨也有自己的见解。下雨后的叶子要扫，因为比较脏；黄桷树有果子和树叶一起落的时候要扫，因为果子一踩是有点臭的，而且里面有小虫；其他时候的叶子可以留着做游戏……后勤行政也不会以"这里的区域没有扫"来评判她们工作好坏，而是着眼于评价其是否对教育有思考，是否对儿童的活动有支持帮助。

通过自我发现问题—分析问题—解决问题—再发现问题的过程，后勤各岗位寻求自己对于教育的解读，并运用于实践。当然，还有对于自我的触动，如：一直以来都是我们在提醒幼儿水龙头开小一点，不要浪费水，要养成节约用水的好习惯。但其实我们不知道的是，小朋友也会用他们的眼睛发现我们的问题。例如保育员周老师在保育手记中提到：小朋友正在洗手，我也在洗，可一下子把水龙头开大了，小朋友立马叫住我："不能浪费水，要开小水，要不然以后没有水喝会渴死的。"我这才反应过来，立马向幼儿承认自己的错误，并告诉他："以后我一定注意，你以后帮助我，让我也养成节约用水的好习惯，好不好？"

金无足赤，人无完人。以前行政人员看到的都是后勤人员如何有效支持幼儿成长，而现在能看到后勤人员真实的样态，不再掩盖自己的问题与不足，在犯错误中不断积累经验，在反思中成长，在反思中进步，在反思中提高。

### （二）自然教育园本课程后勤管理工作的成效与感悟

现在，我园后勤管理者从之前纯粹的常规管理，转变为利用专业能力给予团队专业支持的教育者。管理者常常走进教育现场和大家讨论，利用专业能力引领后勤团队关注幼儿在活动中的需求。如在幼儿游戏时、在各类课程中提供安全和场地支持；厨余材料可以为班级游戏提供哪些辅助；保安保洁在日常工作中与幼儿的互动和心理情绪的调节等等。在幼儿教育走向整合化和一体化的路上，我园后勤管理者不断调整思路，为后勤团队提供支持，成为后勤团队的专业支持者、陪伴者，为一线服务好、做好后勤保障，带领后勤团队在专业指引下，在平凡的工作中做出小小的成绩。

后勤管理与实践，需要后勤管理者引领，不断带着后勤人员，依托工作实际情况，以儿童为本位，在实践中反思，实现量变到质变。通过交流、培训、考核，形成学习共同体。我们欣喜地发现，后勤人员在从量变到质变的道路上前行着，"方向比努力更重要"，在南幼自然教育理念引领下，我们看到了鲜活的、眼里闪着光的后勤岗位工作者，从后勤人员下面的生活记录中，我们也能感受到他（她）们的专业成长。

#### 1. 保健医生从膳食营养师到食育课程的开发者

幼儿园的保健医生是专门进行营养膳食搭配的。南幼的保健医生不仅肩负营养师的职责，还在食育课程中起到了支持、开发的作用。保健医生在日常工作中，不仅要考虑餐点水果的营养搭配、应季蔬菜水果的挑选，还要考虑食材地域的选择、展示出食材原型和分解后的成品等，为班级教师实施食育课程提供支持，共同推进食育课程。

案例一：展示柜里的冬瓜（营养保健医生周勇）

一天餐前巡班时，小班的老师正在和孩子们讨论今天喝的是什么汤。孩子们有的说是土豆汤，有的说是冬瓜汤。老师进一步舀起汤里的菜让孩子们仔细观察，并追问："汤里的菜是什么？"。"像土豆。""像冬瓜。""土豆是什么颜色？""是有点黄黄的。""我们这个汤里的菜是黄黄的吗？"孩子们摇摇头说是白色的。"对。"老师接着说，"今天汤里的菜是白白的，有点透明，是冬瓜，那今天喝的是什么汤？""冬瓜汤。"孩子们齐声告诉老师。听了老师和孩子们的对话，我庆幸今天我的一个做法，那就是在食品展示柜里，准备了一个冬瓜和一些水果蔬菜的切片，便于孩子们观察并用于老师们的食育课程中。

接下来，我又走进中班教室，看见老师正带着孩子从户外回来，孩子们看见我兴奋地说："周阿姨，我们看见食品展示柜里有好大一个冬瓜。""那你们今天看见的这个冬瓜和平时的有什么不一样呢？""大，好大一个，看不见里面是什么样子的。""对，之前我给你们展示的都是横切面的冬瓜。其实冬瓜除了横着切，也可以竖着切，也可以像今天这样展示完整的大冬瓜，这样你们就可以有更多的观察和对比了。"听了我的话，孩子们使劲点点头，眼睛里满是期待。

大班孩子在餐后散步时也发现了展示柜里的冬瓜，他们兴奋地跑来问我："周阿姨，你的这个冬瓜好大呀，我们幼儿园树藤上的冬瓜好小。""是吗？幼儿园的冬瓜在哪里？"我假装疑惑地问。在操场边，孩子们带着我来到他们说的冬瓜树下，这哪里是冬瓜，分明是瓠子瓜，但孩子们是分不清的。我没有直接回应他们，而是让他们观察这两种瓜的不同，让他们带着问题回家去查询后第二天再来告诉我。

第二天，大班孩子纷纷告诉我说："周阿姨，我知道幼儿园树上结的不是冬瓜，是瓠子瓜。""你怎么知道的呢？""昨天妈妈来接我时，我让妈妈给这个瓠子瓜拍照，去外面的菜市场去寻找对比发现的，卖菜的奶奶说这是瓠子瓜，瓠子瓜和冬瓜一样，外面有一层毛毛，但里面就不一样了。""那里面有什么不一样呢？"我继续追问道。"妈妈说，等周末时买冬瓜和瓠子瓜回去，进行亲子美食制作，到时候我就知道了。""好的，下周你再来告诉我你的发现，到时别忘了和大家分享哦！"

我们欣喜地发现，我园的营养保健医生从之前单纯的食谱制作者，变成了一名食育课程开发者。制作食谱时，无论是蔬菜还是水果，既会考虑地域和本土，又会考虑应季和幼儿园3公里、5公里外的社区资源。所以，幼儿园在实施食育课程中，保健医生发挥着举足轻重的作用，她们会随时关注和跟进班级食育课程的实施情况，从孩子们的需求出发，提供适时的支持，为孩子们的课程做好后勤保障。

**2. 保育老师能从寻常时刻的生活中找到教育生长点**

生活其实就是教育。随着教育观念的转变，一日生活皆教育的理念越来越渗透于保育教师内心，保育教师的专业性也在不断学习《指南》中提升，她们能以生活中的点滴事件为抓手，从生活小事中挖掘寻找教育资源，从教育者的角度去思考，为幼儿的学习提供支持和帮助，从而实现生活处处有教育，生活处处会教育。

案例二：测体温的故事（保育教师黎珍池）

因为疫情，孩子们现在上幼儿园和以前有很多不一样，比如戴口罩、测体温。开学第一周，早上我一边给孩子们测体温，一边还要找对应的姓名记录下来。由于人多我有点忙不过来，从而影响了班级其他活动的有序开展。

《指南》中指出，孩子与生俱来的好奇心和探究欲望，使得他们对自己感兴趣的事物，都喜欢在动手动脑中去获得满足。于是我就想，我们班孩子已经大班了，为什么不放手让他们自己来记录体温值？我和班上老师商量后决定，把这个权利放手给孩子，我们还特意为孩子们做了记录体温的卡片。在记录体温的时候，我发现很多孩子记录数字的一些问题，有几个孩子把5写反了，把6写倒了，有的孩子小数点的位置没有写对，体温记录成了"3.66"和"363."。我向老师反映了这些情况。针对写反写错的，餐后活动时老师帮助孩子们丰富经验，引导孩子观察比较数字5、6正确的书写和反着的样子或倒着的样子有什么区别。我们也及时分析孩子36书写错误的原因可能跟我们大班的图夹文混淆了。通过共同观察对比，孩子们知道了记录体温不用写图夹文（346）（这里的4代表的是三十六中间的十，孩子们就用4表征十），而是直接写正确的数字（36）就行。

因为疫情原因家长暂时不能入园，针对前面孩子们出现的个体情况，我们也分别通过微信和家长一一进行沟通，向家长提出了一些解决策略，让家长用孩子能接受的方式进行。如：孩子和家长在家的时候可以相互玩测体温的游戏，如体温枪打出36.5，孩子就把温度数字写在纸上。经过一段时间的练习，孩子们已能快速、准确地完成记录体温。

一天早上，有孩子找到我说："老师，我很想自己测体温，觉得很有趣。"我就想大班的孩子为什么不可以让他们自己尝试看看呢？因为他们感兴趣，喜欢动手，会有一种成就感、满足感。于是，我在早上就尝试让两个小朋友互相测体温，或者自己给自己测体温，让他们感受这个有趣的过程，说不定还有新的问题出现，成为探究成长的机会。在这个过程中，小朋友对于神奇的小数点也更加熟悉了，知道在写温度的时候，可不能写错地方。经过一段时间的努力和坚持，孩子们在数字的认识、小数点的标记、温度的记录上都比之前有了很大的进步。看到孩子们取得一点一滴的进步，作为老师的我们也感到无比欣慰。

在参与测体温的过程中，孩子们还了解到我们人体的正常体温是36℃到37.3℃之间，如果测体温的时候发现超过这个范围，就要告诉老师，让老师看看是不是发烧生病了，从而也增强孩子的自我保健意识。在这个充满乐趣的过程中，孩子们的自我服务意识提高了，他们非常喜欢，乐意而且很认真地帮助小伙伴们测体温、报温度、记体温。

从以上案例可以看出，保育教师能将《指南》精神用于工作中，善于从小事入手，关注生活中的偶发事件对幼儿的教育影响。像测体温就是疫情期间的点滴事件，也是做好疫情防控的常态工作。正是保育教师及时捕捉住这一教育契机，真正地通过这些常态工作，在一日生活中浸润，在有趣的互动中培养幼儿记录、观察、合作、关注身边事、服务他人的良好的品质。幼儿有所获，保育教师自己的专业能力也越来越强。

**3. 保育教师能用心关注个体，提供适宜方法支持其发展**

保育教师作为全天候在班级中协教和管理的人员，关注个体、进行个案观察是她们专业性体现的重要方面。所以，在日常工作中，后勤管理者会更多地指导保育教师关注幼儿生活，关注个体，尊重每个幼儿都是独特个体的特性，从而有针对性地开展工作。

案例三：慢慢适应和改变的孩子（保育教师李小凤）

我们班有一位叫小颖的孩子，刚入园时不爱讲话，很难让她开口，也不上厕所，每天都会尿湿裤子鞋子。吃饭时勺子也不怎么会用，每餐基本不动，喂她也不吃。

针对这个孩子的情况，我们准备家访，顺便看看她在家里的表现。到了她家，发现孩子活泼开朗，话很多，对老师也很热情亲密，还跟老师一起看绘本、讲故事，给老师拿水果吃，和在幼儿园的表现截然不同。通过家访，我们了解到孩子是二胎，哥哥上大学了，家里习惯喂饭，而上厕所是坐便，所以对幼儿园的蹲便不适应。我们便和家长沟通试着让她学会蹲便，带她去公共场所教教她，老师在幼儿园也逐步引导她，让她慢慢适应。

家访后，她最初的情况还是尿急了不说，尿裤子了也不说。我们只有看到地上一滩尿才知道她尿了，像这种情况一天大概会出现两次，且每次尿量很大，应该是憋了很久。我每天都会特别关注她的解便情况，问她有没有便，要不要解便，她不回答，带她去厕所也很排斥，总之就是不解便，憋不住了就尿裤子。每次给她换裤子，不论怎么引导说有便时要告诉老师，老师会帮助她，她也还是不说话。

这样的情况大概持续了3周，一天活动回来集体解便时她也跟着进了厕所，我想今天应该是有便了，要牵她去解便，可她还是排斥。这时，我看到另一个孩子正准备解便，我就对那孩子说："彤彤，我们和小颖做好朋友好不好？你们都是小女生，一起去解便，好吗？"彤彤很聪明，看到我在教小颖解便，马上用小手拍着说道："好呀！我们一起解便。"听了小朋友和我的对话，小颖居然不那么排斥了，我便牵着她来到便池边："来，我们踩到两边白色边边上，脱下裤子蹲下去，小便完拉好裤子，就可以啦，我们和彤彤一起解便吧。"彤彤很快就解了出来。"我解不出来。"小颖有点着急地说。"没关系，小颖，看，你的朋友彤彤都已经解完便了，小颖要加油！"彤彤也在旁边拍着小手喊道："小颖加油！加油！"在我和好朋友的带动下，这次她真的解出便了。

这次成功引导小颖解便后，我以为她慢慢会有所改变，可这次过后她还是不愿意去厕所解便，跟妈妈沟通也说每天放学出幼儿园就憋不住了，要抱着尿。我想这一天总憋着也不是办法，接下来我就试着让她在便盆上解便，一开始她还是不愿意。我就牵着她的手跟她说："小颖，老师跟你说话你要回答，好不好？有便要告诉老师，你憋着不舒服，憋久了要生病，尿湿裤子鞋子不舒服而且不卫生。"她居然回答了我："好。"但后来每次问她都会说没有便，问题一直没有真正解决。有一天她尿床了，我便对她说："小颖，你看尿湿床，没办法睡觉了，而且床上还会有尿臭味，睡着也不舒服。如果我们在睡觉前去解便，就不会尿湿床了。"她还是不回应我。我又接着引导她说："那我们每天睡醒了就起来解个便，好不好？这样我们就不会尿床上，也不会有尿臭味。"她点着头说"好。"有了这个约定后，每次起床前我叫她，她都会快速起来在便盆上解便。

慢慢地，大家上厕所时她也会跟着去了，还会对我说："我没有便。""小颖，你是在和谁说没有便呢？""你。""我是谁？""李老师。""我跟你说话会叫你小颖，你跟我说话要怎么说呢？"孩子很聪明，想了想说："李老师，我没有便。""嗯！知道了，小颖好聪明，这样李老师就知道你是在跟我说话了，但中午醒了我们要起来解便，好不好？""好！"慢慢地，她开始适应，话也一天天多起来了。

针对小颖每天放学出幼儿园就要解便这个问题，我就和她妈妈沟通，陪着她在幼儿园解了便再走。妈妈就让小颖带她看看幼儿园的厕所，妈妈一进厕所就说："哇！幼儿园的厕所好漂亮，跟家里的不一样呢！我都好想在幼儿园上厕所，我们解了便再回去吧。"然后，引导孩子蹲下拉好裤子解便。之后，妈妈来接都会陪她解了便再走，还问她这样没憋尿是不是很舒服。她会很开心地说："嗯！是的！"现在进厕所前小颖都会主动说："李老师，我有便啦！"

从这个案例可以看出尊重个体差异的重要性，保育教师在其中起着非常重要的作用。每个幼儿有不同的成长背景，有不同的个体差异，要想让他们尽快适应幼儿园的集体生活，养成独立的生活自理能力，的确需要教师的细心观察、耐心支持和引导，尊重每个个体，因材施教，陪着幼儿慢慢地适应和改变，促进他们不断地成长！

**4. 厨房人员会根据食育课程需要乐于主动实践和改变**

厨房人员在幼儿食育课程中一直是默默的支持者,但在幼儿园"人人都是课程参与者"的理念影响下,他们也从幕后走到台前,在日常巡班过程中,能根据园本课程需要,从幼儿营养健康的角度考虑,主动实践和改变,为班级食育课程开展提供有力支持。

案例四:米饭变紫了(厨师唐群)

一天,我像平常一样,在分完每个班的饭菜之后,带着愉快的心情去班里看看孩子们的进餐情况。我先来到了大一班,咦,我发现有个孩子端着饭碗在发呆,平日里这个孩子进餐情况非常好的呀,发生了什么事情让他愣住了呢?我非常好奇,于是便悄悄走近孩子,问孩子是怎么了。孩子一看到我,就迫不及待地问我:"厨师阿姨,今天的米饭,为什么是紫色的呢?往常吃的都是白色的呢。"旁边的孩子也问道:"阿姨,今天的米饭为什么是紫色的呢?能吃吗?"原来,孩子们是对今天的米饭的颜色产生了好奇。于是,我耐心地告诉孩子:"今天吃的是黑米饭,黑米本来是黑色的,但是煮熟以后,黑米就氧化了,变得更暗淡,颜色就成了紫色。这是很正常的,米饭是可以吃的,而且黑米的营养价值非常高,可以让你们变得更强壮、更聪明。"孩子们听了我的话,大口大口地吃起来,有的孩子还边吃边说:"我要多吃一点黑米饭,这样我就会更聪明。"看到孩子们开开心心地吃着饭,我就放心地离开了。

通过这件事,我想,教育也不一定全是老师的事情,作为厨师,我也可以为孩子们在食育课程中提供帮助。比如,在米饭的烹饪中,不仅仅是黑米,我们还会放一些粗粮、葡萄干、雪梨等等,这个时候可以提前和老师们对接,让孩子们在吃的时候去观察、去品味食物的多种口味;我们还可以多去观察孩子在进餐中的表现,调整做出最适宜他们的口味;甚至我们还可以引导孩子去观察,哪些食物在煮熟之后颜色会发生变化等等。这些不仅会帮助孩子们收获生活的智慧,还能为他们的好奇心、求知欲以及从小养成良好的饮食习惯奠定基础。

从这个案例可以看出,厨房人员是乐于参与到幼儿的食育课程实践中的,他们能主动地在餐点制作中去思考、去改变。不仅考虑口感,还考虑多方面的营养价值的供给;不仅是常规的支持,还要和教师主动对接,主动走进幼儿生活，在幼儿食育课程中适时指导，充分发挥厨师的直观教育作用，为课程建设服务。

**5. 保安人员从做好日常工作到具有儿童视角和教育意识**

幼儿园保安人员日常工作是做好安保、养护各种花草树木的工作。幼儿在进行各种主题探究活动时都会自然而然地找到保安人员，保安人员就会用自己丰富的生活经验，以儿童为本位，利用儿童好学好问、喜欢探索的特点，在幼儿需要帮助时提供有效的支持，而不是单纯地直接告知。保安人员这种儿童视角、教育意识正是在后勤管理指导下自然而然的一种转变。

案例五：树叶的故事（保安胡宇敬）

一天，中四班孩子在老师的带领下进行认识树叶及其用途的调查。有一些树叶是小朋友不认识的，孩子们拿着树叶找到了我："胡叔叔，这是什么树叶呀？""这是桑叶，你们知道这个树叶可以用来做什么吗？"我反问道。"喂蚕。"小朋友回答道。还有一些小朋友说可以喂小白兔。"那还可以做什么用呢？"我又接着问，小朋友说不知道。"胡叔叔来告诉你们，桑叶除了这些用处外，还是一种中药材呢。"接下来，小朋友们一一把不认识的树叶拿来让我给他们讲，我也很耐心又细致地回应着小朋友的"十万个为什么"。

其间，我发现幼儿园里有一种比较特别的树叶，小朋友们没有找到，于是我就告诉孩子们："幼儿园里有一种树叶比较特别，你们去找一找，看找得到不？"小朋友兴致很高，可是找遍整个幼儿园也没有找到。于是，我带着小朋友来到一颗杜仲树下："小朋友，你们知道这是什么树吗？""是黄桷树。""桑树。"孩子们七嘴八舌地说着。"它跟你们一样有一个名字，叫杜仲，可厉害了，是一种名贵的中药树种。你们再看看它的叶子有什么特别之处呢？"我问。"有锯齿，长长的，没有什么特别的啊。"小朋友说。"你们轻轻地把树叶锯断再看看。"于是，小朋友照着我的方法，把树叶锯断。"哇，胡叔叔，它的叶就像连藕似的有丝，连着的，太好玩了。"看着孩子们兴奋的样子，我心里特别有成就感。

作为一名保安人员，在幼儿主题探究活动中，发挥着不可或缺的作用。保安人员熟悉幼儿园各类自然资源，在幼儿有需求时能提供有效支持。最重要的是，保安人员不是直接传授，而是一步步引导，一步步有效指导，让幼儿在参与活动的过程中愉悦地习得相关经验。

　　虞永平教授曾指出：幼儿园课程就在儿童的生活中，就在儿童的行动里，就在发现和解决问题的过程中。生活中的事物是儿童活动的重要对象，它们能给儿童带来乐趣，带来挑战，带来想象，带来专注，带来快乐，带来经验。一日生活皆课程。幼儿园后勤团队作为幼儿在园一日生活的陪伴者、支持者，在南幼人人有课程意识、人人会给予课程支持的理念熏陶下，一直在努力坚持着。南幼后勤成为教育者、支持者的道路虽然艰辛，但他们的儿童立场非常坚定，在一次次与幼儿的对话中，他们也越来越有专业自信。在自然教育的道路上，我们一道努力，为幼儿成长积极提供支持，共同促进幼儿身心健康和谐发展。

# 附　录

## 附录一：自然教育课程五大版块活动内容与实施指南

| 活动名称 | 核心经验 | 各年龄段突破重点 | 各年龄段实施途径和具体内容 | 自然融入的全面发展经验 |
|---|---|---|---|---|
| 日常生活 | 自理自主 | 小班：自理能力<br>中班：自我管理<br>大班：自主管理 | 小班：<br>1. 日常生活<br>（引导下自己穿脱衣物叠被、收拾整理、不挑食、喝白开水、细嚼慢咽、作息规律、坚持刷牙、正确洗手、不随地吐痰、不乱扔垃圾、节水环保等）<br>2. 餐点利用<br>（食材认知、饮食文化、饮食技能如：亲子制作、认知菜谱、认识健康食物、辨别生熟等、点数取食、食品安全演练、区角制作、种植饲养、种植食物、参观农贸市场、创设食育环境、了解食物来源等）<br>3. 晨间签到<br>（自我关注、认识同伴、坚持上幼儿园等）<br>4. 天气播报<br>（关注气象、星期、穿衣指数等）<br>5. 新闻播报<br>（关注身边事、多元记录、家庭归属感）<br>6. 班级公约<br>（与孩子一起讨论的、动态的）<br>7. 情绪表达<br>（情绪卡、情绪发泄屋等）<br>8. 班级符号收集<br>（入园离园秩序、一日生活流程、各类课程经验、主题进程、安全标志、路标等图片或简单符号）<br>9. 一日作息<br>（早中晚感知）<br>10. 卫生移除<br>（愿意参与）<br>11. 小值日<br>（愿意参与）<br>中班：<br>1. 日常生活<br>（知道自己穿脱衣物叠被、扣纽扣、 | 小班：<br>1. 秩序感和安全感<br>（环境标识、活动流程等）<br>2. 健康<br>（自我保护的意识）<br>3. 语言表达<br>（能听懂日常会话，能口齿清楚表达，并作出回应）<br>4. 社会认知<br>（大胆询问、倾听）<br>5. 数学认知<br>（对应、次序、数字、点数、颜色、大小、形状、种类、方位、标记等）<br>6. 科学探究<br>（仔细观察，能初步的提问）<br>7. 表征记录<br>（直观形状图片观察）<br>8. 前书写、前阅读<br>（图片观察）<br>9. 艺术欣赏<br>（各过渡环节音乐的自然渗透，黏土捏、画、撕贴）<br>10. 家园协作<br>（家长示范生活自理的自我服务方法，如穿脱衣裤、亲子制作等） |
|  | 解决问题 | 小班：愿意解决问题<br>中班：主动解决问题<br>大班：独立解决问题 |  |  |
|  | 健康生活方式和习惯 | 小班：<br>1. 引导下健康饮食<br>2. 引导下健康生活<br>3. 引导下爱护环境卫生<br>中班：<br>1. 知道健康饮食<br>2. 知道健康生活<br>3. 知道爱护环境卫生 |  |  |

181

续表

| | | | | |
|---|---|---|---|---|
| 日常生活 | 关注社会、热爱生活 | 大班：<br>1.主动健康饮食<br>2.主动健康生活<br>3.主动爱护环境卫生 | 收拾整理、不挑食、喝白开水、细嚼慢咽、作息规律、坚持刷牙、正确洗手、不随地吐痰、不乱扔垃圾、节水环保等）<br>2.餐点利用<br>〔食材认知（生长环境、营养价值等）、饮食文化、饮食技能（有目的亲子制作、尝试点菜、分辨健康食物、辨识包装等）、多种数数方式取食（群数等）、食品安全演练、区角制作、食谱播报、种植食物、参观农贸市场、创设食育环境、播种技能等〕<br>3.晨间签到<br>（关注小组、调查同伴未到原因）<br>4.天气播报<br>（图画记录天气、对比天气和季节变化、体验影响等）<br>5.新闻播报<br>（关注家乡事、图画等记录、家乡归属感）<br>6.班级公约<br>（与孩子一起讨论、动态的、以儿童海报的形式呈现）<br>7.情绪表达<br>（情绪表达、相关书籍融入等）<br>8.班级符号收集<br>（各类课程经验等图画或其他符号记录）<br>9.一日作息<br>（知道上下午活动内容、周活动呈现上下午活动内容、晨间团讨做好一天活动提醒和准备）<br>10.卫生移除<br>（小组分工打扫室内外）<br>11.小值日<br>（能小组内简单的分工）<br>大班：<br>1.日常生活<br>〔主动自己穿脱衣物叠被、系鞋带、收拾整理、不挑食、喝白开水、细嚼慢咽、作息规律、坚持刷牙（刷牙记录和统计、烂牙换牙新牙关注等）、正确洗手、不随地吐痰、不乱扔垃圾、节水环保等〕 | 中班：<br>1.任务意识<br>（晨间一日活动团讨等）<br>2.健康<br>（自我保护方法、探究食物和人身体健康的关系）<br>3.语言表达<br>（较连贯地表达、结合一些表示方位、量词等优美词汇进行表达）<br>4.社会认知<br>（小组讨论、倾听接受同伴的意见和建议）<br>5.数学认知<br>（方位、统计、符号、分类、形状、次序、目测、围圆数、群数、有顺序的数、横纵坐标的认识等）<br>6.科学探究<br>（对比观察、猜测验证、有提出问题意识、初步的计划性、简单的收集调查）<br>7.表征记录<br>（用图画呈现生活经验过程）<br>8.前书写、前阅读<br>（图画等方式地表达和解读）<br>9.艺术欣赏<br>（各过渡环节音乐的自然渗透、写生、线描等）<br>10.家园协作<br>（家长坚持亲子周末采购烹饪、大扫除、循环水利用等活动） |
| | | 小班：<br>1.适应集体生活<br>2.关注自己、家庭和家乡<br>3.感兴趣的人、事、物 | | |
| | | 中班：<br>1.主动融入集体生活<br>2.关注家乡、成都的变化<br>3.探索人事物的关系 | | |
| | | 大班：<br>1.喜欢多种集体生活<br>2.关注四川和祖国的变化<br>3.建构人事物的链接关系 | | |
| | 关爱互助 | 小班：<br>1.友好表达<br>2.引导下分享<br>3.听从劝解<br>4.稳定情绪 | | |

续表

| | | | | |
|---|---|---|---|---|
| 日常生活 | | 中班：<br>1. 愿意表达所见所想<br>2. 听从建议尝试正确方法<br>3. 恰当表达情绪<br><br>大班：<br>1. 清楚连贯表达<br>2. 辨别建议自主处理<br>3. 具有同理心 | 2. 餐点利用<br>[食材认知（链接金字塔和人体结构图等感知食物的营养元素、简单分析自己膳食结构）、饮食文化、饮食技能（有计划购买和亲子制作、按需点菜、设计健康食谱、筛选可食物等）、多种方式取食（均分、称、量等）、食品安全演练、区角制作、食谱播报、种植食物、参观农贸市场、创设食育环境、食物垃圾处理等）]<br>3. 晨间点到插卡<br>（团队关注、比较分析、归因统计、时间关注等）<br>4. 天气播报<br>（融入柱状图、K线图等方式记录温度；融入地图和日历感知不同地方的天气、季节和温度等）<br>5. 新闻播报<br>（关注国家事、图夹文等记录、民族归属感）<br>6. 班级公约<br>（理解规则、制定规则、图夹文等方式呈现规则、关注集体）<br>7. 情绪表达<br>（有独立处理情绪的时间和空间等）<br>8. 符号收集站<br>（各类课程经验等图画或其他符号记录数字、图画、图表或其他符号记录）<br>9. 一日作息<br>（一天具体时间段活动明细、周活动呈现一天具体时间段活动明细、融入时钟感知一日活动流程、晨间团讨做好一天活动计划和准备）<br>10. 卫生移除<br>（团队分工打扫室内外）<br>11. 小值日<br>（能小组商量合作分工细化小值日的内容） | 大班：<br>1. 计划性<br>（晨间一日活动团讨等）<br>2. 健康<br>（自主管理身心）<br>3. 语言表达<br>（能用一些表示因果、假设的词或常见的形容词、同义词，比较生动地进行有序、清楚、连贯的表达，以及诗歌、儿歌创编）<br>4. 社会认知<br>（尊重同伴、提出自己的想法与理由、收集证据、说服对方）<br>5. 数学认知<br>（关注事物数量分类统计、图表统计、称、量等）<br>6. 科学探究<br>（观察对比分析、调查研究、梳理归纳、整合信息）<br>7. 表征记录<br>（用图夹文呈现生活经验过程）<br>8. 前阅读、前书写<br>（图夹文等方式的表达和解读）<br>9. 艺术欣赏<br>（各过渡环节音乐的自然渗透，作品立体、动态等）<br>10. 家园协作<br>（家长坚持亲子周末10元购买计划、烹饪、社区调查等） |

| 活动名称 | 核心经验 | 各年龄段突破重点 | 各年龄段实施途径和具体内容 | 自然融入的全面发展经验 |
|---|---|---|---|---|
| 野趣运动 | 运动能力 | 小班：横移和侧移平衡木，手脚协调地爬、钻，紧抓绳子等不放松<br><br>中班：手脚协调、抓住绳子脚踩踏板横向和正向移动、背身爬上爬下、双脚并拢连续跳、侧身投纸球、协调踢球、踩球、用力抓绳索悬吊、攀爬<br><br>大班：眼手脚协调的抓绳索和踩，支撑点进行上下移动和横移、身体摆动完成手抓云梯行进技巧、掌握跨跳和跳马的节奏技巧、侧身投掷技巧、跑步和跳跃能够初步运用手臂摆动带动、跳下来学会屈膝缓冲、学会用脚内侧踢球、能多次练习跳绳 | 小班：<br>走平衡木、慢跑、抱球、扔球、爬人字梯、滑滑梯、骑坐三轮车、荡桥行走、穿梭香蕉林、推滚球、玩花生球、爬低矮的绳梯、木梯<br><br>中班：<br>吊桥（独立快速完成）、爬上、爬下树（独立快速完成）、直线快跑20米、连续双脚跳5米、快速爬、快速爬攀爬架、平衡木10米、连续单脚5米、三轮车搭人骑行200米、小高跷行走10米、踢足球（用力踢出和踩停、投掷纸球4米、拍球10次、滑索悬吊10秒、推独轮车绕行100米<br><br>大班：<br>快速完成攀爬墙（绳梯上去、轮胎下来）、快速完成钻洞、荡桥、梅花桩、云梯悬吊走5米、双线横行移动8米、直线快跑25米、双脚连续跳10米、助跑跨跳20厘米高度、独立完成跳马（1米高），单手投掷纸球8米远、连续跳绳30次、踩轮胎行走5米、连续拍篮球50次、滑索、悬吊20秒、踢足球和踩停足球、单脚连续跳8米 | 小班：<br>1. 语言表达（能听懂日常会话，并能口齿清楚表达，并作出回应）<br>2. 数学认知（次序、数字、数数、颜色、大小、形状、种类、方位、标记等）<br>3. 科学探究（仔细观察、能初步提问）<br>4. 社会认知（大胆询问、倾听）<br>5. 表达表现（走、跑、跳、模仿小动物）。<br><br>中班：<br>1. 语言表达（清晰表达、色彩方位、量词、叠词、软硬词汇）<br>2. 数学认知（方位、统计、符号、分类、形状、次序、目测、围圆数、有顺序地数等）<br>3. 科学探究（对比观察、猜测验证、有提出问题意识、初步的计划性、简单的收集调查）<br>4. 社会认知（小组讨论、倾听接受同伴的意见和建议）<br>5. 表达表现（跨跳、冲刺、双脚连续跳等） |

续表

| | | | | |
|---|---|---|---|---|
| 野趣运动 | 适应能力 | 小班：<br>1. 新生入学第二周能进行混体活动<br>2. 能参与大带小体育活动<br>3. 探索适应各个场地<br><br>中班：<br>1. 能挑战各个项目<br>2. 熟悉各个场地，并且尝试挑战<br><br>大班：<br>能熟练掌握各个项目和场地 | 小班：<br>1. 独自熟悉室内教室，在教师或者大哥哥、大姐姐的带领下探索室外的各种场地<br>2 认识同伴、教师并且用语言交流<br>中班：<br>在体育活动中能独立尝试室外各种有难度的地形和玩具<br>大班：<br>在体育活动中能熟练掌握各种难度的地形和玩具 | 大班：<br>1. 语言表达（能用一些因果假设的词或常见形容词、同义词进行有序、清楚、连贯的表达，以及诗歌儿歌的创编）<br>2. 数学认知（群数，均分、分类统计、立体空间方位、测量、图表统计、内部结构等）<br>3. 科学探究（观察对比分析、调查研究、梳理归纳、整合信息）<br>4. 社会认知（尊重同伴、提出自己的想法与理由，收集证据、说服对方，和队友合作，和对手竞争，知道公平竞争等）<br>5. 表达表现（动态、立体、节奏、节拍） |
| | 交往能力 | 小班：愿意<br>1. 能主动大胆说出需求，请教师或者大哥哥、大姐姐帮忙<br>2. 愿意和同伴一起活动<br><br>中班：<br>主动向教师和同伴表达自己的想法和建议<br><br>大班：<br>独立向教师和同伴表达自己的想法和建议并且说出理由 | 小班<br>1. 愿意在教师的帮助下参加体育活动<br>2. 能和其他小朋友共同参与体育活动<br>3. 能在"大带小"活动中和哥哥姐姐愉快玩耍<br>中班：<br>1. 乐意主动和同伴一起参加体育活动<br>2. 能够尝试自己解决争抢运动器械的问题<br>3. 能主动向场地值守教师表达自己的需求<br>大班：<br>1. 具有同理心，乐意参加"大带小"活动，并悉心照顾小班幼儿<br>2 能够用自己的方法解决体育活动中遇到的问题<br>3. 能与教师、同伴合作，完成不同类型的体育活动 | |

续表

| 野趣运动 | 规则意识 | 小班：在成人的提醒下遵守简单规则<br><br>中班：具有初步的规则意识并在运动中遵守<br><br>大班：理解规则、制定规则 | 小班：<br>1. 排队行走跑步<br>2. 将器械正确取放<br>3. 不插队<br>4. 能听懂简单的游戏要求<br>中班：<br>1. 排队排成直线<br>2. 学会分组<br>3. 能够逐一出发<br>4. 能识别路线并按路线行进<br>5. 正确取放器械<br>6. 能保持间隔距离<br>7. 学会等待<br>大班：<br>1. 能自觉排队<br>2. 懂得接力比赛规则<br>3. 能懂得较复杂的规则，并且按要求自觉进行体育活动<br>4. 懂得竞争规则，具有团队荣誉感 | |

| 活动名称 | 核心经验 | 各年龄段突破重点 | 各年龄段实施途径和具体内容 | 自然融入的全面发展经验 |
|---|---|---|---|---|
| 探究主题 | 观察探究 | 小班：广泛的兴趣、愿意表达、仔细观察、能提出问题<br><br>中班：猜测验证、观察对比、能初步分析，解决问题、初步的计划性、简单的收集调查 | 小班：<br>上学期：我们的幼儿园（关注身边的人事物、范围广、注意激发兴趣、大胆表达）<br>下学期：幼儿园的变化、喂养各种小动物（关注身边的人事物、多种多样动物、关注范围广、鼓励幼儿大胆提问）<br>中班：<br>上学期：花、种植、动物、泥土（注重幼儿猜测验证、对比观察、提出问题、解决问题的能力）<br>下学期：养蚕、小蚂蚁、花、种植（注重计划性、调查研究、提出问题、解决问题的能力） | 小班：<br>1. 语言表达（能听懂日常会话、能口齿清楚地表达，并做出回应）<br>2. 数学认知（次序、数字、点数、颜色、大小、形状、种类、方位、标记等）<br>3. 社会认知（鼓励大胆说、愿意告诉朋友，大胆向别人询问）<br>4. 家园协作（家长陪同走进社区进行人、事、物小调查。如：幼儿园主题中对于社会人的关注、标记的关注等的调查认知）<br>中班：<br>1. 语言表达（基本清楚完整地表达，结合一些方位词、量词等形容词汇进行表达） |

续表

| | | | | |
|---|---|---|---|---|
| 探究主题 | | 大班：观察对比分析、善于提问，并能主动去分析和解决、调查研究、梳理归纳、整合信息 | 大班：上学期：树朋友、植物、动物等（如：树朋友的主题，应该重点关注幼儿对树概念建构、人与自然关系链接等概念关系的探究理解、解决问题的方式方法的梳理提炼、多种信息的整合汇总、思辨的能力培养）<br><br>下学期：树朋友、植物、动物、水等（如：树朋友的主题，应该重点关注幼儿对树概念建构、人与自然关系链接等概念关系的探究理解、幼小衔接、高阶思维的关注） | 2. 数学认知（方位、统计、符号、分类、形状、次序、目测、围圆数、有顺序地数、横纵坐标的认识等）<br>3. 社会认知（小组讨论、倾听接受同伴的意见和建议）<br>4. 家园配合（在家长陪同下，走进社区、周边地方进行有计划的调查）<br>大班：<br>1. 语言表达（能用一些表示因果、假设的词或常见的形容词、同义词，比较生动地进行有序、清楚、连贯的表达，以及诗歌、儿歌创编）<br>2. 数学认知（关注事物数量分类统计、立体空间方位、测量、图表统计、内部结构等。如，地图在主题中的运用、目测树的多少等）<br>3. 社会认知（有歧义时，尊重同伴、提出自己的想法与理由，收集证据、说服对方）<br>4. 家园配合（走进大自然、大社会等地方，收集证据、进行梳理、汇总、验证） |
| | 记录表征 | 小班：撕贴、画圈、打勾、照片、夹、插、图画、符号 | | |
| | | 中班：图画、数字、黏土、手工制作、简单记录表、调查表、其他符号 | | |
| | | 大班：图画、图示、多元调查表与记录表、图表、统计表、做标本、图夹文等 | | |
| | 辩证思考 | 小班：喜欢说，在教师引导下思考 | | |
| | | 中班：提出问题、初步思考与解决问题、积累初步解决问题的方法，小组调查研究讨论 | | |

续表

| | | | | |
|---|---|---|---|---|
| 探究主题 | | 大班：辩证地看待与思考分析问题、小组或集体进行多种方式的调查研究、聚焦概念的建构 | | |
| | 关爱尊重 | 小班：初步了解动植物的多样性、喜欢大自然、初步了解人与自然的关系 | | |
| | | 中班：感知动植物的生长变化、季节与动植物及人的关系、正确认识人与自然的关系，学会关爱与保护大自然中的动植物 | | |
| | | 大班：动植物习性、周期性、生存与环境的关系、理解人与自然间的关系、理解环保的含义并付诸行动、尊重与珍惜生命、保护自然，珍爱身边的一草一木 | | |

## 附 录

| 活动名称 | 核心经验 | 各年龄段突破重点 | 各年龄段实施途径和具体内容 | 自然融入的全面发展经验 |
|---|---|---|---|---|
| 角色（表演）游戏 | 社会交往 | 小班：适应环境、愿意交往、听从劝解解决冲突、两两合作、提醒下遵守规则、有初步角色意识<br><br>中班：主动适应、喜欢交往、在帮助下解决冲突、接纳意见、轮流分享、感受并遵守规则、按照自己意愿主动选择游戏主题、小组协商、小组合作、谦让、有意识地与其他角色互动<br><br>大班：有责任感、有技巧的交往、协商解决冲突、吸纳意见并提出不同想法、爱护同伴和自己、主动发起游戏、出主意想办法、理解制定规则、团队协商合作、协调角色、同 | 小班：<br>室内娃娃家<br>户外泥地游戏<br>（室内娃娃家游戏与区角游戏结合；在材料超市自主选择材料进行表演；模仿家庭角色、自发性交往和合作、想象创造等；户外泥地游戏激发兴趣和丰富经验，鼓励幼儿在自然环境中用泥巴、沙石、花草树等玩自主游戏，鼓励幼儿的进行角色扮演、自发性交往和合作、想象创造等）<br>中班：<br>后花园社会性角色游戏<br>（角色游戏丰富幼儿对社会性角色正确的认知；依托游戏环境和材料超市自主进行相关角色情节的表演、注重真善美和道德品质的根植；室内游戏与后花园社会性角色游戏联通；鼓励幼儿小组合作及协商、引导幼儿做游戏计划、利用游戏故事进行回顾和经验提升、想象创造等）<br>大班：<br>香蕉林"夺旗"游戏<br>香蕉林表演游戏<br>（角色游戏和表演游戏融为一体，室内游戏与香蕉林游戏联通；注重幼儿口语表达、语言逻辑、完整叙述、沟通协商、书面语言的提升；注重幼儿对文学作品的欣赏，自主与同伴协商创编故事情节、台词；自主确定表演场地，结合室内区角游戏制作相关游戏道具进行表演；鼓励幼儿团队合作及协商、引导幼儿做游戏计划、利用游戏故事进行回顾和经验提升、想象创造等） | 小班：<br>1. 语言表达<br>（能听懂日常对话，能口齿清楚表达，并做出回应）<br>2. 健康<br>（情绪稳定、自我服务、一一对应按照片收拾、初步安全意识）<br>3. 数学认知<br>（次序、数字、数数、颜色、大小、形状、种类、方位、标记等）<br>4. 艺术审美<br>（对家的装饰、物品等进行初步的表达表现）<br>5. 家园协作<br>（家长根据幼儿的扮演兴趣进行生活经验的丰富，如妈妈怎样照顾宝宝、给宝宝过生日需要准备什么物品和做什么等）<br>中班：<br>1. 语言表达<br>（用清楚完整的话进行表达、结合角色中的情景进行不同语气和语调的表达）<br>2. 健康<br>（分享情绪、自我管理、按标记收拾整理、初步了解自我保护的方法） |

189

续表

| | | | | |
|---|---|---|---|---|
| 角色（表演）游戏 | | 理心、控制情绪、能把自己对角色的观察与理解融入游戏中、抗挫折 | | 3.数学认知（方位、统计、符号、分类、形状、次序、目测、围圆数、有顺序的数、横纵坐标的认识等）<br>4.艺术审美（对家的装饰、物品等进行多元的表达表现）<br>5.家园协作（家长根据幼儿的游戏内容丰富社会经验，如亲子赶集丰富买卖经验、回顾幼儿游戏故事从而丰富幼儿游戏经验及材料准备）<br>大班：<br>1.语言表达（如：能用一些表示因果、假设、成语等高级语言进行有序、连贯清楚的表达、能进行故事的创编和表达）<br>2.健康（管理情绪、自主管理、按类别收拾整理、初步掌握自我保护的方法）<br>3.数学认知（关注事物数量分类统计、立体空间方位、测量、图表统计、内部结构等）<br>4.艺术审美（对表演情景的装饰、物品等进行多元的表达表现） |
| | 自主选择 | 小班：按自己兴趣选择游戏（材料、角色、主题）、主动寻求帮助 | | |
| | | 中班：结合同伴的共同兴趣选择游戏（材料、角色、主题）、小组自主解决问题 | | |
| | | 大班：自主选择文学作品及多元经验创造（材料、角色、主题）、团队合作自主解决问题 | | |
| | 想象创造 | 小班：有意识地创造 | | |
| | | 中班：一物多用、以物代物、情境转换、创造性使用材料 | | |
| | | 大班：自主改装、以物代物、 | | |

续表

| 活动名称 | 核心经验 | 各年龄段突破重点 | 各年龄段实施途径和具体内容 | 自然融入的全面发展经验 |
|---|---|---|---|---|
| 角色（表演）游戏 | 想象创造 | 情境创造、自如且随机利用材料 |  | 5. 家园配合<br>（家长通过绘本、影片等方式丰富幼儿的文学作品及游戏内容经验，如观看《白雪公主和七个小矮人》，帮助幼儿分析作品的人物、对话、动作、表情、情景布置等，为幼儿表演和创编做准备、回顾幼儿游戏故事，从而丰富幼儿游戏经验及材料准备）|

| 活动名称 | 核心经验 | 各年龄段突破重点 | 各年龄段实施途径和具体内容 | 自然融入的全面发展经验 |
|---|---|---|---|---|
| 结构游戏 | 空间结构 | 小班：<br>垒高、延长、围合、平铺、加宽、砌墙、覆盖、盖顶、简单连接<br><br>中班：<br>延伸、架空、桥式连接、组合、排列对称平衡<br><br>大班：<br>穿过、联结（转向、斜式、平式、交叉）、模式、塔式、复杂三维立体 | 小班：<br>晨间桌面拼搭<br>家庭建构<br>区角拼搭<br>自主平行建构<br>（自主搭建—了解兴趣—感受欣赏—现场搭建—情境体验—梳理小结—经验版呈现、自发性合作、材料多样并容易搭建成型、自由表现创造）<br>中班：<br>晨间桌面拼搭<br>家庭建构<br>区角拼搭<br>自主小组建构<br>（自主搭建—了解兴趣—感受欣赏—初步计划—现场搭建—体验调整—游戏故事回顾—梳理小结—经验版呈现、小组合作、材料多样、有目的地还原物体并表现创造）| 小班：<br>1. 科学能力<br>（感知材料特型特性；点数、分类、量的比较、排列规律、图形、空间方位）<br>2. 社会发展<br>（平行游戏或者自发合作，听从他人劝解）<br>3. 语言表达<br>（想说、敢说建构主题；愿意表达修建内容）<br>4. 艺术审美<br>［作品的美（初步印象）：排列美，颜色美，形状美］|

191

续表

| | | | | |
|---|---|---|---|---|
| 结构游戏 | 观察发现 | 小班：细致观察 | 大班：晨间桌面拼搭 家庭建构 区角拼搭 自主小组或团队建构（自主搭建—个人计划—小组或团队计划—现场搭建—体验调整—游戏故事回顾—梳理小结—经验板呈现、小组或团队合作、材料多样、运用多种搭建技能进行表现创造） | 5.健康（情绪稳定、自我服务、一一对应按照片收拾、初步安全意识）6.家园协作（家长根据幼儿兴趣丰富搭建物体的结构经验，如搭建火车是长长的，可以用长方体积木进行搭建等）中班：1.科学能力（发现物体的力与移动的特性；数的认识、分类、量的比较、排列规律、图形、简单分解和组合、整体和部分的关系、空间方位、平面到立体的转换以及保持稳定性）2.社会发展（努力完成共同的任务、愿意接受意见和建议、基本遵守规则）3.语言表达（连贯描述作品主题；对游戏进行简单评价）4.艺术审美（结构美：对称、平衡、规律）5.健康（分享情绪、自我管理、按标记收拾整理、初步了解自我保护的方法）6.家园协作（家长根据幼儿兴趣丰富搭建物 |
| | | 中班：观察比较 | | |
| | | 大班：观察比较分析 | | |
| | 自主选择 | 小班：按自己兴趣选择建构主题（材料、主题） | | |
| | | 中班：结合同伴的共同兴趣选择游戏（材料、主题） | | |
| | | 大班：自主选择建构主题及合作多元经验创造（材料、主题） | | |

续表

| | | | | |
|---|---|---|---|---|
| 替代想象 | | 小班：以物代物、以人代人、情境模仿 | | 体的结构经验，如参观生活实物，帮助幼儿观察了解物体结构及其与功能之间的关系、回顾幼儿游戏故事，从而丰富幼儿游戏经验及材料准备，给予支持） |
| | | 感知动植物的生长变化、季节与动植物及人的关系、了解人与自然的关系，学会关爱与保护大自然中的动植物 | | 大班：<br>1. 科学能力（发现初步的机械与力的原理；估量与统计、分类、量的比较、数的组成、排列规律、立体图形、空间方位、测量、时间概念）<br>2. 社会发展（计划开展，多人合作；协商解决，同伴冲突；表达意见，说出理由；接纳他人，轮流执行；协商规则）<br>3. 语言表达（有理有据地表达作品的创造想法；评价同伴作品并给出建议和意见）<br>4. 艺术审美（造型美、布局美、协调美、立体美）<br>5. 健康（管理情绪、自主管理，按类别收拾整理、初步掌握自我保护的方法） |
| | | 大班：动植物习性、周期性、生存与环境的关系、理解人与自然间的关系、理解环保的含义并付诸行动、尊重与珍惜生命、保护自然，珍爱身边的一草一木 | | |

续表

| | | | | 6.家园协作<br>（家长根据幼儿兴趣丰富搭建物体的结构经验，如参观高铁站、广场等帮助幼儿从搭建技能、分工合作等各方面丰富幼儿经验、回顾幼儿游戏故事，从而丰富幼儿游戏经验及材料准备） |
|---|---|---|---|---|
| 活动名称 | 核心经验 | 各年龄段突破重点 | 各年龄段实施途径和具体内容 | 自然融入的全面发展经验 |
| 区角游戏 | 兴趣与习惯 | 小班：<br>喜欢观察、对材料感兴趣、独立使用材料、按标志收拾整理 | 小班：<br>与室内娃娃家结合的室内区角<br>（材料超市建议：工具类、美工材料类、自然材料类、生活用品类等；结合其他课程进行表达表现；立体、平面等多种方式的欣赏；情境性；结合各类课程进行表达表现：包糖果、串项链、剪纸条、做月饼、包饺子、花、我的教师、我的爸爸妈妈、装扮教室等）<br>中班：<br>室内区角<br>功能馆：<br>水墨水彩<br>布艺<br>纸艺<br>泥工<br>巧手<br>变废为宝<br>陶艺<br>树枝搭建<br>（材料超市建议：工具类、美工材料类、自然材料类、生活用品类等；结合各类课程进行表达表现：户外游戏的道具制作、室内角色游戏的道具制作、节日节庆装扮教室等；棋类游戏） | 小班：<br>1.语言表达<br>（能大胆的创作，并能有简单的语言介绍自己的作品）<br>2.健康<br>（情绪稳定，一一对应按照片收拾整理，能用撕、拼、粘贴、折叠等方法）<br>3.社会认知<br>（不随意打扰同伴的活动，乐意分享自己的作品和感受）<br>4.数学认知<br>（次序、数字、点数、颜色、大小、形状、种类、方位、标记等） |

附　录

续表

| | | | | |
|---|---|---|---|---|
| 区角游戏 | | 中班：细致观察、有目的选择材料、较专注的完成活动 | 大班：室内区角功能馆：水墨水彩布艺纸艺泥工巧手变废为宝陶艺树枝搭建（材料超市建议：工具类、美工材料类、自然材料类、生活用品类等；结合各类课程进行表达表现：戏剧课程的道具制作、科学区所需用品制作、做贺卡、写信、书本绘制、装扮教室等；棋类游戏） | 中班：<br>1. 语言表达（连贯描述作品主题；对自己和同伴作品进行简单评价）<br>2. 健康（分享情绪，按标记收拾整理，能够用图形组合、拼贴、剪、折叠、造型等方法）<br>3. 社会认知（不一味模仿，可以创新；遇到困难可以主动寻求教师和同伴的帮助）<br>4. 数学认知（关注事物数量分类统计、立体空间方位、测量、图表统计、内部结构等） |
| | | 大班：观察并了解、有计划的创作、选择有挑战的活动 | | |
| | 感受欣赏 | 小班：关注物品的颜色和简单的造型 | | |
| | | 中班：关注物品的色彩、形态的细致特征和周围环境 | | 大班：<br>1. 语言表达（有理有据地表达作品的创造想法；评价同伴作品并给出建议和意见）<br>2. 健康（管理情绪、按类别收拾整理、精细动作表现作品）<br>3. 社会认知（小组或团队合作完成作品）<br>4. 数学认知（关注事物数量分类统计、立体空间方位、测量、图表统计、内部结构等） |
| | | 大班：了解更多元的表现手法，创作更多的风格 | | |
| | 表现与创造 | 小班：用自己的方式表达 | | |

195

续表

| | | | | |
|---|---|---|---|---|
| 区角游戏 | | 中班：有模仿和参与创作的愿望 | | |
| | | 大班：用不同形式不同材料表达创作 | | |
| | 学习品质与思维力 | 小班：较短时间内集中精力完成活动、不随意打扰、愿意分享 | | |
| | | 中班：较专注地完成活动、喜欢操作、能对作品进行评价、喜欢与同伴共同游戏、主动与同伴分享交流 | | |
| | | 大班：能集中精力完成较复杂的动作、能听取同伴的意见、能自主解决合作中的问题 | | |

附　录

| 活动名称 | 核心经验 | 各年龄段突破重点 | 各年龄段实施途径和具体内容 | 自然融入的全面发展经验 |
|---|---|---|---|---|
| 科学游戏 | 物理原理感知 | 小班：多感官感知其基本特性 | 小班：自主玩沙水泥（提供多元化材料工具玩耍、注意激发兴趣、引导幼儿发问、乐于表达）<br>中班：沙蛋糕、巧提沙、泥轮胎、泥陀螺、吹泡泡、折纸船、竹蜻蜓、制作水枪等有主题的项目活动（幼儿依兴趣自选）（玩成品，感知结构、基本的物理现象和概念初步感知、对比观察、提出问题、解决问题的能力、活动计划意识、环保意识初步渗透）<br>大班：多层蛋糕、挖隧道、不倒翁、摔泥碗、搭桥、动力小船、制作稻草人、风筝、降落伞等（成品结构的感知和成功标准的设定、相关物理概念的建构、提出质疑、计划—调整—反思、材料筛选、主动参与环保） | 小班：<br>1.语言表达（愿意大胆表达自己的想法、主动表达）<br>2.社会认知（能在教师的鼓励支持下与同伴分享与交流自己的发现）<br>3.数学认知（次序、数字、数数、颜色、大小、形状、种类、方位、标记等）<br>4.艺术审美（对沙水泥做的作品进行简单装饰）<br>5.健康（初步养成收拾整理习惯）<br>中班：<br>1.语言表达（结合自己的计划与思考进行较连贯、基本完整的表达）<br>2.社会认知（小组讨论、倾听接受同伴的意见和建议）<br>3.数学认知（方位、统计、符号、分类、形状、次序、目测、围圆数、有顺序的数等）<br>4.艺术审美（有计划地对沙水泥做的作品进行装饰） |
|  |  | 中班：基本物理原理感知（摩擦力、对称、中心点） |  |  |
|  |  | 大班：物理原理建构（沉浮、作用力反作用力、对称、重心、平衡、压强、压力等） |  |  |
|  | 科学探究 | 小班：细致观察、在教师的引导下大胆猜测、思考、发问 |  |  |
|  |  | 中班：对比观察、提出问题、初步思考与解决问题，小组调查讨论 |  |  |
|  |  | 大班：观察对比分析、制定调查、实验方案、梳理归纳、整合信息、提出质疑 |  |  |

197

续表

| | | | | 5.健康<br>（工具和材料的分类整理、萌发环保意识）<br>大班：<br>1.语言表达<br>（融入关联词的表达）<br>2.社会认知<br>（小组或团队讨论、有自己的观点和坚持）<br>3.数学认知<br>（关注事物数量分类统计、立体空间方位、测量、对称、图表统计、内部结构等，如多层蛋糕层级尺寸测量、桥面测量）<br>4.艺术审美<br>（有计划有挑战地对沙水泥做的作品进行多元装饰装饰）<br>5.健康<br>（节约材料、主动收集并循环利用材料） |
|---|---|---|---|---|
| 科学游戏 | 记录表征 | 小班：简单记录发现（撕贴、画圈、打勾、照片、夹、插、图画、符号） | | |
| | | 中班：初步活动计划、活动反思记录（图画、数字、符号、表格） | | |
| | | 大班：活动计划、制作计划、活动反思记录（图画、数字、符号、表格、图夹文） | | |
| | 材料及其性质 | 小班：感知常见材料（沙、水、泥等）的外部特性 | | |
| | | 中班：多感官探究材料特性、比较材料异同、感知材料相互作用关系（如沙加水后粘性、密度等增大） | | |

续表

|  |  | 大班：探究材料相互作用时的基本特点、结构与功能的关系以及与人类生活的关系 |  |  |
|---|---|---|---|---|

| 活动名称 | 核心经验 | 各年龄段突破重点 | 各年龄段实施途径和具体内容 | 自然融入的全面发展经验 |
|---|---|---|---|---|
| 节日节气 | 文化传承 | 小班：知道节日名称；喜欢参加各类节日节气<br><br>中班：了解节日节气名称及时间；愿意并主动根据相关习俗过节<br><br>大班：清楚节日节气名称、时间及来历；主动策划、参加节日节气相关活动 | 小班：<br>1.元旦节、春节<br>（感受新年新气象）<br>2.元宵节<br>（感受开灯祈福的热闹）<br>3.清明节<br>（愿意与长辈一起祭祀先人，喜欢踏青活动）<br>4.端午节<br>（感受家里、家乡过端午节的气氛）<br>5.中秋节<br>（感受团圆的氛围）<br>6.国庆节<br>（感受国庆节家乡的欢庆氛围）<br>7.重阳节<br>（知道老人也需要关爱，乐意与老人一起活动）<br>8.二十四节气<br>（知道节气的名称）<br>中班：<br>1.元旦节、春节<br>（参与新年环境布置）<br>2.元宵节<br>（了解元宵节的来历）<br>3.清明节<br>（文明祭祀，保护环境和生态；经常问一些与活动有关的问题）<br>4.端午节<br>（了解端午节的由来，简单制作粽子、香囊、网袋等）<br>5.中秋节<br>（对传统文化的尊重） | 小班：<br>1.用涂涂画画、粘粘贴贴等方式布置班级环境并乐在其中<br>2.能口齿清楚地说与节日相关的儿歌、童谣或复述简短的故事<br>3.家长陪同与引导下走进社区体验节日氛围<br>中班：<br>1.用绘画、捏泥、手工制作等多种方式布置环境<br>2.能基本完整地讲述自己在节日的所见所闻和经历的事情<br>3.家长陪同下，参与社区节日活动<br>大班：<br>1.用多种工具、材料或不同的表现手法布置环境<br>2.年级组分工布置园级环境（分区域设计图纸——收集材料开始制作） |
|  | 情感表达 | 小班：用一句完整、好听的话来表达；喜欢用涂涂画画的方式表达 |  |  |

续表

| | | | | |
|---|---|---|---|---|
| 节日节气 | | 中班：用清楚完整的话进行表达；愿意用图画和符号表达 | 6.国庆节（了解家乡的文化）<br>7.重阳节（关爱老人，能够在日常生活中尊重老人）<br>8.二十四节气（了解自然的健康生活方式）<br>大班：<br>1.元旦、春节（调查国内不同地区、不同民族的过新年方式；中国与外国过年方式的不同）<br>2.元宵节（通过多种途径获得元宵节的相关经验，进一步了解元宵节的来历和风俗习惯）<br>3.清明节（继承先烈遗志；在踏青时能计划出行路线、方式及准备所需物品）<br>4.端午节（调查各地端午节的民俗风情，深入感受中国传统文化，萌发民族自豪感；探索包粽子的方法）<br>5.中秋节（持续观察自然现象中秋月亮变化，感受"月的阴晴圆缺"）<br>6.国庆节（调查四川及祖国的文化）<br>7.重阳节（通过对老年人的调查，理解老年人生活的艰辛）<br>8.二十四节气（探索农耕生产生活与"大自然的节律"的关系） | 3.能有序、连贯、清楚地运用优美的形容词、同义词等语言，生动地讲述一件事情<br>4.主动参与社区举办的关于节日的相关活动 |
| | | 大班：能用一些表示因果、假设的词或常见的形容词、同义词，较生动地进行有序、清楚、连贯地表达；用图夹文和正确的书信方式表达。 | | |
| | 热爱生活 | 小班：爱身边的人事物 | | |
| | | 中班：爱家乡 | | |
| | | 大班：爱祖国 | | |

## 附录二：自然教育课程园内外资源利用指南

### 一、园内资源

| 序号 | 园内资源内容（人、事、物） | 主要负责人 | 主要利用方式 |
|---|---|---|---|
| 1 | 物资资源库（电子、物品） | 资源库管理员 | 1. 历年所有课程资料、理论资料、各理论教育专业书籍，为各年级教研组提供学习资源。<br>2. 物品资源库为班级环创、幼儿作品装饰展览、班级卫生保健提供支持。<br>3. 资源库管理员为课程外宣(写新闻、发美篇)、资料复印提供支持。 |
| 2 | 行政资源（园长、财务） | 园长及后勤园长 | 1. 所有行政人员可为小班"主题人事物的调查"提供支持。<br>2. 园长为幼儿园所有课程方向把脉。<br>3. 后勤园长为幼儿园安全责任人，可为全园安全课程提供支持。<br>4. 财务室资源可为全园生活环保课程提供水电气开支账单。 |
| 3 | 后勤资源（厨房人员、厨房食材、保健医生、食品展示柜、门卫人员、园林护理、保洁人员） | 厨房组长、保安组长及保健医生 | 小、中、大班：<br>1. 厨房、保健医生、食品展示柜为食育课程提供参观、调查食物原型和食谱的场地。<br>2. 保健医生为幼儿健康安全提供调查保障。<br>3. 保安组长及门卫保安可为种植课程、安全课程、食育课程、混体课程、主题课程调查提供经验支持，其中保安组长可为幼儿园自然环境改造提供支持。<br>中、大班：保安组长为科学区材料提供支持。<br>小、中班：厨房择下的菜叶为幼儿娃娃家、赶集游戏提供食材。 |
| 4 | 场地资源（园外车棚、二三楼露台、种植地、三间小木屋、香蕉林、后花园、饲养角、大操场、舞台、教学楼、种植园、厨房、行政办公室、医务室） | 各年级组长 | 为全混体活动、结构游戏、自主游戏、科学区、主题活动、种植活动、角色游戏、生活课程等各类课程实施与开展提供场地资源。 |

续表

| 序号 | | | |
|---|---|---|---|
| 5 | 自然材料资源（各类树种、花、落叶、棕叶、树枝、沙、石、水、泥等环境物资资源） | 各园区后勤副园长 | 为全园幼儿主题探究、区角活动、节日节气、科学探究游戏、角色游戏等所有课程提供支持。<br>如：每年金桂飘香时，可以请后勤人员帮忙在地上铺一层塑料薄膜收集桂花，结合中秋节，发给幼儿回家 制作相关节日时令食物。 |
| 6 | 其他资源（物品回收、垃圾桶、标志） | 德育工作负责人 | 为主题课程、生活课程、环保意识、数学学习提供支持。<br>如：环境中的各类标志，可以引导幼儿观察理解遵守的同时，继续探究思考内容和位置的适宜性，不断调整丰富。 |
| 7 | 教师资源（班级教师、保育员、体育教师） | 班级教师 | 为全园混体活动提供安全观察及 游戏情况收集。<br>如：各班教师有需要时，可在自己班幼儿身上做标记后再混体，并请各场地教师注意收集留着相关幼儿的游戏情况。<br>体育教师为全园幼儿体育动作提供专业指导、中大班科学区提供核心经验科学概念的指导。<br>保育教师为幼儿生活课程提供指导。 |
| 8 | 家长资源（各种不同职业的家长） | 行政及班级教师 | 为课程的建设提供建议。家委会、伙委会丰富幼儿角色游戏、主题课程、结构游戏、节日课程、食育课程等的经验。 |

## 二、园外资源

| 序号 | 园外资源内容 | 距离 | 主要利用方式 |
|---|---|---|---|
| 1 | 农贸市场包子店 | 100米 | 小、中、大班：<br>种植：调查、寻证。<br>中班：<br>角色游戏的体验与调查。<br>主题课程：花的主题的调查、饲养家禽家畜的调查。<br>大班：<br>领域课程：用钱购买东西。<br>主题课程：水产品的市场调查。 |

续表

| | | | |
|---|---|---|---|
| 2 | 干柏社区<br>飞龙社区 | | 小、中、大班：<br>医院，警察局，小学召开针对幼儿、教师、家长的讲座。<br>区域课程：泥塑、歌唱、剪纸、手工等民间艺人的艺术熏陶，丰富区角活动。<br>生活课程：垃圾分类。<br>中、大班：<br>科学课程：专业人士的利用（科学区可请物理教师丰富经验）。<br>主题课程：花主题寻证、调查。<br>大班：<br>主题课程：树主题寻证、调查。 |
| 3 | 学校周边<br>种植农户．花店 | 500米 | 小、中、大班：<br>主题、科学课程：种植养殖前期经验的丰富。<br>中班：主题课程"花"。<br>角色游戏：娃娃家调查，丰富开花店的经验。 |
| 4 | 社区工作服务人员 | | 小、中、大班：<br>节日节庆课程：如环卫工、医生、警察、师等等，渗透感恩教育及职业认识。<br>小班：<br>主题课程：课堂延伸（职业认识）。中、大班：<br>生活课程。<br>游戏课程：科学区。<br>大班：<br>角色游戏中医生经验的丰富。 |
| 5 | 医院（妇幼保健院、中医院、县医院） | | 小、中、大班：<br>生活课程、角色游戏：角色调查采访。<br>安全课程：健康。 |
| 6 | 超市<br>（红旗连锁）<br>（邻你超市）<br>（永辉超市） | 2公里以内 | 小、中、大班：<br>安全课程：食品安全。<br>数学活动：购买、十元购买……<br>科学课程：种植、饲养、买卖。<br>节日节气：欣赏节日节气元素。<br>中班：<br>角色游戏：角色体验，交往。<br>大班：<br>主题课程：水产品的调查。 |

续表

| | | | |
|---|---|---|---|
| 7 | 元祖蛋糕店 | | 小、中、大班：<br>食育课程。 |
| 8 | 图书馆<br>（博学书城、新华书店、文化馆） | | 小、中、大班：<br>为幼儿提供各类课程查阅资料的场地。 |
| 9 | 蒲江博物馆 | | 小、中、大班：<br>节日节气课程：感受家乡文化。 |
| 10 | 大广场 | | 小、中、大班：<br>1. 结构游戏：观察、设计图纸。<br>2. 亲子社会实践活动：场地提供。<br>3. 节日节气：民间艺术、文艺晚会。<br>中班：<br>中班角色游戏的生活经验调查。 |
| 11 | 体育场 | 2公里以内 | 小、中、大班：<br>1. 运动课程：场地提供、运动观察。<br>2. 亲子社会实践活动提供场地。 |
| 12 | 商城（世纪天汇） | | 小、中、大班：<br>安全课程：安全标志、着火逃生路线。<br>主题课程：职业调查。<br>角色游戏：买卖交往。<br>区域活动：环境布置。<br>节日节气课程：感受氛围。 |
| 13 | 汽车站 | | 小、中、大班：<br>结构游戏提供实地观察。 |
| 14 | 交警队 | | 小、中、大班：<br>安全课程、社会调查。 |
| 15 | 南、北小学 | | 大班：<br>"幼小衔接"提供调查参观。 |
| 16 | 消防大队<br>78525部队 | | 小、中、大班：<br>安全课程：自救、防火技能学习。<br>生活课程：收拾整理。<br>结构游戏：消防车搭建。 |
| 17 | 高铁站 | 3公里以内 | 小、中、大班：<br>节日节气课程：爱家乡教育。<br>结构游戏：欣赏。 |
| 18 | 垃圾回收厂 | | 小、中、大班：<br>生活课程。 |

续表

| | | | |
|---|---|---|---|
| 19 | 各种桥 | 3公里以内 | 大班：<br>科学活动：搭桥。 |
| 20 | 建筑公司 | | 小、中、大班：<br>结构游戏。 |
| 21 | 街道 | | 小、中、大班：<br>安全课程：交通标志符号、转向箭头符号、周围标志性建筑物。<br>小、中班：<br>主题课程：路线调查。 |
| 22 | 大溪谷 | 10公里以内 | 小、中、大班：<br>自然资源的利用和收集（区域活动）。<br>亲子社会实践活动。<br>生活课程：垃圾分类。<br>中、大班：<br>主题课程：探索植物（花、树）。<br>科学活动：沙、土资源利用、风车。 |
| 23 | 樱桃山 | | 小、中、大班：<br>生活课程：亲子社会实践活动。节日节气课程：爱家乡教育。<br>中、大班：<br>主题花、果、树、昆虫的探索。<br>中班：<br>角色游戏：娃娃家游戏。 |
| 24 | 石象湖 | | 小、中、大班：<br>节日节气活动：爱家乡教育。<br>中、大班：<br>主题活动："花""树""昆虫"。<br>区角艺术领域：表征花。<br>科学活动：沙、石、水、泥自然资源的提供。<br>生活课程：亲子社会实践活动。 |
| 25 | 飞仙阁 | | 小、中、大班：<br>节日节气课程、了解家乡文化"祭祀祈福"。 |
| 26 | 长滩湖 | 20公里以内 | 小、中、大班：<br>节日节气活动：爱家乡教育。<br>大班：<br>主题课程："水"。 |

续表

| | | | |
|---|---|---|---|
| 27 | 自来水厂、污水处理厂 | 20公里以内 | 小、中、大班：<br>生活课程：节水活动、水资源反复利用。<br>主题课程："水"。 |
| 28 | 微耕农庄 | | 小、中、大班：<br>生活课程：亲子社会实践活动场地提供。<br>中、大班：<br>主题课程："昆虫""花""树"。 |
| 29 | 明月村 | | 小、中、大班：<br>节日节气课程：爱家乡教育。<br>生活课程：亲子社会实践活动。<br>区域活动：白泥做陶和扎染。<br>中班：<br>主题课程：泥的探索。 |
| 30 | 成佳茶乡麟凤村 | | 小、中、大班：<br>节日节气课程：爱家乡教育。<br>生活课程：亲子社会实践活动。<br>中、大班：<br>主题课程：花、果、树的探索。 |
| 31 | 复兴猕猴桃基地 | | 小、中、大班：<br>节日节气课程：爱家乡教育。<br>生活课程：亲子社会实践活动。<br>中、大班：<br>主题课程：花、果、树的探索。 |
| 32 | 西来草莓基地<br>西来古镇 | | 小、中、大班：<br>"节日节气"了解家乡。<br>为全园种植课程提供调查观察经验。 |
| 33 | KUKA机器人教育研究院（寿安） | | 为结构游戏、科学调查提供观察经验场地。 |
| 34 | 双流国际机场 | 59公里 | 为全园结构游戏提供参观场地。 |
| 35 | 成都海昌极地海洋公园 | 63公里 | 为"生命探究"主题活动提供参观调查。 |
| 36 | 成都动物园 | 80公里 | 为"生命探究"主题活动提供参观调查。 |
| 37 | 植物园 | 80公里 | 植物相关主题。 |
| 38 | 成都博物馆 | 80公里 | 节日节庆课程。 |
| 39 | 四川省图书馆 | 80公里 | 为各类课程提供资料查阅书籍和场地。 |

续表

| 40 | 来园参观的各地教师 | 全国 | 节日节庆课程、生活课程、主题课程。 |
| 41 | 外地重要的一些地点 | 蒲江县外 | 节日节庆课程、生活课程、主题课程、结构游戏。 |

三、本地文化资源

文化解释：

人类在社会历史发展过程中所创造的物质财富和精神财富的总和，特指精神财富，如文学、艺术等。

我园文化资源的选择范围：

物质文化遗产、非物质文化遗产。

文化资源对幼儿发展的核心价值：

1. 结合本地文化资源融入课程，激发幼儿爱家乡的情感，增强文化自信。
2. 发现生活、回归生活，更美好地去生活。
3. 经典传承丰盈内心。

| 序号 | 名称 | 主要来源 | 主要利用方式 |
| --- | --- | --- | --- |
| 1 | 幺妹灯 | 非物质文化遗产——蒲江·大塘 | 为幼儿园角色游戏提供多元的戏剧文化感知。爱国教育，感受家乡多姿多彩的民间艺术生活。 |
| 2 | 蒲砚 | 非物质文化遗产——蒲江·蒲砚村 | 为大班幼儿多元艺术表达提供场地观察调查、相关人员指导，感受中国文化的博大精深。 |
| 3 | 白云盐井遗址 | 非物质文化遗产——蒲江·白云乡 | 感受家乡文化，可将生活课程与食育课程结合。 |
| 4 | 蒲江传统锅巴制作技艺（蒲仪） | 非物质文化遗产——蒲江·工业北路128号 | 感受家乡文化，可将生活课程与食育课程结合。 |
| 5 | 蒲江传统月饼制作技艺 | 非物质文化遗产 | 感受家乡文化，可将生活课程与食育课程结合。 |
| 6 | 草木染传统技艺 | 非物质文化遗产——蒲江·明月村 | 感受家乡文化，可将生活课程、食育课程、区角游戏相结合。 |

续表

| 7 | 箭塔年猪祭 | 非物质文化遗产——蒲江 | 感受家乡文化，开展节日节气课程。 |
|---|---|---|---|
| 8 | 舞狮子<br>缝香囊<br>艾草 | 节日民俗 | 为节日课程、区角课程服务，丰富幼儿感受多种拜年方式。 |
| 9 | 春笋节 | 节日民俗——蒲江·甘溪 | 为全园种植课程、节日课程服务。 |
| 10 | 丰收节 | 节日民俗——蒲江·甘溪 | 为全园种植课程、食育课程、节日课程服务。 |
| 11 | 樱桃节 | 节日民俗——蒲江·光明 | 为全园种植课程、食育课程、节日课程、社会实践服务。 |
| 12 | 猕猴桃节 | 节日民俗——蒲江·复兴 | 为全园种植课程、食育课程、节日课程、社会实践服务。 |
| 13 | 采茶节 | 节日名俗——蒲江·成佳 | 为全园种植课程、节日课程、社会实践服务。 |

## 附录三：自然教育各类活动幼儿行为观察指标

### 蒲江县南街幼儿园各类活动幼儿行为观察指标

| 序号 | 幼儿姓名 | 日常生活（生活活动） | | | | | | | | | | | | | | | | | | | | |
|---|---|---|---|---|---|---|---|---|---|---|---|---|---|---|---|---|---|---|---|---|---|---|
| | | 生活习惯和生活能力 * | | | 解决问题 * | | | 安全与自我保护 * | | | 情绪情感 ** | | | 关注社会和热爱生活 ** | | | 数量形运用 *** | | | 手的灵活协调 *** | | |
| | | 表现行为 1 | 表现行为 3 | 表现行为 5 | 表现行为 1 | 表现行为 3 | 表现行为 5 | 表现行为 1 | 表现行为 3 | 表现行为 5 | 表现行为 1 | 表现行为 3 | 表现行为 5 | 表现行为 1 | 表现行为 3 | 表现行为 5 | 表现行为 1 | 表现行为 3 | 表现行为 5 | 表现行为 1 | 表现行为 3 | 表现行为 5 |
| | | 1. 具有初步理能力，提醒和引导下形成良好的生活习惯：如穿脱衣服、初步收拾整理、刷牙漱口、盥洗入厕、饭前便后洗手等；2. 爱护环境和健康饮食，形成初步的文明生活方式；3. 愿意协助做力所能及的事情。 | 1. 能有一定的自我管理能力，能形成良好的生活习惯：自己穿脱衣服、有序进行生活流程、能自己独立收拾整理、环保节水等；2. 能爱护环境和健康饮食，具有文明的生活方式；3. 小组分工合作，完成力所能及的事情。 | 1. 能有自我服务意识，结合日常生活中的自主管理，及时发现问题和调整方法：自主增减、穿脱衣服、有序进行生活流程、主动分类收拾整理、环保节水等方面制定自我管理的标准，并适当调整评价；2. 能主动爱护环境和健康饮食，积极接受文明的生活方式；3. 团队合作，体现自我能力价值。 | 在成人引导下，愿意解决问题，适应规则和关注自我。 | 能运用积累的方法解决遇到的相关问题，遵守规则、商量规则、关注同伴。 | 能主动寻求解决问题的方法，理解规则、制订规则、关注集体。 | 了解周围生活中基本的安全规则，在提醒下不做危险动作，遇到问题能找成人协助。 | 知道生活中常见的安全标志，并学习初步保护自己的方法，听从成人建议，尝试正确的处理方法。 | 能主动辨识安全行为，学会简单应急处置方法。 | 喜欢表达，在引导下分享；能够认识自己的情绪，在成人的帮助下能情绪稳定。 | 愿意表达所见所想，听从建议，尝试正确方法；在提醒指导下，用恰当的方法，释放自己的情绪。 | 清楚连贯表达，辨别建议自主处理；知道自己情绪产生原因并具有同理心。 | 适应集体生活，从关注自己到家庭再到家乡，对身边人事物感兴趣。 | 主动适应集体生活，关注家乡文化，探索人事物的关系。 | 喜欢多种集体生活，关注民族文化，建构人事物链接。 | 能用数词描述事物或动作；感知和区分物体的量方面的特点、进行一一对应的点数；能注意物体较明显的形状特征并能用自己的语言描述、能感知物体基本空间位置与方位，理解简单方位词。 | 会用数词描述事物的排列顺序和位置；能感知和区分物体的量方面的特点，并能用相应的词语描述；并通过实际操作理解数与数之间的关系并数数比较两组物体多少；根据感知和发现常见几何图形基本特征形状特征或拼搭出物体的造型，并能分类分类；能使用较多方位词描述物体的位置和运动方向。 | 能发现生活中许多问题都可以用数学的方法来解决；能用简单的记录表、统计图等表示简单的数量关系；能通过实物操作或其他方法进行 10 以内加减运算及理解其意义；能运用几何形体有创意地拼搭，能辨别自己的左右。 | 能用笔涂涂画画、用剪刀沿直线剪，边线基本吻合；熟练使用勺子吃饭，初步学习整理自己的衣裤、床铺等。 | 能沿边线较直地画出简单图形或能边线基本对齐地折纸；会使用筷子、夹子等多种工具，能沿轮廓剪直线构成简单图形；能按照一定方法整理衣服和床铺等物品。 | 能根据需要画出图形、线条基本平滑；能熟练使用筷子、夹子、镊子等多种工具；能剪出曲线构成的简单图形；能使用简单的劳动工具或用具。 |

备注：
1. * 表示一星级核心点（课程最应先关注的核心点），以此递减，** 表示二星级核心点，*** 表示三星级核心点。以下不再标注。
2. 生活和卫生习惯包括作息规律、爱运动、不偏食挑食、喝白开水、细嚼慢咽、喜果蔬、爱眼护眼看电视有节制（15、20、30 分钟）、正确坐姿、穿脱衣物叠被、收拾整理、坚持刷牙、正确洗手等。
3. 解决问题的能力指幼儿依靠自己的观察和判断来解决生活中的各种问题。
4. 数量形运用指在食育课程、生活环境中融入数学方面的内容。
5. 文明的生活方式包括不随地吐痰、不乱扔垃圾、节水环保等。
6. 初步收拾整理：能将玩具和图书等放回原处；独立收拾整理：能自己独立整理自己的物品；分类收拾整理：能按类别整理好自己的物品。
7. 物体的量方面指的是物体的大小、多少、高矮长短等量方面的特点。
8. 简单方位词指的是类似于“上下、前后、里外”等方位词；较多方位词指的是类似于上下、前后、里外、中间、旁边等方位词。
9. 沿轮廓剪直线构成简单图形指的是能沿轮廓线剪出由直线构成的简单图形，边线吻合。曲线构成的简单图形指的是能沿轮廓线剪出由曲线构成的简单图形，边线吻合且平滑。

## 蒲江县南街幼儿园各类活动幼儿行为观察指标

<table>
<tr><th rowspan="3">序号</th><th rowspan="3">幼儿姓名</th><th colspan="10">探究主题</th><th colspan="3" rowspan="2">表现创造****</th></tr>
<tr><th colspan="2">亲近自然*</th><th colspan="2">乐于探究*</th><th colspan="2">解决问题*</th><th colspan="2">语言表达**</th><th colspan="2">记录表征**</th></tr>
<tr><th>表现行为1</th><th>表现行为3</th><th>表现行为5</th><th>表现行为1</th><th>表现行为3</th><th>表现行为5</th><th>表现行为1</th><th>表现行为3</th><th>表现行为5</th><th>表现行为1</th><th>表现行为3</th><th>表现行为5</th><th>表现行为1</th><th>表现行为3</th><th>表现行为5</th></tr>
<tr><td></td><td></td><td>对周围的人事物感兴趣,初步了解动植物的多样性,并体会动物与人们生活的关系。</td><td>感知和发现动植物的生长变化、基本特性,以及与人及同季节的关系,初步建立关爱动植物、尊重与爱护自然环境的意识。</td><td>能察觉到动植物的外形特征、习性等基本条件与生存环境的适应关系及变化,初步了解周期性顺序和季节变化,初步建立关爱动植物、尊重与爱护自然环境的意识。</td><td>对周围事物和现象有广泛兴趣,能利用多种感官去探索,仔细观察,发现其明显特征。</td><td>常常动手动脑去探索,能主动对事物进行连续观察,发现比较其相同与不同。</td><td>对身边的事物有强烈好奇心和求知欲,能观察、比较、分析、发现,并描述出同类事物或事物前后的变化。</td><td>采用回避、哭闹或打架的方式应对在冲突中与他人的对抗。</td><td>在成人的支持下,表达自己的需求,并提出解决问题的办法(从自己的角度出发),或者同他人求助成人的帮助。</td><td>能在没有成人的支持的情况下,和同伴商量解决冲突的办法,能考虑自己平衡的需求和他人的需求,寻求多种解决的办法。</td><td>能口齿清楚地进行讲述,并喜欢涂涂画画的方式表达自己的见解。</td><td>能运用一些方位词、数量词完整地讲述自己的所见所闻并研究。愿意用图画和符号表达自己的想法。</td><td>能用表示因果关系、假设等逻辑关系的词设计探究过程,能描述性的书写语言,有序地、清楚地用图文表达式呈现。</td><td>能通过撕、贴、画圈、打勾、夹、插、图画、照片、符号等方式进行记录表征。</td><td>能借助图画、数字、手工制作、简单表、符号等其他形式进行记录表征。</td><td>能用图示、图表、图画、图文、数学、手工制作等多种形式进行自主设计并运用其他调查记录表或图表、统计表征。</td><td>愿意用声音、动作、节奏再现对生活中、大自然中的所见所想、所感,喜欢欣赏与主题相关的艺术作品。</td><td>能用音乐和美术表达在主题中的所见所想,能专心观看与主题有关的艺术作品,有模仿的愿望,能产生相应的联想和情感反应。</td><td>喜欢收集大自然和生活环境中美术活动参与主题相关的艺术创作,能用多种方式表现自己的所表演、绘画等所思所感。</td></tr>
<tr><td>1</td><td></td><td></td><td></td><td></td><td></td><td></td><td></td><td></td><td></td><td></td><td></td><td></td><td></td><td></td><td></td><td></td></tr>
<tr><td>2</td><td></td><td></td><td></td><td></td><td></td><td></td><td></td><td></td><td></td><td></td><td></td><td></td><td></td><td></td><td></td><td></td></tr>
<tr><td>3</td><td></td><td></td><td></td><td></td><td></td><td></td><td></td><td></td><td></td><td></td><td></td><td></td><td></td><td></td><td></td><td></td></tr>
<tr><td>4</td><td></td><td></td><td></td><td></td><td></td><td></td><td></td><td></td><td></td><td></td><td></td><td></td><td></td><td></td><td></td><td></td></tr>
<tr><td>5</td><td></td><td></td><td></td><td></td><td></td><td></td><td></td><td></td><td></td><td></td><td></td><td></td><td></td><td></td><td></td><td></td></tr>
<tr><td>6</td><td></td><td></td><td></td><td></td><td></td><td></td><td></td><td></td><td></td><td></td><td></td><td></td><td></td><td></td><td></td><td></td></tr>
</table>

备注:图画要清,包括写生、水影、线描、拓印、水墨等不同形式的绘画方式。

## 蒲江县南街幼儿园各类幼儿行为观察指标

### 野趣运动

| 幼儿姓名 | 悬挂* 表现行为1 | 悬挂* 表现行为3 | 悬挂* 表现行为5 | 投掷* 表现行为1 | 投掷* 表现行为3 | 投掷* 表现行为5 | 单脚跳* 表现行为1 | 单脚跳* 表现行为3 | 单脚跳* 表现行为5 | 双脚跳* 表现行为1 | 双脚跳* 表现行为3 | 快跑* 表现行为1 | 快跑* 表现行为3 | 快跑* 表现行为5 | 高跷 表现行为1 | 高跷 表现行为3 | 高跷 表现行为5 | 骑车* 表现行为1 | 骑车* 表现行为3 | 骑车* 表现行为5 | 跳绳* 表现行为1 | 跳绳* 表现行为3 | 跳绳* 表现行为5 | 跨跃* 表现行为1 | 跨跃* 表现行为3 | 跨跃* 表现行为5 | 滑索悬吊 表现行为1 | 滑索悬吊 表现行为3 | 滑索悬吊 表现行为5 |
|---|---|---|---|---|---|---|---|---|---|---|---|---|---|---|---|---|---|---|---|---|---|---|---|---|---|---|---|---|---|
| 序号 | 双手抓杠，身体悬空下垂10秒左右 | 双手抓杠，身体悬空下垂15秒左右 | 双手抓杠，身体悬空下垂20秒左右 | 叠手投掷2米左右 | 单手投掷4米左右 | 单手投掷8米左右 | 单脚连续跳2米左右 | 单脚连续跳5米左右 | 单脚连续跳8米左右 | 能双脚并拢跳5米 | 能双脚并拢跳10米 | 能向指定方向快跑15米 | 能向指定方向快跑20米 | 能向指定方向快跑25米 | 能够脚踩小高跷移动 | 能够踩小高跷走直线移动10米 | 能够踩小高跷灵活移动 | 能够骑车移动 | 能够直线、上下坡、曲线移动 | 能够载人直线、上下坡、曲线移动 | 能跳1个 | 能连续跳3-5个 | 能连续跳20个 | 能跳过障碍跳 | 能助跑跨跳10cm栏杆 | 能连续助跑跨跳过20cm栏架 | 能完成滑索并安全缓冲下落 | 能在滑索下滑后数5秒下落 | 能在滑索下滑后数15秒后下落 |
| 1 | | | | | | | | | | | | | | | | | | | | | | | | | | | | | |
| 2 | | | | | | | | | | | | | | | | | | | | | | | | | | | | | |
| 3 | | | | | | | | | | | | | | | | | | | | | | | | | | | | | |
| 4 | | | | | | | | | | | | | | | | | | | | | | | | | | | | | |
| 5 | | | | | | | | | | | | | | | | | | | | | | | | | | | | | |
| 6 | | | | | | | | | | | | | | | | | | | | | | | | | | | | | |
| 7 | | | | | | | | | | | | | | | | | | | | | | | | | | | | | |
| 8 | | | | | | | | | | | | | | | | | | | | | | | | | | | | | |
| 9 | | | | | | | | | | | | | | | | | | | | | | | | | | | | | |
| 10 | | | | | | | | | | | | | | | | | | | | | | | | | | | | | |

## 蒲江县南街幼儿园各类活动幼儿行为观察指标

| 幼儿姓名 序号 | 拍球（抛接球）* |||  推车 |||  踢足球* |||  野趣运动 踩轮胎走 |||  攀爬墙* |||  云梯 |||  双线横移 |||
|---|---|---|---|---|---|---|---|---|---|---|---|---|---|---|---|---|---|---|---|---|---|
| | 表现行为1 | 表现行为3 | 表现行为5 | 表现行为1 | 表现行为3 | 表现行为5 | 表现行为1 | 表现行为3 | 表现行为5 | 表现行为1 | 表现行为3 | 表现行为5 | 表现行为1 | 表现行为3 | 表现行为5 | 表现行为1 | 表现行为3 | 表现行为5 | 表现行为1 | 表现行为3 | 表现行为5 |
| | 能双手向上抛球，能拍1次球。 | 能连续自抛球，能连续拍3次球。 | 能连续拍10次以上球。 | 能双手在推车在平坦的路上移动。 | 能双手推车上坡下坡和转弯。 | 能双手推车负重行进在各种路径。 | 能用力将球踢出。 | 能用脚运球到各个位置用力踢出。 | 能够用脚将球踢出，用脚带球通过各个标志，完成射门。 | 能在老师的帮助下踩在轮胎上保持5秒不掉下胎。 | 能在他人的帮助下站在轮胎上移动1米。 | 能独立站在轮胎上前后移动，尝试跨跳到另一个胎。 | 能爬上梯绳2-3格。 | 能爬到顶，原路返回。 | 能快速爬到顶从胎轮墙爬上下。 | 能双手悬吊移动1-2格。 | 能双手悬吊移动5米。 | 能双手悬吊移动10米。 | 能抓握绳子，坚持5秒。 | 能独立站上绳子，全缓冲下落。 | 能在绳子上快速移动，安全落下。 |
| 1 | | | | | | | | | | | | | | | | | | | | | |
| 2 | | | | | | | | | | | | | | | | | | | | | |
| 3 | | | | | | | | | | | | | | | | | | | | | |
| 4 | | | | | | | | | | | | | | | | | | | | | |
| 5 | | | | | | | | | | | | | | | | | | | | | |
| 6 | | | | | | | | | | | | | | | | | | | | | |
| 7 | | | | | | | | | | | | | | | | | | | | | |
| 8 | | | | | | | | | | | | | | | | | | | | | |
| 9 | | | | | | | | | | | | | | | | | | | | | |

备注：
1. 平衡、走、钻爬的能力在高跷、单脚跳、躲闪的能力在足球、推车、走轮胎等评价里。
2. 躲闪的能力在足球、推车、走轮胎等评价里。

## 蒲江县南街幼儿园各类活动幼儿行为观察指标

### 野趣运动

| 序号 | 幼儿姓名 | 人际交往* 表现行为1 | 人际交往* 表现行为3 | 人际交往* 表现行为5 | 社会适应* 表现行为1 | 社会适应* 表现行为3 | 社会适应* 表现行为5 | 规则意识* 表现行为1 | 规则意识* 表现行为3 | 规则意识* 表现行为5 | 创造能力* 表现行为1 | 创造能力* 表现行为3 | 创造能力* 表现行为5 | 情绪情感** 表现行为1 | 情绪情感** 表现行为3 | 情绪情感** 表现行为5 | 收拾整理*** 表现行为1 | 收拾整理*** 表现行为3 | 收拾整理*** 表现行为5 | 自我保护和安全** 表现行为1 | 自我保护和安全** 表现行为3 | 自我保护和安全** 表现行为5 | 语言表达*** 表现行为1 | 语言表达*** 表现行为3 | 语言表达*** 表现行为5 |
|---|---|---|---|---|---|---|---|---|---|---|---|---|---|---|---|---|---|---|---|---|---|---|---|---|---|
| 1 | | | | | | | | | | | | | | | | | | | | | | | | | | |
| 2 | | | | | | | | | | | | | | | | | | | | | | | | | | |
| 3 | | | | | | | | | | | | | | | | | | | | | | | | | | |
| 4 | | | | | | | | | | | | | | | | | | | | | | | | | | |
| 5 | | | | | | | | | | | | | | | | | | | | | | | | | | |

人际交往*表现行为1：愿意与同伴一起参与体育活动，能听从旁人的意见并尝试解决冲突。
人际交往*表现行为3：想办法解决运动中的冲突，能接纳别人，乐于分享、尝试谦让。
人际交往*表现行为5：能接纳同伴并提出自己的看法，主动协商解决问题。

社会适应*表现行为1：对体育活动感兴趣，在较冷或较热的户外环境中坚持活动。
社会适应*表现行为3：愿意主动并积极参加体育活动，在较冷或较热的户外环境中坚持活动半小时以上。
社会适应*表现行为5：积极地参加集体体育活动，在较冷或较热的户外环境中连续活动半小时以上。

规则意识*表现行为1：有提醒下能遵守简单的规则。
规则意识*表现行为3：初步的规则意识，能遵守规则进行体育活动。
规则意识*表现行为5：理解规则的意义，能提出和制定运动中的一些规则。

创造能力*表现行为1：愿意尝试不同的器械和项目，用简单的方式探索不同玩法。
创造能力*表现行为3：喜欢参与不同的运动项目和器械，尝试用材料进行组合玩耍。
创造能力*表现行为5：能主动挑战多种不同的运动器械和项目，能采用不同器材进行创造性的组合运动。

情绪情感**表现行为1：能在老师的关注下，恢复平静的情绪。
情绪情感**表现行为3：尝试用恰当的方式表达自己的需要，不反复发脾气。
情绪情感**表现行为5：清楚地说出自己的情绪需要，能适当调控自己尝试用多种方式表达自己的运动感受。

收拾整理***表现行为1：能在老师的提醒下将体育器材放回原处。
收拾整理***表现行为3：知道体育器械的放置位置，根据器械特点分类整理。
收拾整理***表现行为5：主动将材料进行分类、整理，有意识地保持运动场地的整洁。

自我保护和安全**表现行为1：知道一些简单的自我保护的方法，需要别人的帮助。
自我保护和安全**表现行为3：在提醒下能注意安全，不做危险的动作。
自我保护和安全**表现行为5：有较强的自我保护意识，能根据同伴的要求和活动的材料去保护自己。

语言表达***表现行为1：愿意表达自己在运动中的需要。
语言表达***表现行为3：喜欢与同伴完整、连贯地谈论运动中的想法和感受。
语言表达***表现行为5：主动与同伴完整、连贯、清楚地讲述自己在运动中经历的玩法。

备注：运动课程是一项综合性课程。它不仅能发展幼儿的运动技能，还能在幼儿自主运动的过程中发展其人际交往、社会适应、规则意识、创造能力、情绪情感、收拾整理能力、自我保护等。为此，我们将运动课程指标细化，以便更有针对性地支持幼儿的发展。活动现场观察从不同角度去观察幼儿，让教师们在活动中经历和感受。

213

## 蒲江县南街幼儿园各类活动幼儿行为观察指标

### 角色（表演）游戏

| 幼儿姓名 | 自主性与计划性* 表现行为1 | 自主性与计划性 表现行为3 | 自主性与计划性 表现行为5 | 想象创造* 表现行为1 | 想象创造 表现行为3 | 想象创造 表现行为5 | 社会交往* 表现行为1 | 社会交往 表现行为3 | 社会交往 表现行为5 | 情绪表达*** 表现行为1 | 情绪表达 表现行为3 | 情绪表达 表现行为5 | 语言表达*** 表现行为1 | 语言表达 表现行为3 | 语言表达 表现行为5 | 安全及自我保护*** 表现行为1 | 安全及自我保护 表现行为3 | 安全及自我保护 表现行为5 |
|---|---|---|---|---|---|---|---|---|---|---|---|---|---|---|---|---|---|---|
| 序号 | 自主确立游戏主题，并自主选择材料进行游戏。 | 自主计划主题，根据游戏主题需求选择材料进行游戏。 | 自主创设游戏主题，选择材料，创造情节，按照自己的想法不断调整游戏。 | 平行游戏或自发游玩要求，游戏简单随意，能利用自然材料和低结构材料进行以物代物的想象。 | 小组游戏，自发利用环境材料，创造性地利用自然材料和低结构材料结合游戏需要进行合理多用，扮演服务。 | 多人（团队）合作游戏，运用生活中的环境和材料，创造目的自然结合组合替代并根据游戏情节进行加工、拓展。 | 听从劝解，尝试解决冲突，初步掌握交往技巧。 | 愿意在成人帮助下解决冲突，积极接纳同意进行分享、试轮让等多种交往策略。 | 纳人意见，能提出不同的想法，愿意进行自主决定规则，解决冲突，自主了解同伴的心愿。 | 情绪稳定，能用简单的语言或者肢体动作进行表达。 | 尝试表达角色情绪和需要，并能用恰当的方式表达。 | 能清楚地表达角色的情绪和需要，具有同理心。 | 愿意表达自己的需要和想法。 | 愿意与同伴讨论游戏中的问题话题，较完整、连贯地讲述自己所经历和扮演的角色或情节。 | 愿意与同伴讨论游戏中的问题，能有序、连贯、清楚地讲述自己的想法或编故事情节，具有沟通表达的能力。 | 在提醒下遵守规则，能注意安全，不做危险的动作。 | 知道简单的求助方式（包括游戏情景中幼儿行为注释）中的规则，提出规则，初步的规则意识。 | 知道一些基本的自我保护的求助方式（包括游戏情景中幼儿反映）中，能根据游戏中的情况商定并遵守游戏中的安全规则。 |
| 1 | | | | | | | | | | | | | | | | | | |
| 2 | | | | | | | | | | | | | | | | | | |
| 3 | | | | | | | | | | | | | | | | | | |
| 4 | | | | | | | | | | | | | | | | | | |
| 5 | | | | | | | | | | | | | | | | | | |

备注：
1. 自主性是指自主产生游戏主题（包括内容、材料、规则）。
2. 想象创造是指对自然和低结构材料的想象替代，以及游戏情节的建立等。
3. 拓展是指表达孩子们在自我保护角色的需要、用表情、动作，语言表达相应的角色（包括角色的心理活动等）。
4. 情绪表达是指孩子们在自我保护角色中能根据角色的需要、用表情、动作，语言表达相应的角色（包括角色的心理活动等）。

## 蒲江县南街幼儿园各类活动幼儿行为观察指标

### 结构游戏

| 序号 | 幼儿姓名 | 自主性与计划性* 表现行为1 | 自主性与计划性* 表现行为3 | 自主性与计划性* 表现行为5 | 创造想象* 表现行为1 | 创造想象* 表现行为3 | 创造想象* 表现行为5 | 社会交往** 表现行为1 | 社会交往** 表现行为3 | 社会交往** 表现行为5 | 行为习惯** 表现行为1 | 行为习惯** 表现行为3 | 行为习惯** 表现行为5 | 表达表现** 表现行为1 | 表达表现** 表现行为3 | 表达表现** 表现行为5 | 建构技能*** 表现行为1 | 建构技能*** 表现行为3 | 建构技能*** 表现行为5 | 科学能力（数学）*** 表现行为1 | 科学能力（数学）*** 表现行为3 | 科学能力（数学）*** 表现行为5 |
|---|---|---|---|---|---|---|---|---|---|---|---|---|---|---|---|---|---|---|---|---|---|---|
| | | 按照自己的意愿选择搭建的主题、材料，初步说出自己的想法。 | 能根据游戏主题初步地有计划地选择材料，搭建出基本的外部结构。 | 在融合多人想法确定游戏主题，共同建立游戏中的约定，并做好反思计划。 | 较为合理地使用材料搭建自己想建的东西。 | 根据主题和同伴共同的想法来组合使用材料。 | 能围绕搭建主题，多元化地使用材料搭建复杂结构的物体，体现一定的创造性和独特的想象。 | 独自、两两合作或者自发合作搭建，遇到困难的时候，能平复情绪。 | 愿意自由组合小组进行自主搭建，能努力共同完成任务，愿意听取他人的建议、意见和相互帮助。 | 多人共同商议主题、材料、方法等，遇到问题能想办法解决，商量并制定规则并遵守。 | 在提醒下轻拿轻放，愿意参与收拾与整理，在老师的帮助下摆放整齐。 | 能够保持场地整洁，能根据提示收拾和整理使用的材料。 | 乐意保持场地整洁，有方法有目的地整理和合理使用材料。 | 喜欢讲述自己在搭建过程中的作品和感受。 | 能通过游戏故事进行反思和表征，记录自己的作品。 | 能用游戏故事清晰地记录自己的反思与交流分享，乐意用多种方法表达与建构有关的作品。 | 简单排列、垒高、平铺、插接、围合、加长加宽、盖顶、覆盖、简单连接。 | 基本能够分割、延伸、架式连接、组合、排列组合、对称平衡。 | 能够在搭建时运用穿过（转向、交叉）、平式、横式、搭配、复杂三维立体等技能。 | 具有初步的点数、分类、比较、规律、图形、空间方位等基本认识。 | 积累分类、数量、比较、规律、图形、空间方位等基本数学经验，并能延移运用。 | 在搭建中理解运用估算与计量、分类、数量比较、分均分、统计、图形、空间方位等数学关键经验。 |
| 1 | | | | | | | | | | | | | | | | | | | | | | |
| 2 | | | | | | | | | | | | | | | | | | | | | | |
| 3 | | | | | | | | | | | | | | | | | | | | | | |
| 4 | | | | | | | | | | | | | | | | | | | | | | |
| 5 | | | | | | | | | | | | | | | | | | | | | | |

备注：
1. 自主性是指自主产生游戏主题（包括内容、材料、规则）。
2. 创造想象：材料使用多样化，建构主题加入更多自己独特的想法。

## 蒲江县南街幼儿园各类活动幼儿行为观察指标

### 科学游戏

| 序号 | 幼儿姓名 | 自主性与计划性* 表现行为1 | 自主性与计划性* 表现行为3 | 自主性与计划性* 表现行为5 | 想象创造* 表现行为1 | 想象创造* 表现行为3 | 想象创造* 表现行为5 | 社会交往* 表现行为1 | 社会交往* 表现行为3 | 社会交往* 表现行为5 | 观察探究* 表现行为1 | 观察探究* 表现行为3 | 观察探究* 表现行为5 |
|---|---|---|---|---|---|---|---|---|---|---|---|---|---|
| | | 在成人引导下，按照自己的意愿选择探究的游戏主题和材料，初步尝试科学游戏。 | 根据选择游戏主题、材料和想法，按选择材进行游戏，能初步熟悉材料及初步进行游戏计划。 | 根据主题需要反思和调整主题，重新适宜更难更复杂的游戏内容，并能在下一次计划中呈现。 | 较为合理地使用不同材料探究自己想做的东西。 | 根据自己和同伴的想法，组合使用材料探究自己想要探究的物体。 | 能围绕自己的游戏探究想法，使用多元化的材料探究构建复杂的物体或自己独创想法。 | 在解决与同伴的冲突时，寻求成人的帮助。 | 愿意在成人帮助下了解冲突，能接纳意见，进行轮流分享，尝试谦让等多种社交策略。 | 吸纳别人意见，并能提出不同想法，愿意表达自己的意见，能主动制定规则，协商解决冲突，自主解决游戏中的问题。 | 对周围事物和现象有广泛兴趣，能利用多种感官或动作去探索，仔细观察，发现其明显特征。 | 常常动手动脑进行探索，能主动对事物或现象进行连续观察并发现其特征，发现问题，假设猜测等。 | 发现问题验证，反复分析解决问题，发现功能的关系与原理，构建并能利用科学原理解决生活中的问题。 |
| 1 | | | | | | | | | | | | | |
| 2 | | | | | | | | | | | | | |
| 3 | | | | | | | | | | | | | |

备注：
1. 自主性是指自主产生游戏主题（包括内容、材料、规则）。
2. 想象创造是多元材料的加入，探索物质科学经验。

## 蒲江县南街幼儿园各类活动幼儿行为观察指标

### 区角游戏

| 序号 | 幼儿姓名 | 自主性与计划性* |  |  | 艺术表现* |  |  | 行为习惯** |  |  | 社会交往** |  |  | 精细动作** |  |  |
|---|---|---|---|---|---|---|---|---|---|---|---|---|---|---|---|---|
| | | 表现行为1 | 表现行为3 | 表现行为5 | 表现行为1 | 表现行为3 | 表现行为5 | 表现行为1 | 表现行为3 | 表现行为5 | 表现行为1 | 表现行为3 | 表现行为5 | 表现行为1 | 表现行为3 | 表现行为5 |
| | | 愿意分享自己想玩的内容，但内容不稳定。 | 有明确的创作内容，并能根据需求、选择材料，能调整计划。 | 自主设计活动主题，大胆选择材料，能根据实际情况随机调整。 | 随意地进行涂鸦和运用材料表现自己喜欢的事物，但不稳定不明确。 | 有目的地将多种材料组合创作，合理反映其大胆反映其活动及课程经验。 | 能探索将材料特质和多种艺术形式相结合，更好地反映其生活及课程经验。 | 在成人提醒下愿意选取适量材料；能根据图片标记将材料放回原处。 | 懂得爱护材料，能按材料属性进行分类整理。 | 积极参与材料维护、收集整理，能根据材料类别进行更细致的分类整理。 | 想加入同伴的游戏时可以在引导下友好地提出请求。 | 能与同伴互动合作、分享、赞扬。遇到冲突在帮助下可以和平解决。 | 有目的的选择同伴进行合作，可以高效地完成作品，自主协商解决合作中的问题。 | 能动手使用简单的手工、绘画、沿线剪工具，可以根据材料调整姿势力度，动作较慢不精细。 | 能精准地操作较小的材料进行活动，双手灵活使用剪刀、双面胶、画笔、各种单手工具完成单页画、泥塑等。 | 能手眼协调地操作各种形态的材料，完成复杂度较高的动作，具有一定力量。 |
| 1 | | | | | | | | | | | | | | | | |
| 2 | | | | | | | | | | | | | | | | |
| 3 | | | | | | | | | | | | | | | | |
| 4 | | | | | | | | | | | | | | | | |
| 5 | | | | | | | | | | | | | | | | |

备注：
1. 自主性（计划）性包括有条理安排自己的创作活动，并能有始有终地完成活动内容。表现行为5中的"调整"指适当计划缺乏材料不适宜或者缺乏可以用其他材料替代等。
2. 艺术表现行为3中的多种材料方式选择手工、泥塑等；表现行为5中的具体材料的具体属性是指材料对性和目的取材方式，多元艺术形式：中国艺术文化宝藏及世界文化衍生下的艺术方式方法。如中国画、剪纸、油彩画、扎染等。
3. 行为习惯表现行为3中的材料分类别是指以下具体材料类，工具类、纸类、布类等。
4. 社会交往表现行为1中的简单操控包括擦、抹、压、拼贴、摔、拾、捡等；表现行为3中的较精确操作使用模具压、疗、剪纸、撕双面胶等；表现行为5中的精准操作包括拿雕塑笔、用筷子夹物品、双手配合沿线剪、编辫子等。

217

## 蒲江县南街幼儿园各类活动幼儿行为观察指标

节日节气

| 序号 | 幼儿姓名 | 文化认同* 表现行为1 | 文化认同* 表现行为3 | 文化认同* 表现行为5 | 社会交往* 表现行为1 | 社会交往* 表现行为3 | 社会交往* 表现行为5 | 热爱生活*** 表现行为1 | 热爱生活*** 表现行为5 | 艺术表现** 表现行为1 | 艺术表现** 表现行为3 | 艺术表现** 表现行为5 | 语言表达**** 表现行为1 | 语言表达**** 表现行为3 | 语言表达**** 表现行为5 |
|---|---|---|---|---|---|---|---|---|---|---|---|---|---|---|---|
| | | 喜欢参加园内外传统节日节气活动,能主动询问和关心相关的人、事、物。 | 积极参加园内外各类节日节气活动,乐于探索和了解当地本地域的各类传统文化。 | 主动策划各类节日节气活动,发现本地区域文化的不同,了解节日节气内涵,有认同感和归属感。 | 愿意在各类节日节气活动中与园内外的人、事、物互动交往。 | 在各类节日节气活动中,能主动与园内外相关人事物互动,有初步的交往技巧。 | 在各类节日节气活动中,乐于与园内外相关人事物链接,遇到问题能自主想办法进行简单解决。 | 能身心愉悦地了解和参加各类节日节气活动,对节日节气活动来到充满期待。 | 热爱生活,善于欣赏生活中的人事物,并能向自己与周围人创造仪式感而感到到快乐。 | 喜欢欣赏各类节日文化背景下的多种艺术作品,并愿意进行模仿创造。 | 积极用音乐、美术等多种艺术形式来表现自己在节日节气中的感受和体验,并能模仿布置简单相关环境。 | 主动将节日节气经验通过多种相结合形式创设环境,能创造性地表现节日节气中的相关人、事、物。 | 能用图片或简单图画符号等,在体验前分享自己的节日节气相关的人、事、物,并能地与周围人、事、物互动。 | 能用简单的图画、词句等,准确的语言与周围人、事、物互动。 | 能用图片夹文、口头语言或绘画等,完整清楚地讲述节日节气的感受、体验故事及相关诗词句等。 |
| 1 | | | | | | | | | | | | | | | |
| 2 | | | | | | | | | | | | | | | |
| 3 | | | | | | | | | | | | | | | |
| 4 | | | | | | | | | | | | | | | |
| 5 | | | | | | | | | | | | | | | |
| 6 | | | | | | | | | | | | | | | |
| 7 | | | | | | | | | | | | | | | |
| 8 | | | | | | | | | | | | | | | |
| 9 | | | | | | | | | | | | | | | |
| 10 | | | | | | | | | | | | | | | |

备注:
1. 节日节气指中国传统节日和生活中值得纪念的重要日子。节气指中国古代人在探索自然规律过程中形成的二十四节气。
2. 文化指能够关注本民族节日节气背后所蕴含的农业生产、饮食、起居、民俗、气候等资源现象,并渗透在课程环境中。
3. 自身生活的内在联系指能根据不同节日节气文化透调整生活作息、穿衣方式、食物选择等。如:通过二十四节气"春生夏长—秋收冬藏、冬吃萝卜夏吃姜等"关注不同时令背后蕴含的生活智慧。
4. 多种形式表达各种艺术表现形式,如舞蹈、音乐、绘画、手工等。
5. 园内活动指各类节日节气背后,园内外开展的相关活动。如植树节在园内,幼儿园外进行植物护林,清明节求文章做相团,新年月布会展亚庙会等。帮助幼儿从小了解自然健康
6. 多种方式包括小组、班级、亲子、社区。

## 附录四：自然教育节日节气课程实施指南

### 南街幼儿园节日节气实施指南（2022–2023学年上学期）

| | 核心价值 | 师幼获得的核心经验 | 家园社可利用的资源 | 实施策略与方法建议 |
|---|---|---|---|---|
| 教师节 | 奉献<br>尊师<br>责任<br>感恩 | 幼儿：<br>职业认知<br>尊敬关爱<br><br>教师：<br>职业自豪感<br>责任与奉献 | 1.园内资源：园内所有教职工、LED大屏幕、公众号、关于教师的故事绘本视频等<br>2.家庭资源：教师家长、网络优秀教师事例及电影<br>3.社会资源：身边的教师(包括邻居、哥哥姐姐的老师、认识的教师等)、本地教师节庆演活动等 | 幼儿：<br>小班：<br>1.引导幼儿认识身边的教师，观察并讲述她们的工作内容。<br>2.听班级老师和家长讲关于教师的故事及观看相关的视频等，了解教师职业内容。<br>3.自然融入到各类社会角色游戏及探究主题活动中。<br>4.传唱关于教师节的童谣、诗儿歌及在区域活动中进行相关的手工制作等，表达对教师的尊敬关爱。<br>中班：<br>1.对园内外的身边教师进行采访、调查，了解教师的工作内容和感受。<br>2.通过资料查找、采访询问及升旗活动等，初步知道教师节的由来。<br>3.自然融入到各类社会角色游戏。<br>4.传唱关于教师节的童谣、诗儿歌及在区域活动中进行相关的手工制作等，表达对教师的尊敬关爱。<br>5.组织幼儿、家长表达并录制"我眼中的老师"。<br>大班：<br>1.通过在·日生活中当"小老师"，体验教师一日工作，感知教师的辛苦与奉献。<br>2.了解教师的"历史演变"过程，并通过网络优秀教师事例及电影观看，感受教师的奉献与伟大。<br>3.自然融入到各类社会角色游戏。<br>4.将教师节相关活动照片和作品呈现于节日节气墙，门厅等处及园所公众号上，多途径进行经验分享。<br>5.传唱关于教师节的童谣、诗儿歌及在区域活动中进行相关的手工制作等，表达对教师的尊敬关爱。<br>6.观看本地教师节庆演活动，进一步了解不同学段的教师及其工作内容。<br>7.组织幼儿、家长表达并录制"我眼中的老师"。 |

续表

| | | | | |
|---|---|---|---|---|
| | | | | 教师：<br>1.通过集中的庆祝活动（如讲述教师节由来—具有奉献精神、榜样示范的教师表彰—幼儿眼中的教师讲述—签订师徒协议—做"四有"教师宣誓等），激发教师的归属感、使命感和荣誉感。<br>2.组织观看有关教师奉献的系列电影，欣赏感动中国的优秀教师视频。<br>3.通过公众号等方式持续推送园内的优秀教师事迹，树立优秀教师典型等。 |
| 中秋节 | 团圆祝福思念 | 幼儿：<br>传承文化<br>祝福思念<br>感受团圆<br>教师：<br>传承文化<br>热爱生活<br>祝福思念<br>幸福团圆 | 1.园内资源：桂花、大厅展厅、保安保洁、厨房人员、南幼公众号、食谱展示台、有关中秋节的故事绘本视频等<br>2.家庭资源：中秋美食、家长、桂花、有关中秋节的故事绘本视频等<br>3.社会资源：糕点师傅、酿酒师、超市、月饼店、街道桂花、本地中秋节庆演活动、中秋晚会电视节目、神舟飞船登录月球新闻报道 | 幼儿：<br>小班：<br>1.引导幼儿通过家庭、超市、甜品店等多种方式感知、品尝、简单制作月饼，以及体验家庭赏月，初步体验中秋节团圆的快乐。<br>2.观察食谱展示台上的中秋美食，了解美食的外形特征等。<br>3.自愿收集园内保安保洁采摘和园外亲子采摘的桂花，知道桂花可以做成中秋的美食。<br>4.自然融入到各类社会角色游戏。<br>5.听班级老师和家长讲关于中秋节的故事及看相关的视频等，了解中秋节的相关文化习俗。<br>6.传唱关于中秋节的童谣、诗儿歌等及在区域活动中进行相关的手工制作等。<br>7.通过南幼公众号平台的中秋节美食推荐，了解中秋美食。<br>中班：<br>1.对园内外月饼、桂花等进行调查，如观察对比幼儿园厨房准备的月饼和超市、蛋糕店月饼的不同，了解月饼、桂花的不同特征及含义，并通过南幼公众号平台的中秋节美食推荐，亲子在家有计划地制作并分享。<br>2.自然融入到各类社会角色游戏。<br>3.家庭赏月，感受并表达"月圆""人圆"的情感。<br>4.结合地图了解家乡文化，表达对家乡人事物的思念与祝福。<br>5.传唱关于中秋节的童谣、诗儿歌及在区域活动中进行相关的手工制作等。<br>大班：<br>1.通过资料查找、视频记录及地图标注等，知道不同地方中秋节的习俗。 |

续表

| | | | | |
|---|---|---|---|---|
| | | | | 2. 通过南幼公众号平台的中秋节美食推荐，亲子在家有计划、有记录地制作并分享。<br>3. 自然融入到各类社会角色游戏。<br>4. 家庭赏月，每天记录月相的变化，探索月亮变化的规律。<br>5. 将中秋节相关活动照片和作品呈现于节日节气墙，门厅等处及园所公众号上，多途径进行经验分享。<br>6. 观看本地中秋节庆演活动，以及电视频道的中秋晚会，感受和体验中秋节的文化传承。<br>7. 关注神舟飞船登上月球等热点新闻，增强民族自豪感。<br>8. 糕点等美食师傅入园开展中秋美食制作介绍和展示。<br>9. 传唱有关中秋节的童谣、诗儿歌及在区域活动中进行相关的手工制作等。<br>10. 了解关于中秋节的神话故事，可以开展年级组"神话故事会。"<br>教师：<br>1. 通过中秋节的各园区分散活动（如：制作与品尝月饼及桂花糕点—中秋诗歌吟唱与编写—书信给同事寄祝福—家庭团圆、赏月—摄影中秋美景等），了解中秋节由来及文化。<br>2. 观看中秋晚会。<br>3. 摄影作品、诗歌编写、美食制作评奖，传承传统节日文化。 |
| 国庆节 | 自豪<br>团结<br>责任<br>勇敢<br>感恩 | 幼儿：<br>集体荣誉感<br>爱祖国、爱家乡<br>传承文化<br><br>教师：<br>团结勇敢<br>坚守岗位与责任<br>爱祖国、爱家乡<br>传承文化 | 1. 园内资源：升旗仪式、园徽、班集体、厨房人员、南幼公众号、食谱展示台、有关国庆节的故事绘本视频等<br>2. 家庭资源：家长（军人）、科技发明模型、各类美食、有关国庆节的故事绘本视频等 | 幼儿：<br>1. 通过升旗仪式等方式，引导幼儿认识国旗、国徽，唱国歌等，知道国庆节是祖国的节日。<br>2. 听班级老师和家长讲关于国庆节的故事及观看相关的视频等，了解国庆节的来历，感受祖国的伟大。<br>3. 观看阅兵式，初步了解中国军人。<br>4. 知道家乡是蒲江，以及家庭住址、幼儿园的名称和班级等，感受团结一起的氛围。<br>5. 传唱关于国庆节的童谣、诗儿歌及在区域活动中进行相关的手工制作等。<br>6. 观察幼儿园的食谱展示台及公众号的美食推荐，了解家乡美食。 |

221

| | | | 3. 社会资源：阅兵仪式、本地部队、广场李家玉将军纪念地、本地国庆节庆演活动、庆国庆晚会电视节目、旅游名胜地等 | 中班：<br>1. 认识幼儿园的园徽，观察和讨论幼儿园园徽的含义。<br>2. 了解不同军人的名称以及他们的工作，感受祖国军事强大。<br>3. 结合地图，通过调查、采访询问等方式知道成都、蒲江本地的特色文化及家乡的改变，如建筑物、科技发明、美食、李家玉将军的故事及纪念地、高铁的修建等。<br>4. 自然融入到建构游戏中，如修建地标性建筑物等。<br>5. 传唱关于国庆节的童谣、诗儿歌及在区域活动中进行相关的手工制作等。<br>大班：<br>1. 知道中国有 56 个民族，台湾是中国的一部分。<br>2. 通过国家英雄人物事迹和观看电影，及艺术文化、科技发明的欣赏等，感受祖国的伟大。<br>3. 结合地图，通过调查、采访询问、视频等方式知道四川、中国的特色文化，如建筑物、科技发明、美食、四大发明、军属新闻等。<br>4. 自然融入到建构游戏中，如修建天安门广场等。<br>5. 将国庆节相关活动照片和作品呈现于节日节气墙，门厅等处及园所公众号上，多途径进行经验分享。<br>6. 传唱关于国庆节的童谣、诗儿歌及在区域活动中进行相关的手工制作等。<br>7. 观看本地国庆节庆演活动、天安门阅兵式、庆国庆晚会电视节目，及走进本地部队、到全国各地名胜地旅游等，了解祖国的大好河山。<br>教师：<br>1. 与幼儿一起开展教师庆演活动（如红歌赛—先辈故事演讲—红军话剧表演—优秀团队表彰等），感受祖国的伟大。<br>2. 门厅展示教师旅游过的祖国大好河山的照片。<br>3. 与孩子一起看一部爱国的电影。 |

续表

| | | | | |
|---|---|---|---|---|
| 重阳节 | 吉祥祝福<br>缅怀<br>尊老敬老<br>团圆感恩 | 幼儿：<br>尊老敬老<br>表达爱<br>教师：<br>尊老敬老<br>祝福思念 | 1.园内资源：退休教师、60岁以上教职工、菊花、南幼公众号、食谱展示台、有关重阳节的故事绘本视频等<br>2.家庭资源：家长（60岁以上）、美食、有关重阳节的故事绘本视频等、菊花等<br>3.社会资源：街道菊花、社区老人、养老院、敬老院等 | 幼儿：<br>小班：<br>1.认识幼儿园及家里的老人（60岁以上），知道重阳节是老人过的节日。<br>2.观察幼儿园的食谱展示台及公众号的美食推荐，了解重阳美食。<br>3.听班级老师和家长讲关于重阳节的故事及看相关的视频等，了解重阳节的来历及其尊敬关爱老人的内涵。<br>4.传唱关于重阳节的童谣、诗儿歌及在区域活动中进行相关的手工制作等。<br>中班：<br>1.对园内外的身边老人进行采访、调查，了解老人们的故事和感受。<br>2.观察和调查园内外的菊花，对比每种菊花的不同。<br>3.传唱关于重阳节的童谣、诗儿歌及在区域活动中进行相关的手工制作等。<br>大班：<br>1.对敬老院和养老院的老人进行采访、调查，愿意为老人们服务。<br>2.将重阳节相关活动照片和作品呈现于节日节气墙，门厅等处及园所公众号上，多途径进行经验分享。<br>3.邀请退休教师、家中老人参加幼儿园的尊老敬老活动。<br>4.传唱关于重阳节的童谣、诗儿歌及在区域活动中进行相关的手工制作等。<br>教师：<br>1.与大班活动结合（邀请退休教师、园内60岁以上教师、家长奶奶等入园开展活动—听幼儿讲老人的故事—观看老人一生变化视频等）。<br>2.调查身边老人退休后的生活和心理感受，邀请幼儿一起为老人制作"爱的陪伴"倡议书，呼吁班级、小区、社区等青年人关爱老年人、陪伴老年人。 |

续表

| | | | | |
|---|---|---|---|---|
| 新年月（元旦、除夕、春节、元宵节） | 辞旧迎新 团圆和谐 自由 | 幼儿：传承文化 新的成长 教师：传承文化 辞旧迎新 | 1.园内资源：教职工、运动会、包饺子、游园会、南幼公众号、食谱展示台、有关过新年和运动会的故事绘本视频等<br>2.家庭资源：家长(运动者、剪窗花写福字等手艺人)、运动器械、美食、有关过新年和运动会的故事绘本视频等<br>3.社会资源：亲戚家、小区体育设施、广场体育场、运动协会、冬奥会、冬运会、超市、本地新年庆演活动、迎新年晚会电视节目、写春联福字的地方等 | 幼儿：<br>小班：<br>1.了解新年的含义，知道新年的习俗。<br>2.通过混龄、年级组体育活动、亲子运动等练习元旦亲子运动会参赛项目，喜欢参与运动。<br>3.观察食谱展示台上的新年美食，了解美食的外形特征等。<br>4.听班级老师和家长讲关于新年的故事及观看相关的视频等，了解新年的相关文化习俗。<br>5.传唱关于新年的童谣、诗儿歌等及在区域活动中进行相关的手工制作等。<br>6.通过南幼公众号平台的新年美食推荐，了解中国传统美食。<br>7.参加散学典礼游园会，体验中国传统文化和民间游戏。<br>8.在家亲子包饺子搓汤圆，在园体验大带小包饺子，感受新年氛围。<br>9.结合探究主题、小话题等开展"我长大了"系列活动。<br>中班：<br>1.调查过新年的相关习俗，并通过到超市购物等方式准备新年的家园环境布置。<br>2.通过混龄、年级组体育活动、亲子运动等练习元旦亲子运动会参赛项目，了解冬奥会、冬运会等比赛项目。<br>3.自然融入到社会性角色游戏中。<br>4.传唱关于新年的童谣、诗儿歌及在区域活动中进行相关的手工制作等。<br>5.听班级老师和家长讲关于新年的故事及看相关的视频等，了解新年的相关文化习俗。<br>6.参加散学典礼游园会，体验中国传统文化和民间游戏。<br>7.在家亲子包饺子搓汤圆，在园体验与教师、同伴一起包饺子，并感受新年氛围。<br>8.通过南幼公众号平台的新年美食推荐，有计划地制作和分享。<br>大班：<br>1.通过调查、查资料等，知道不同地方过新年的习俗。<br>2.邀请会剪窗花、写福字等的家长和教师指导幼儿，并装饰家园的环境。<br>3.通过混体、年级组体育活动、亲子运动等练习元旦节亲子运动会参赛项目(团体赛)，并愿意到体育场等地方坚持练习，感受团结的力量。 |

续表

|  |  |  |  | 4.通过南幼公众号平台的新年美食推荐，亲子在家有计划、有记录地制作并分享。<br>5.将过新年的相关活动照片和作品呈现于节日节气墙，门厅等处及园所公众号上，多途径进行经验分享。<br>6.观看本地新年庆演活动，以及电视频道的春节联欢晚会，感受和体验新年的文化传承。<br>7.传唱新年的童谣、诗儿歌及在区域活动中进行相关的手工制作等。<br>8.听班级老师和家长讲关于新年的故事及观看相关的视频等，了解新年的相关文化习俗。<br>9.参加散学典礼游园会，体验中国传统文化和民间游戏。<br>10.了解有关节日的神话故事，可以在班级或年级组举行故事会。<br>教师：<br>1.与幼儿一起参加运动会教师专场。<br>2.期末集团大会，提前邀请集团教职工中书法比较好的老师，或者利用家社资源，一起写春联、写福字等。 |
|---|---|---|---|---|

## 南街幼儿园节日节气实施指南（2022–2023学年下学期）

|  | 核心价值 | 师幼获得的核心经验 | 家园社可利用的资源 | 实施策略与方法建议 |
|---|---|---|---|---|
| 妇女节 | 爱与尊重<br><br>祝福与感恩<br><br>自由平等 | 幼儿：<br>尊重关爱<br>祝福感恩<br><br>教师：<br>自我价值认同<br>责任与奉献<br>自由平等 | 1.园内资源：园内所有女性教职工、公众号、关于妇女的故事、绘本、视频等<br>2.家庭资源：女性家长、家长的故事<br>3.社会资源：身边的女性（包括女性邻居、哥哥姐姐的妈妈婆婆等女性长辈、认识的女性等）、本地妇女节庆演及表彰活动等 | 幼儿：<br>小班<br>1.引导幼儿辨别女性和男性的不同，以及对比班级三位教师、家中女性成员年龄的不同，知道谁才可以过妇女节。<br>  2.听班级老师和家长讲关于女性的故事及观看相关的视频等，了解女性和男性的不同。<br>3.自然融入到各类社会角色游戏及探究主题活动中。<br>4.传唱赞美女性的童谣、诗儿歌及在区域活动中进行相关的手工制作等，表达对妇女的尊敬关爱、祝福感恩。<br>5.组织幼儿表达并录制"我眼中的妈妈、老师、奶奶、外婆等"。<br>6.将妇女节相关活动照片和作品呈现于节日节气墙，门厅等处及园所公众号上，多途径进行经验分享。 |

225

续表

| | | | | 中班：<br>1. 对园内外的身边女性进行采访、调查，知道大家的年龄和日常做的有意义的事情。<br>2. 通过资料查找、采访询问及升旗活动等，初步知道妇女节的由来。<br>3. 自然融入到各类社会角色游戏及探究主题活动中。<br>4. 传唱赞美女性的童谣、诗儿歌及在区域活动中进行相关的手工制作等，表达对妇女的尊敬关爱、祝福感恩。<br>5. 组织幼儿表达并录制"我眼中的妈妈、老师、奶奶、外婆等"。<br>6. 将妇女节相关活动照片和作品呈现于节日节气墙，门厅等处及园所公众号上，多途径进行经验分享。<br>大班：<br>1. 通过在家中体验女性长辈的一日生活和工作，感知女性的辛苦与奉献。<br>2. 了解妇女节的由来，并通过观看优秀妇女事例相关影片，感受妇女的辛苦与奉献。<br>3. 自然融入到各类社会角色游戏及探究主题活动中。<br>4. 将妇女节相关活动照片和作品呈现于节日节气墙，门厅等处及园所公众号上，多途径进行经验分享。<br>5. 传唱赞美女性的童谣、诗儿歌及在区域活动中进行相关的手工制作等，表达对妇女的尊敬关爱、祝福感恩。<br>6. 观看本地妇女节庆演活动，进一步了解女性的付出。<br>7. 组织幼儿表达并录制"我眼中的妈妈、老师、奶奶、外婆等"。<br>教师：<br>1. 开展"寻找最美春天，做最美的自己"摄影采风活动等，激发教师们热爱生活的情感。<br>2. 组织观看有关优秀女性代表的系列电影，欣赏感动中国的优秀女性视频。<br>3. 通过公众号等方式持续推送园内的优秀女教师事迹，树立优秀女教师典型等。|

续表

| | 缅怀<br>孝道<br>敬畏<br>天地人和谐合一 | 幼儿：<br>传承文化<br>缅怀感恩<br>重孝礼亲<br>亲近自然<br>敬畏生命<br><br>教师：<br>传承文化<br>缅怀感恩<br>重孝礼亲<br>亲近自然<br>吐故纳新<br>敬畏生命 | 1.园内资源：<br>艾草、保安保洁、厨房人员、公众号、食谱展示台、室内外环境、有关清明节节的故事绘本视频等<br>2.家庭资源：<br>清明美食、家长、祖先（祭祖）、有关清明节的故事绘本视频等<br>3.社会资源：<br>祭祖物品卖店、本地清明节活动、周边公园等自然景区、烈士陵园、纪念馆 | 幼儿：<br>小班：<br>1. 初步了解家中直系亲属关系，怀念先祖，尊孝长辈，陪同长辈祭祖。<br>2. 观察食谱展示台上的清明美食，了解美食的外形特征等。<br>3. 自愿收集园内种植的艾草，知道艾草可以做成清明美食青团子。<br>4. 自然融入到班级其他课程中。<br>5. 听班级老师和家长讲关于清明节的故事及观看相关的视频等，了解清明节的相关文化习俗。<br>6. 传唱清明节的童谣、诗儿歌及在区域活动中进行相关的手工制作等。<br>7. 通过南幼公众号平台的清明节美食推荐，了解清明美食。<br>8. 感受身边自然环境的变化，在园内外进行春游活动。<br>9. 将清明节相关活动照片和作品呈现于节日节气墙，门厅等处及园所公众号上，多途径进行经验分享。<br>10. 走进烈士陵园、纪念馆等处。<br>中班：<br>1. 通过调查和访问了解家族亲属关系，怀念先祖，尊孝长辈，陪同长辈祭祖，知道清明节可以做的事情。<br>2. 自然融入到班级其他课程中。<br>3. 通过调查了解清明美食，在家长的陪同下尝试制作清明美食，并观察对比园内外清明美食材料，如艾草等。<br>4. 传唱清明节的童谣、诗儿歌及在区域活动中进行相关的手工制作等。<br>5. 听老师和家长讲关于清明节的故事及观看相关的视频等，了解清明节的相关文化习俗。<br>6. 有计划地进行园内外春游活动，并通过生活故事呈现春游的想法。<br>7. 将清明节相关活动照片和作品呈现于节日节气墙，门厅等处及园所公众号上，多途径进行经验分享。<br>8. 走进烈士陵园、纪念馆等处。<br>大班：<br>1. 通过调查知道家族亲属关系，怀念先祖，尊孝长辈，陪同长辈祭祖，并能通过语言和表征等方式清楚表达家族中成员的关系，以及知道祭祖的人是谁等。 |
|---|---|---|---|---|
| 清明节 | | | | |

续表

|  |  |  |  | 2. 知道清明美食品种，亲子在家有计划、有记录地制作并分享。<br>3. 自然融入到班级其他课程中。<br>4. 结合地图了解家乡文化，表达对先祖的缅怀之情。<br>5. 将清明节相关活动照片和作品呈现于节日节气墙，门厅等处及园所公众号上，多途径进行经验分享。<br>6. 观看本地清明节活动，感受和体验清明节的文化传承。<br>7. 传唱清明节的童谣、诗儿歌及在区域活动中进行相关的手工制作等。<br>8. 听老师和家长讲关于清明节的故事及观看相关的视频等，了解清明节的相关文化习俗。<br>9. 观察和记录天气、环境变化，有计划有筹备地进行园内外春游活动，并通过生活故事呈现春游的想法。<br>10. 走进烈士陵园、纪念馆等处。<br>教师：<br>1. 与孩子一起分享先烈故事，缅怀先烈。<br>2. 与孩子谈谈本地的清明习俗，丰富本地的节日文化氛围。<br>3. 年级组可以自由组合，与孩子一起制定踏青出游的计划并实施。<br>4. 利用假期时间，走进烈士纪念馆或陵园进行缅怀与祭奠。 |
| 劳动节 | 敬业奉献<br><br>尊重关爱<br><br>热爱生活<br><br>艰苦奋斗 | 幼儿：<br>职业认知<br>尊重关爱<br>自我服务<br>敬业奉献<br>适应社会<br><br>教师：<br>自我价值认同<br>敬业奉献<br>创造与热爱生活<br>艰苦奋斗 | 1. 园内资源：园内所有教职工、公众号、关于劳动楷模的故事、绘本、视频等<br>2. 家庭资源：家长、网络优秀劳动者的事例及电影<br>3. 社会资源：身边的劳动者、本地劳动节庆演及表彰活动等 | 小班：<br>1. 引导幼儿认识班级教师和家中成员不同的职业和工作内容。<br>　2. 听班级老师和家长讲关于劳动楷模的故事及观看相关的视频等。<br>3. 自然融入到各类社会角色游戏及探究主题活动中。<br>4. 传唱关于劳动节的童谣、诗儿歌及在区域活动中进行相关的手工制作等，表达对劳动者的尊重关爱。<br>5. 开展"我会自己洗手""我会自己穿衣""我会自己收拾整理玩具"及班级、家庭大移除等活动，培养幼儿自理能力；根据每周小值日和大移除活动，幼儿自己评选"劳动之星"（如收拾小明星、叠被小明星），并将好的劳动方法经验呈现在班级墙面。 |

续表

| | | | | 中班：<br>1. 对园内外的劳动者进行采访、调查，了解不同劳动者的工作内容和感受。<br>2. 听班级老师和家长讲关于劳动楷模的故事及看相关的视频等。<br>3. 自然融入到各类社会角色游戏及探究主题活动中。<br>4. 传唱关于劳动节的童谣、诗儿歌及在区域活动中进行相关的手工制作等，表达对劳动者的尊重关爱。<br>5. 自然融入到各类社会角色游戏。<br>6. 引导幼儿定期与家庭成员共同商量，开展亲子家庭劳动计划。引导幼儿根据劳动计划，开展"家庭劳动小能手"活动，每天在家做一些家务劳动，家长记录孩子所做的劳动。<br>7. 开展"我会自己叠被子"及班级、家庭大扫除等活动，培养幼儿自理能力；根据每周小值日和大扫除活动，幼儿自己评选"劳动之星"（如收拾小明星、叠被小明星），并将好的劳动方法经验呈现在班级墙面。<br>8. 引导幼儿为他人服务。<br>9. 观看本地劳动节庆演活动，进一步了解不同学段的教师种类及工作内容。<br>大班：<br>1. 通过调查、亲身体验劳动者的工作，感知劳动人民的辛苦与奉献，并将调查和体验过程清楚记录下来及分享。<br>2. 听班级老师和家长讲关于劳动楷模的故事及观看相关的视频等。<br>3. 自然融入到各类社会角色游戏及探究主题活动中。<br>4. 传唱关于劳动节的童谣、诗儿歌及在区域活动中进行相关的手工制作等，表达对劳动者的尊重关爱。<br>5. 自然融入到各类社会角色游戏。<br>6. 观看本地劳动节庆演活动，进一步了解不同学段的教师种类及工作内容。<br>7. 开展"我会整理书包""班级、家庭大扫除""我会制作美食""我为家庭做贡献"等活动，培养幼儿自理能力；根据每周小值日和大扫除活动，幼儿自己评选"劳动之星"（如收拾小明星、叠被小明星），并将好的劳动方法经验呈现在班级墙面。 |

续表

| | | | | |
|---|---|---|---|---|
| | | | | 教师：<br>1. 与孩子一起进行劳动节由来的分享以及职业的调查。<br>2. 捕捉园内的教职工劳动瞬间，并进行劳动瞬间展板的呈现（在孩子的庆祝仪式上颁发我园的五一劳动优秀者奖状），并通过公众号进行宣传。<br>3. 与孩子观看五一劳模颁奖典礼，了解全国各行各业的五一劳动获得者的事迹。 |
| 端午节 | 尊重友好<br><br>感恩思念<br><br>热爱祖国 | 幼儿：<br>传承文化<br>友好相处<br>感恩思念<br>尊重祝福<br>热爱祖国<br><br>教师：<br>传承文化<br>热爱生活<br>热爱祖国<br>友好相处<br>感恩思念<br>尊重祝福 | 1. 园内资源：艾草、保安保洁、厨房人员、公众号、食谱展示台、粽叶、有关端午节的故事绘本视频等<br>2. 家庭资源：端午美食、家长、有关端午节的故事绘本视频等<br>3. 社会资源：本地端午节活动、集市、药材店、粽子卖店等 | 幼儿：<br>小班：<br>1. 初步了解端午节的历史人物。<br>2. 观察食谱展示台上的端午美食，了解美食的外形特征等。<br>3. 自愿收集园内种植的艾草、粽叶等，知道艾草可以挂在家里，粽叶可以做成端午美食粽子，并开展"大带下"包粽子活动。<br>4. 自然融入到班级其他课程中。<br>5. 听班级老师和家长讲关于端午节的故事及观看相关的视频等，了解端午节的相关文化习俗。<br>6. 传唱关于端午节的童谣、诗儿歌等及在区域活动中进行相关的手工制作等。<br>7. 通过南幼公众号平台的端午美食推荐，了解端午美食。<br>8. 将端午相关活动照片和作品呈现于节日节气墙，门厅等处及园所公众号上，多途径进行经验分享。<br>中班：<br>1. 讲述端午节历史人物的故事，并在社会游戏中进行表演。<br>2. 自然融入到班级其他课程中。<br>3. 通过调查了解端午美食，在家长的陪同下尝试制作端午美食，观察对比不同粽子的味道，并进行家园包粽子活动。<br>4. 传唱关于端午节的童谣、诗儿歌及在区域活动中进行相关的手工制作等。<br>5. 听班级老师和家长讲关于端午节的故事及观看相关的视频等，了解端午节的相关文化习俗。<br>6. 将端午相关活动照片和作品呈现于节日节气墙，门厅等处及园所公众号上，多途径进行经验分享。 |

续表

| | | | | 大班：<br>1. 通过调查了解端午节的由来和多种含义，知道端午节是中国四大传统节日之一。<br>2. 知道端午美食品种，亲子在家有计划、有记录地制作并分享。<br>3. 自然融入到班级其他课程中，通过升旗仪式、表演游戏等进行端午节由来的表演，并自主合作玩划龙舟等端午游戏。<br>4. 将端午节相关活动照片和作品呈现于节日节气墙，门厅等处及园所公众号上，多途径进行经验分享。<br>5. 观看本地端午节活动，感受和体验端午节的文化传承。<br>6. 传唱关于端午节的童谣、诗儿歌及在区域活动中进行相关的手工制作等。<br>7. 听班级老师和家长讲关于端午节的故事及观看相关的视频等，了解端午节的相关义化习俗。<br>8. 在调查中和对比中发现和表达中国四大传统节日的不同。<br>教师：<br>1. 和孩子一起寻找粽叶及艾草等，并一起开展端午包粽子、做香包活动。<br>2. 与孩子一起通过视频方式观看其他地方的龙舟赛及其他端午习俗。<br>3. 与孩子一起了解屈原的故事。<br>4. 团队进行包粽子的比赛活动。 |
|---|---|---|---|---|
| 儿童节 | 自由自主<br>发展创造<br>社会交往 | 幼儿：<br>自由自主<br>社会交往<br>教师：<br>期待祝福<br>关爱幼儿 | 1. 园内资源：幼儿园教职工、LED大屏幕、各班级幼儿、室内外环境等<br>2. 家庭资源：家长、美食等<br>3. 社会资源：本地六一节活动、周边各大场地等 | 小班：<br>1. 知道儿童节是自己的节日，并主动表达自己的节日心愿。<br>2. 自然融入到班级其他课程中。<br>3. 将儿童节相关活动照片和作品呈现于节日节气墙，门厅等处及园所公众号上，多途径进行经验分享。<br>4. 观看本地儿童节活动，感受和体验儿童节的不同表现方式。<br>5. 开展儿童节童话剧庆祝活动，并观看一部有意义的电影。<br>6. 儿童节当天和家长出行游玩。<br>7. "大带小"话成长。<br>中班：<br>1. 和教师、家长商量想怎样过节日。<br>2. 自然融入到班级其他课程中。 |

续表

| | | | | 3. 将儿童节相关活动照片和作品呈现于节日节气墙，门厅等处及园所公众号上，多途径进行经验分享。<br>4. 观看本地儿童节活动，感受和体验儿童节的不同表现方式。<br>5. 开展儿童节童话剧庆祝活动，提前参与装饰幼儿园，并观看一部有意义的电影。<br>6. 儿童节当天和家长出行游玩。<br>7. 对比小班和中班的不同，记录自己的变化。<br>大班：<br>1. 提前计划自己的节日，并做好准备。<br>2. 自然融入到班级其他课程中。<br>3. 将儿童节相关活动照片和作品呈现于节日节气墙，门厅等处及园所公众号上，多途径进行经验分享。<br>4. 观看本地儿童节活动，感受和体验儿童节的不同表现方式。<br>5. 开展儿童节童话剧庆祝活动，提前参与装饰幼儿园，并观看一部有意义的电影。<br>6. 儿童节当天和家长出行游玩。<br>7. 对比小班、中班、大班的不同，记录自己的变化，憧憬未来的成长。<br>8. "大带小"话成长。<br>教师：<br>1. 开展大儿童的搭建游戏活动（如结构游戏体验、科学活动体验、表演游戏体验等），以儿童的视角来感受孩子的游戏。<br>2. 与孩子一起筛选儿童节的歌曲，一起表达与表现。<br>3. 与孩子一起庆祝儿童节。 |
|---|---|---|---|---|
| 毕业季 | 回忆不舍<br>感受欣赏<br>憧憬未来 | 幼儿：<br>惜别不舍<br>祝福感恩<br>感受欣赏<br>表达表现<br>社会交往<br>教师：<br>惜别不舍<br>期待祝福 | 1. 园内资源：幼儿园教职工、LED大屏幕、各班级幼儿、音乐器材等<br>2. 家庭资源：家长、成长册等<br>3. 社会资源：周边生活的场地等 | 小班：<br>1. 知道什么叫毕业，毕业后会去哪里。<br>2. 结合区角游戏、大带小、探究主题课程等活动表达对大班哥哥姐姐的不舍和祝福。<br>3. 积极参与到毕业季的环境创设、音乐会和成长故事中，体验毕业和长大的感受。<br>4. 为大班哥哥姐姐做力所能及的事。<br>中班：<br>1. 知道自己多久后会毕业，表达对毕业的想法。 |

续表

| | | | | | 2. 结合区角游戏、大带小、探究主题课程等活动表达对大班哥哥姐姐的不舍和祝福。<br>3. 积极参与到毕业季的环境创设、音乐会和成长故事中，体验毕业和长大的感受。<br>4. 为大班哥哥姐姐做力所能及的事。<br>大班：<br>1. 提前做好毕业的计划和准备，对幼儿园的人、事、物留下成长的痕迹。<br>2. 积极参与毕业照、同学录、师幼录、作品展、毕业典礼等各项活动，亲身参与并设计自己毕业的场景。<br>3. 参与音乐会的演出，感受欣赏音乐的美，表达表现惜别不舍的情感。<br>4. 结合区角游戏、大带小、探究主题课程等活动表达对弟弟妹妹的不舍和祝福。<br>5. 开展畅想小学系列活动，对小学生活充满憧憬和期待。<br>6. 班级开展"谢师恩"相关主题活动。<br>教师：<br>1. 融入孩子毕业照。<br>2. 教师毕业节目排练。<br>3. 和孩子一起开展毕业典礼。 |

## 附录五：生活课程环境创设细则

### 日常生活之饮水

| | 小班 | 中班 | 大班 |
|---|---|---|---|
| 年龄目标 | 通过照片与口杯一一对应，关注自我，对环境和物品产生归属感。 | 通过观察横坐标或纵坐标，用动植物图形或者数字感受横向和纵向的方位、序数，增强空间方位感和对常见集合图形的认知。 | 感知坐标中的序数关系，以及二维坐标表征空间关系、群数、均分、单双数等数学相关的内容，能为生活所用，并结合生活经验进一步拓展。 |
| 环创建议 | 上学期：通过幼儿自己的照片与口杯进行对应。下学期：尝试用熟悉的卡通、生活类物品图片替代自己的照片。 | 创设情境"杯子的家"，用生动直观的图案、图形及数字标注方向，后期可根据幼儿能力逐渐更换形状或者位置，结合环境图片呈现提醒喝水时机。 | 用数字标注横纵坐标，幼儿姓名与坐标对应，后期可以设计成活动式，方便幼儿使用。环境中呈现喝水的好处图示，以及结合身体情况判别喝水的时段，进行自我管理。 |
| 图例 | | | |

日常生活之盥洗

| | 小班 | 中班 | 大班 |
|---|---|---|---|
| 年龄目标 | 通过照片观察、儿歌融入等形式，直观模仿七部洗手法的正确步骤和方法。 | 通过记录表征盥洗室文化，融入七步洗手法、节水方法，制定规则并成为环境的主人。 | 深入探讨节水方法，图夹文表征节水刻度、水资源再利用、节约用纸等，培养节约意识。有意识渗透符号表征，为幼儿的前阅读和书写奠基。 |
| 环创建议 | 1.照片直观呈现起步洗手、如厕（擦拭屁股）方法。<br>2.结合《洗手歌》，提醒幼儿观察水流粗细、听水流的声音调节水流速度，开小水节约用水。 | 鼓励幼儿图画表征并呈现在盥洗室，方便幼儿回顾。 | 在图画表征基础上，讨论使用通俗易懂的图夹文进行表征。 |
| 图例 | | | |

235

日常生活之午睡

| | 小班 | 中班 | 大班 |
|---|---|---|---|
| 年龄目标 | 通过照片呈现、直观模仿等方式，培养自我服务的能力。 | 通过绘画表征、梳理方法，建立午睡的秩序感。 | 幼儿制定自我管理的标准，适当进行自我调整和评价，实现自我管理。 |
| 环创建议 | 照片呈现午睡流程，学习自我服务的方法：穿脱衣裤，对折整理被子，摆放鞋子等。 | 围绕穿脱衣服顺序、叠被方法等进行流程分解，学习折三叠被，让幼儿做事更有秩序感。 | 环境呈现叠方被、系鞋带、自主扎发等方法，关注被子叠成什么样、起床用时多久、怎样提高做事效率等生活内容。 |
| 图例 | | | |

## 日常生活之值日

| | 小班 | 中班 | 大班 |
|---|---|---|---|
| 年龄目标 | 愿意和乐于参与值日生事宜；口头了解值日生的任务，知道自己做什么。 | 通过小组内商量分工，具有初步按计划做事的意识。 | 通过团队分工合作，梳理值日生管理方法，观察、评价、反思现有的方法，及时调整和小结。 |
| 环创建议 | 通过图片呈现值日生活动、插卡选择对应所做事情，培养幼儿具有初步的任务意识。 | 从个人到小组、小组到个人绘画表征组内值日生需要做的事情。结合实际需要调整任务。 | 及时将梳理总结的一些方法用图夹文方式呈现在环境中，成为幼儿互动学习的资源。 |
| 图例 | | | |

晨间点到

| | 小班 | 中班 | 大班 |
|---|---|---|---|
| 年龄目标 | 关注自我，认识同伴，坚持上幼儿园，体会到自己是班级的一员。 | 关注小组和他人，调查同伴缺席原因，喜欢自己所在的班级和幼儿园，积极参加集体活动。 | 积极开展团队关注、时间关注和比较分析、归因统计等，愿意为集体做事，具有集体荣誉感。 |
| 环创建议 | 可利用插、挂、扣等方式与自己的照片进行互动。 | 以小组为单位进行签到，通过点数了解本组已到人数，为值日生进行小组服务做准备。 | 前期男生、女生分别签到，后期集体签到，关注集体来了多少人，有多少人未到，什么原因未到。 |
| 图例 | | | |

天气播报

| | 小班 | 中班 | 大班 |
|---|---|---|---|
| 年龄目标 | 认识和感知晴天、雨天、阴天等基本的天气，激发对天气的观察兴趣。 | 初步了解天气变化，用简单的图画符号表征天气情况，初步感知天气对动植物的影响。 | 感知和发现不同时间段温差变化，尝试多种方式记录温度变化及其规律，并尝试统计分析天气与气候之间的关系。 |
| 环创建议 | 初期主要是转盘形式或图片插入式，后期可加入星期、穿衣指数，拓展幼儿认知。 | 自主表征、统计每周的天气，认识多样化天气特征。后期关注一日天气、温度的变化等。 | 用各种图表记录天气和温度，融入地图和日历，以月为单位统计天气，感知天气、季节、温度的关系。 |
| 图例 | | | |

239

新闻播报

| | 小班 | 中班 | 大班 |
|---|---|---|---|
| 年龄目标 | 鼓励幼儿关注身边的人、事、物。 | 关注家乡事，用照片和图画进行表征，激发家乡归属感。 | 关注国家事，图夹文记录，激发民族归属感。 |
| 环创建议 | 不设新闻角，而是用口头、照片形式进行分享，请幼儿简单讲述。 | 引导幼儿讨论"关注什么内容？如何表征"等，关注新闻的时效性。从幼儿身边的新闻事件→区县新闻→省市新闻进行关注。 | 与班级课程有机结合，如食育课程、民族、动植物分布、文化习俗、地理气候、节日教育等联动开展。在中班基础上逐渐扩大到省→中国→世界。 |
| 图例 | | | |

班级公约

| | 小班 | 中班 | 大班 |
|---|---|---|---|
| 内容 | 通过师幼共同制定班级公约，适应、遵守一定的规则，关注自我。 | 能遵守大家约定的规则，初步商量规则，从关注自我过渡到关注同伴。 | 理解规则对个人、小组、集体的意义，从实际的问题中梳理小结、制定规则，关注集体。 |
| 环创建议 | 师幼共同讨论需要遵守班级中哪些规则，以卡通形象图片或真实照片呈现。 | 在小班的基础上适当增减，从照片表征转变为图画表征，中班后期幼儿可以尝试用自己的方式进行表征。 | 师幼共同制定班级公约，以图夹文的方式表示。理解班级规则，定期小结梳理，不断在环境中呈现。 |
| 图例 | | | |

241

一日（周）作息

| | 小班 | 中班 | 大班 |
|---|---|---|---|
| 年龄目标 | 愿意参与活动，建立初步的秩序感。 | 知道一周的活动，做好一天活动的提醒和准备。 | 图夹文呈现一周活动，加入时钟概念，培养自主管理能力。 |
| 环创建议 | 照片呈现幼儿一日活动流程，直观形象了解各类游戏活动。 | 以周为单位，了解每天上午和下午的活动，用图画表征呈现。 | 将一日和一周活动相结合，融入时钟感知时间，做好一周及每天活动计划和准备。 |
| 图例 | | | |

附 录

大扫除

| | 小班 | 中班 | 大班 |
|---|---|---|---|
| 年龄目标 | 愿意并知道用正确的方法，把自己常用的桌椅柜子擦拭干净。 | 通过小组商量分工，知道自己负责的区域，学习选择适宜的工具进行打扫，具有初步的责任感和任务意识。 | 通过小组商量分工，知道自己负责的区域，学习选择适宜的工具进行打扫，具有初步的责任感和任务意识。 |
| 环创建议 | 照片呈现自己打扫的教室环境 | 绘画表征，通过区域对象、工具材料、人员分工等版块呈现。 | 图夹文表征打扫的区域，增加室外公共区域分工图。 |
| 图例 | | | |

243

食育活动

| | 小班 | 中班 | 大班 |
|---|---|---|---|
| 年龄目标 | 仔细观察与食物相关的事物，认识其颜色、形状、味道，引发幼儿对身边食物、植物的广泛关注，激发幼儿想说、愿意说的兴趣，形成良好的就餐文明礼仪。 | 对比观察对身边食物、植物的种植过程中，积累记录表征、表达表现、问题解决等经验，形成自主取餐的好习惯。 | 通过分水果糕点，发展群数、均分、等分等数学能力；在调查统计、梳理归纳中了解食物（植物）与人体的关系；通过食谱介绍、创编朗诵，积累优美字词句，提升完整、连贯的语言表达能力。 |
| 环创建议 | 通过食物真实照片、点数卡、水果统计墙呈现，结合区角、角色、种植等游戏活动再现水果的样态，感受整体与局部食物的变化关系。 | 对比观察食物（生长环境、制作方法等），多维度分类统计（颜色、形状、大小、味道、形态）、符号表征、数物对应，根据食物特征进行多维度分析，在区角、角色游戏中关注细节，丰富更多的游戏情节。 | 结合新闻墙、地图、书籍，了解水果的产地和地域特征。通过调查、验证、分析、辩论等方式制作食育播报，定期呈现在食育墙面，关注健康饮食方式。 |
| 图例 | | | |

节日节气

| | 小班 | 中班 | 大班 |
|---|---|---|---|
| 年龄目标 | 愿意参与节日节气活动，愿意用自己的方式进行表达表现。 | 了解节日节气的由来，初步了解节日节气与自然、人、社会的关系。 | 充分了解节日节气的内涵，关注自然、人、社会的关系，积极融入自己的生活。 |
| 环创建议 | 用照片等简单的表征，以及亲子饮食制作，感受节日节气的氛围。 | 用图画、符号记录等方式呈现节日的所感所想，喜欢用自己的方式布置节日氛围。 | 结合食育、人文、风俗，用多种方式表达自己的收获，主动和同伴设计、布置节日的氛围。 |
| 图例 | | | |

情绪情感

| | 小班 | 中班 | 大班 |
|---|---|---|---|
| 年龄目标 | 初步认识情绪，了解简单的情绪。 | 认识多样的情绪，感知情绪表达，帮助其分析原因并尝试调节。 | 区分正面情绪和负面情绪，结合身边事件（如上小学的内心情感），用一些恰当的词汇描述，分析原因，并通过课程讨论解决方法。 |
| 环创建议 | 利用日常生活照片认识情绪的不同，家园情绪绘本共读，创编表演，增加幼儿自我认同感。 | 创设表达的空间，感知情绪的多样化，创编表演，家园情绪绘本共读。 | 结合幼儿生活丰富情绪表达词汇，创编表演，家园情绪绘本共读，引导幼儿及时表达自己的情绪，呈现正确表达情绪的方法。 |
| 图例 | | | |

# 参考文献

## 一、著作类

1. 虞永平著:《生活化的幼儿园课程》,高等教育出版社,2010年版。
2. 冯晓霞主编:《幼儿园课程》,北京师范大学出版社,2000年版。
3. 李季湄主编:《幼儿教育学基础》,北京师范大学出版社,2017年版。
4. 李季湄,冯晓霞主编:《〈3-6岁儿童学习与发展指南〉解读》,人民教育出版社,2013年版。
5. [日]高杉自子著,王小英译:《幼儿教育的原点》,华东师范大学出版社,2014年版。
6. 吴振东编著:《幼儿园主题课程实务指导》,福建人民出版社,2021年版。
7. 陈鹤琴著:《活教育》,南京师范大学出版社,2012年版。
8. 上海市教育委员会教学研究室编:《上海市幼儿园办园质量评价指南》,上海教育出版社,2020年版。
9. 王小英,蔡珂馨主编:《主题活动与幼儿成长》,东北师范大学出版社,2014年版。
10. 鄢超云著:《学前教育评价》,高等教育出版社,2010年版。
11. 虞莉莉主编:《浙江省幼儿园精品课程集萃》,浙江教育出版社,2020年版。
12. 陈福静编著:《幼儿园主题活动的设计与实施策略》,中国轻工业出版社,2016年版。
13. 周淑惠著:《幼儿园课程与教学——探究取向之主题课程》,台北心理出版社,2006年版。
14. [美]玛拉·克瑞克维斯基著,李季湄、方钧君译:《多元智能理论与学前儿童能力评价》,北京师范大学出版社,2002年版。
15. 刘焱著:《儿童游戏通论》,北京师范大学出版社,2004年版。
16. 董旭花等著:《自主游戏》,中国轻工业出版社,2021年版。

17.马祖琳主编:《点燃孩子创意的火花》,南京师范大学出版社,2013年版。

**二、期刊类**

1.刘云艳,刘婷,周涛:《运用情绪主题绘本开展幼儿情绪教育的理论基础与教学模式》,《学前教育研究》,2011年第8期。

2.陈懿婷:《幼儿园课程改革要注意文化安全》,《中国校外教育》,2009年第12期。

3.罗颖:《近十年我国幼儿园生活活动研究综述》,《教育导刊》,2021年第5期。

4.蔡美辉:《日本幼儿园食育的实施及对我国幼儿园开展食育工作的启发》,《早期教育（教科研版）》,2018年第11期。

5.虞永平,彭俊英:《对我国幼儿园课程评价的现状分析和建议》,《幼教园地》,2003年第11期。

6.马灵君:《形成性评价在幼儿园课程实践中的应用》,《学前教育研究》,2019年第9期。

7.罗梦欣,孙娜:《幼儿园课程评价研究综述》,《学前教育》,2021年第5期。

8.庞春敏:《幼儿园课程目标的构建——以自然生态课程为例》,《广东教育（综合版）》,2016年第3期。

9.王春燕:《关于幼儿园主题教育活动的设计》,《教育导刊（下半月）》,2004年第7期。

10.李鹏:《多维度评价在音乐表演中实施的可行性研究》,《艺术教育》,2019年第11期。

11.贺晓红:《多元文化视阈下园本节日课程开发》,《学前教育研究》,2018年第2期。

12.巫叶芳:《初探幼儿游戏活动评价的有效性》,《课程教育研究》,2020年第12期

**三、其他类**

1.徐宜兰,刘合平:《儿童缘何需要慢教育》,《中国教育报》,2020年6

月 4 日第 8 版。

2.《中国的节日》，中国政府网，引用日期 2016-8-21。

3.《关于实施中华优秀传统文化传承发展工程的意见》，新华社官方网站，引用日期 2017-1-25。

4. 王后玉:《游戏精神的回归：幼儿园游戏异化现象的批判》，西南大学硕士论文，2013 年。

5. 夏全惠:《基于儿童视角的幼儿园游戏课程研究》，山东师范大学硕士论文，2019 年。

6. 刘昆:《幼儿园教师的儿童行为观察与支持素养的提升研究》，华东师范大学博士论文，2018 年。

# 后　　记

　　不忘初心，智慧追寻教育本真；砥砺前行，匠心铸就南幼品牌！这是挂在南幼三个园区的一副对联，也是南幼团队多年来对自然教育课程探索的不懈追求！

　　蒲江县地处川西，是典型的农业县。作为办园条件普通的县域农村幼儿园，南幼承载着全县 28 万群众对优质学前教育的期望。20 多年来，我们坚持静守教育初心、潜心教书育人，先后经历了"教师集资买地修建幼儿园——立足本土资源创设环境——结合身边资源探索课程——回归儿童生活建构体系"这一漫长过程。在克服办园困难的同时，积极探索自然教育园本课程。南幼团队坚持真研究、深研究、勤动笔，及时将教学实践中真的想法、好的做法整理成书，分别以"自然的情怀——自然教育探索之旅"和"树朋友"为名，于 2014 年成功出版。

　　两年前，应到园跟岗参观同行的邀约，我们全面启动南幼自然教育园本课程探索经验梳理总结工作。撰写本书稿的这两年，也是统筹抓好常态化疫情防控和教育教学秩序的两年，我们团队面临诸多困难，如响应政策办理产假的骨干教师明显增加、迎接普及普惠检查，等等。其中任何一项困难都可以成为我们放弃的理由。但是，苍天不负有心人，团队凭着一股不服输的精神，反复推敲、几易其稿，终于交出了答卷。

　　2022 年 3 月中旬，书稿定稿，团队成员听到这一消息，一片欢呼。大家回顾两年的撰稿历程，开始"血泪控诉"：边喂奶边写稿、晚上做梦改稿、放弃亲友团聚改稿……两年来，我还"变本加厉"，因日常课程发展要求队友们推翻重写、加班交稿。大家没有抱怨、不找借口，团结协作、不分彼此，没有人因书稿调整变动撰稿人而生气，没有人因前期成果转交他人而懈怠，没有人因工作量大小和排名先后而计较……凝心聚力艰辛创造，就是为了尽最大努力将书稿做精做细，尽早和南幼粉丝们见面，尽早将南幼自然教育课程奉献给更多同行，促进南幼自然教育实践不断跨上新台阶！

## 后 记

当虞永平教授、侯莉敏教授和鄢志辉教授都同意为这套书写序时,老师们更是兴奋不已。回忆这两年的写书历程,老师们都感谢我逼了大家一把,正是这一逼,才积累了人生的一笔宝贵财富!可不,当初撰写时觉得特别难,现在回忆起来却是那么甜!我佩服我自己,更佩服我们的团队,我和我们团队做成了曾经以为自己一辈子也干不成的事!对执着韧劲的南幼人,我发自内心感恩他们这一路走来的陪伴和支持!感动他们对我的信任和理解!没有他们的深扎根和厚积累,南幼自然教育课程不可能有今天的成效,当然也没有自然教育系列丛书的出版。

我要代表团队感谢泉州幼儿师范高等专科学校的吴振东教授,因为他的鼓励和辛苦付出才有这套书的正式出版!记得2017年,吴教授随福建跟岗团队到南幼蹲点一周后,写下了近万字篇幅的"南幼参访随想",其中不乏对南幼团队及课程的充分肯定,这无疑给老师们注入了强心剂,坚定了老师们扎根日常课程,"真研究""深研究"的信心和决心!在我们准备再次对课程探索经验进行全面总结时,却苦于团队编撰专著经验不够丰富,生怕不能将课程经验通过文字准确地呈现出来。我抱着试试看的心态联系了吴教授,没想到他立马答应,说他一直在关注我园课程的持续研究,也希望我们能总结出成果,惠及更多的孩子和同行!

在书稿形成过程中,吴教授从整体的结构框架到各章节的排列、具体内容呈现、语法逻辑表达等,都给予了我们最专业、最细心的指导。吴教授工作很忙,只能利用周末和晚上休息时间帮助我们审稿,就连春节也是关门在家为我们修改书稿,我经常在深夜接到吴教授发送的定稿章节。本来书稿已基本定稿了,但在给一线教师的试读中,大家感觉各类课程的实践操作呈现欠缺、可操作性不强,于是决定重构整体框架。当我把重写原因及想法和吴教授沟通时,吴教授没有因为他费尽心血逐字逐句修改的定稿被搁浅而有一丝不满,反而非常肯定我们的想法,又重新细致打磨每个章节。为了便于书稿修改工作的顺利进行,深入了解我园课程新情况,吴教授还于2020年5月再次到南幼参访,组织教师研讨书稿细节。吴教授高度负责的专业精神,深深感染了每一个南幼人。

方向比努力更重要!自然教育课程持续研究的二十年中,南幼人是努力的，更是幸运的！一路走来，我们得到了中国学前教育研究会虞永平教授和侯莉敏教授两位理事长的亲自引领，他们没有看轻我们这所办园条件简陋、师资力量不强的普通县域农村幼儿园，反而说正因为我们普通才有示范推广价值。我们每取得一点进步，都会得到他们及时的鼓励。在两位德高望重的专家的持续支持、引领和帮助下，我们在课程建设方向上从未偏航，我们的努力和坚持也更有意义。

记得2012年，虞永平教授看到我们的第一本书《自然的情怀——自然教育探索之旅》时，为我们团队的研究精神所打动，欣然为我们写序，同时希望我们继续深入研究，使儿童的经验更有序、综合和完整。在虞教授的指引下，我们开始从自然特色活动开展走向自然教育园本课程构建，也才有了今天本书的出版。2016年，侯莉敏教授带领广西名园长团队到南幼参观，由此开始了对南幼的持续关注指导。在她的帮助下，老师们不再纠结具体活动模式、流程开发，而是把视野放到了灵动开放的师幼互动质量提升上，促进南幼提升自然教育课程的高度，拓展课题研究的深度！2022年，教育部颁发了《幼儿园保育教育质量评估指南》，老师们在学习时都说太有亲切感了，《评估指南》中的评估方式、内容及要点，不就是侯教授一直在指导我们做的事吗！

为书稿写序真的是一件费时费力的事。我还想特别提及的是，由于两位专家都很忙，我一直很忐忑是否要请他们写序。但我又很想给扎实地投入课程建设的老师们更多的成就感，因为出版专著对于他们来说，是一件很专业和神圣的事，如果有两位专家写序，肯定会大大增强他们的专业自信。再三犹豫，我还是忐忑不安地联系了两位专家，没想到，两位专家在还没见到书稿的情况下便欣然答应，并祝贺我们的课程建设又跨上新台阶。两位专家的朴实、温暖和大爱，必将成为南幼团队不忘初心追寻教育本真的动力源！

作为一所普通的县域农村幼儿园，南幼每一步成长的背后，都有各级领导、专家和同行的帮助、关怀和付出。我们特别感谢教育部人文社会科学重点研究基地东北师范大学中国农村教育发展研究院团队，从2012年开始与蒲江教育局合作建立田园教育试验基地后，他们就开启了对我园的支持帮助。教育部长江学者特聘教授邬志辉院长、李伯玲副院长只要一到蒲江，都会到南幼来看一看，和老师们聊一聊，指导南幼团队静心专注自然教育课程建设，

## 后　记

不断推进自然教育课程走上新征程。每次老师们都感叹：邬教授和李教授的大教育观和课程观拓宽了我们的眼界和视野！

2014年，《自然的情怀——自然教育探索之旅》和《树朋友》这两本书，正是邬志辉院长主动帮忙联系出版社才得以出版的。前段时间我需要上次出版书的原稿，因电脑更换一时找不到，于是试着求助邬志辉院长，没想到他第二天就给我发来了当时交出版社前的最后定稿。邬院长对我们成果的珍惜爱护，让我既感动又汗颜！特别感动的是，当我向邬院长汇报这次出书的内容，并表达想请他继续为我们写序时，他立马同意并向我们表示祝贺，希望我们能继续前行，再上新台阶！

四川师范大学鄢超云教授、泉州市丰泽区教师进修学校幼教教研室主任吴聿霖老师、成都市教育科学研究院学前教育教研员刘敏老师、成都市教育科学研究院陈军老师、广西桂林市政府督学及桂林市教育局原幼教专干何月兰老师、广西桂林市教育学会学前教育分会王朝芳会长等等，没有以上专家、同行们的无私帮助、支持鼓励，我想蒲江南幼不会有今天的成绩，对于我个人而言更是如此。如果没有齐心协力的团队，没有携手同行的伙伴，没有把脉引领的专家，没有包容理解的领导，我想，今天的我将是另外一副模样。

想感谢的人太多，因篇幅原因，难以一一表达！我和我的团队唯有扎根学前教育，才能更好回馈脚下的热土和爱我们的你们！

孩子发展没有止境，课程建设永远在路上！本书的出版，并不意味着南幼自然教育课程研究的结束，相反标志着南幼自然教育课程再次踏上新征程。这段时间，南幼团队正对标《幼儿园保育教育质量评估指南》，聚焦保教质量问题，深化园本课程、团队建设、幼儿发展、管理评价、家社联动等多方面工作，继续为中国学前教育课程建设贡献南幼力量！

许芊芊<br>
2022年3月30日晚